中国现象学文库
现象学原典译丛·海德格尔系列

存在与真理

〔德〕海德格尔 著
〔德〕哈特穆特·蒂特延 编
朱清华 译

Martin Heidegger
SEIN UND WAHRHEIT
1. Die Grundfrage der Philosophie
2. Vom Wesen der Wahrheit
Gesamtausgabe vol. 36/37
Herausgegeben von Hartmut Tietjen

本书根据德国维多利奥·克劳斯特曼出版社 2001 年版译出

《中国现象学文库》总序

自20世纪80年代以来，现象学在汉语学术界引发了广泛的兴趣，渐成一门显学。1994年10月在南京成立中国现象学专业委员会，此后基本上保持着每年一会一刊的运作节奏。稍后香港的现象学学者们在香港独立成立学会，与设在大陆的中国现象学专业委员会常有友好合作，共同推进汉语现象学哲学事业的发展。

中国现象学学者这些年来对域外现象学著作的翻译、对现象学哲学的介绍和研究著述，无论在数量还是在质量上均值得称道，在我国当代西学研究中占据着重要地位。然而，我们也不能不看到，中国的现象学事业才刚刚起步，即便与东亚邻国日本和韩国相比，我们的译介和研究也还差了一大截。又由于缺乏统筹规划，此间出版的翻译和著述成果散见于多家出版社，选题杂乱，不成系统，致使我国现象学翻译和研究事业未显示整体推进的全部效应和影响。

有鉴于此，中国现象学专业委员会与香港中文大学现象学与当代哲学资料中心合作，编辑出版《中国现象学文库》丛书。《文库》分为“现象学原典译丛”与“现象学研究丛书”两个系列，前者收译作，包括现象学经典与国外现象学研究著作的汉译；后者收中国学者的现象学著述。《文库》初期以整理旧译和旧作为主，逐步过渡到出版首版作品，希望汉语学术界现象学方面的主要成果能以《文库》统一格式集中推出。

我们期待着学界同仁和广大读者的关心和支持，藉《文库》这个园地，共同促进中国的现象学哲学事业的发展。

《中国现象学文库》编委会

2007年1月26日

目　　录

哲学的基本问题
（1933年夏季学期）

主体部分
基本问题和形而上学——为跟黑格尔的对峙作准备

论真理的本质
（1933/1934 年冬季学期）

第一部分　真理和自由：对柏拉图《理想国》中洞穴之喻的一个解释

第二部分　就非真理的本质的问题对柏拉图的《泰阿泰德》的一个解释

哲学的基本问题

（1933年夏季学期）

导言　哲学的基本问题和 3
我们的历史的根本事件

第 1 节　精神 - 政治使命：作为对基本问题的决断

现在德意志民族（Volk）正在经历伟大的历史性瞬间，大学里的青年们知道这种伟大。那么是什么正在发生？德意志民族整体正来到自身，即它正寻求它的领导。通过这个领导，已经走向自身的民族正在创造它的国家（Staat）。这个民族正在自我塑造进国家中，创建起持久性和稳定性，成长为国民（Nation）。国民承接过民族的命运（Schicksal）。这样的民族在诸多民族中赢获了它的精神使命，并为自己创造了历史。这种发生远远地伸展进一个晦暗未来的艰难生成中。在生成之际，大学的青年们同时已经觉醒，等待它的召唤。这意味着，他们出于这样的意志生活：寻求培养和教育，使得他们对精神-政治的领导权而言成熟且坚强，这种领导权是未来民族为了在诸民族之世界中的国家而委托给他们的使命。

所有本质性的领导都出自一种伟大的、**在根本上被遮蔽的天职**

的**力量**。这种天职首先且最终是一个民族的命运所保有的**精神的-民族的使命**(*Auftrag*)。必须在民族及其个体的心灵和意志中去唤醒**对这个使命的认识**,并使之扎根。

4 这种认识却不只是通过了解某些当代的事实和情况,或者获悉现今德意志民族的政治局势而获取的。这虽然是不可避免的,但不是决定性的。对德意志民族的精神-政治使命的认识是对它的未来的认识。这种认识也不是对那种将会变成现实的,被下一代人确定为当时之事实的东西的认识。这种预言性的知识对我们而言是被禁止的,幸而是被禁止的,因为它会消耗和窒息所有行动。

如果民族要成长为伟大民族的话,那么关于这个使命的认识就是那种具有挑战性的知识,是关于那必须**先于**所有其他事物并**为了**所有其他事物的知识。这种知识要求那尚未是的东西,而跟那恰正是的东西争执,并且崇敬那曾经是的东西之伟大。这种要求、争执和崇敬合起来就是那种伟大的不安,在这种不安中,我们真实地、完全地是我们的命运。我们的**存在**就是这个不安结构(Gefüge):崇敬地自我嵌构(Sichfügen)进那提出要求的命令(Verfügen)中。唯当要求着—争执着—崇敬着寻找我们自己,我们才是。我们通过追问我们是谁而寻找自己。谁是在其存在的根据中带有这个历史和这个天命(Geschick)的民族?

这个追问却不是闲来无事的、好奇的思考,这个追问是最高的精神投入,是最本质性的活动。在这个追问中,我们经受住我们的命运,我们保持我们自身而进入必然性的黑暗。我们的民族在**这个追问**中坚守住(aus-hält)其历史的此在,经受住(durchhält)危险,将这个追问带入其伟大的使命中,这个追问就是它的**哲学活动**

(*Philosophieren*)，它的**哲学**(*Philosophie*)。

这种哲学是关于我们的存在的法则和结构的追问。我们要将
哲学变为现实性，所以我们问这个问题；我们通过提出**哲学的基本
问题**而开启这个追问。我们要在此时此地开启这个追问，不是**谈论** 5
这个追问，而是去追问着行动，并敢于投入，其方式是我们要追问
哲学的基本问题。

哲学的基本问题！这是个什么样的问题？我们应如何识别它？为此，似乎一个简单的思考就足矣。如果知道哲学的使命，那么就给出了哲学的基本问题，而如果哲学的本质被界定了，那么就知道了哲学的使命。——但是这个本质恰恰并只有在哲学提出的基本问题中并通过它才能被确定。所以我们就进入了一个循环：基本问题通过哲学的本质来规定，而哲学的本质通过基本问题来规定。确实如此。对基本问题的追问自身就是对哲学的本质的揭示。当然了。那么什么是这个基本问题？谁来决定什么问题可赢得这种殊荣？

是通过随便从某处得来的格言警句来确定基本问题，还是通过随便某人忽然产生的某个念头来决定？或者它来自某个时代的偶然需求？抑或通过约定构造出它？还是它根据所谓的哲学家立场而被托付给喜好？或者基本问题有其根据和基础，由此也有其必然性？这个基本问题是什么，是否已经被决定了？是的；并且因此这个问题被称为基本-问题——作为一个被奠基的并且同时是奠基性的问题。**哲学的基本问题是什么，这是随着其开端被决定**了的。

但仍然成问题的是，我们是否还理解这个决定并可以胜任它。

是否会是这样：我们今人已经不再知道这个决定，并且甚至以前的人也不再知道这个决定，即他们不再把握它，也就是说，他们不再胜任它？如果是这样，那必须发生什么吗？当然是这样。这意味着：我们最迫切的努力不需要以用某种方式想象和计算出这个基本
6 问题是怎样的为目标，而是只涉及将我们自己带向能够重新胜任那已经做出的关于哲学的基本问题的决定，并保持胜任它。我们已经变得不再胜任它了，由此必须首先有一个**真实的困境**（*Not*）和**最高的必然性**（*Notwendigkeit*）逼迫我们，迫使我们重新追问基本问题。否则哲学就会一直是空洞的闲谈，通过这种闲谈我们大概最多会变得“更有教养”和更加文明。这是对某些疑问的一种完全无害和无责任的、无关紧要的思考。这是极不充分的，对于我们德意志命运和德意志使命的艰难和晦暗而言，这完全不值一提。但是如果这个命运已经抓住了我们，那么我们就会经验到哲学活动的**不可避免性**，经验到重新着手哲学的基本问题、以新的和唯一的方式对已经发生的决定进行重新决定的**困境**。

第 2 节　希腊人作诗的–运思的追问以及哲学的开端。哲学作为为了存在者的本质和存在而进行的未曾中断的历史性追问的斗争

但是第一个和唯一的一个对哲学的基本问题，以及由此对哲学自身的决定是什么时候、在哪里发生的呢？就在那时，在**希腊民**

族——其种族和语言跟我们有相同的来源——通过其伟大的诗人和思想者准备创造人类民族此在的唯一样式的时候。那时所开始的东西，直到今天还没有完成。但是这个开端还在，它没有消失，也不会因为后来的历史越来越少地掌控它而消失。开端还在，并且作为**遥远的命令**而在，这个命令预先把握住西方的命运，并且将德意志的天命系缚于自己。

这个问题跟我们相关并仅仅跟我们相关： 7

1. 我们是否想要我们的民族之伟大，我们是否有长期的意志在诸民族中完成一个杰出的、唯一的使命。

2. 我们是否经历并全力把握住，德意志天命**现在的转折**在自身中承载着我们的此在的**最尖锐的窘迫**，因为它将我们放在了一个决定面前；这个决定就是，我们是否想要创造并将会创造这个在此时正生成着的发生（Geschehen）中仍然锁闭着的精神世界。

现在有一个广泛的看法，"人们"有将国家社会主义革命的完成变得精神化和高贵化的使命。我问：用什么精神来精神化？因为已经不再有活生生的精神了，因为人们已经不知道精神是什么了（呼吸、嘘气、惊奇、冲动、投入）。今天，精神作为空洞的"洞察力"，作为毫无约束的机智游戏，作为对理智的划分与分解的漫无边际的冲动，作为一个所谓的世界理性的不受束缚的支配，而四处游荡。

精神已经在那里了。但是它还被束缚着，没有为它而构建的世界。不是从外面精神化这个发生，而是将在这个发生中被锁闭的世界带入光与构型之中，并且赋予其力量。如果这一点不成功，那么我们就会一败涂地，从某处来的某个野蛮民族就会将我们扫除出去。那么，伟大的、建立历史的民族的作用就失去了。

如果这事要成功——它也必须成功——那么，我们必须**从一种最内在的基础**出发来学会理解和把握德意志历史的转折，也就是把它当成这样的历史性时刻：这个时刻足够伟大并且充满力量，我们必定敢于由此出发重新开启我们历史性此在的本真开端，只是为了给我们的民族创造伟大的未来，并且使得国民就其使命而言是有价值的。有价值，也就是说胜任并支配其命运，并且同时将这个命运
8 提升到其伟大中。当我们从我们精神的-民族的此在的开端之伟大出发，是我们将是的，只有这样我们才配得上那个目标的力量，我们的历史就朝着这个目标前进。

这个开端就是在希腊人那里的哲学的开端。是希腊人首先将自身抛入那个作诗的-运思的追问，而这个追问将会规定我们的此在。恰恰因为希腊人创造了这个追问，所以他们使得这个追问达到了完全的精神现实性，也就是说，他们同时给了它词语和名称：哲学、φιλοσοφία，这个追问的本质在语言上的证明。一个 σοφός［哲人］是能够尝味的人，是对事物的价值有正确品味的人，是能够预先选择、设定界限并保持其中的人。简言之：那种对事物的本质预先有恰当嗅觉的人。φίλος、φιλία 说的就是爱慕、激情：渴求、保持在这里，保持忠诚并看护它。哲学是对渴求先行嗅闻到事物本质的激情。**这是无休止的对存在者的存在本质进行追问的战斗**。

这个战斗的成果为人创造了一个崭新的此在，促成了完全的情调转变（Umstimmung），我们仍然站立在其回响中。这个战斗将人解放进其世界，以直面其伟大的诸种可能性和其约束性的诸种力量。

第 3 节　哲学不是什么。防止对它进行不恰当的规定

对哲学本质的如下标画，目前足以用来说明哲学不是什么：
1. 不是科学，2. 不是世界观，3. 不是对知识的奠基，4. 不是绝对知
识，5. 不思虑个体的生存。我们要探究哲学不是什么。防止那些正
在兴起并一再散播且相互关联的企图。一定要注意，只有这样才能 9
离开那些［对哲学］定义不适当的企图，并越来越将它逼迫向它自
身——哲学自身的本质只出自哲学。

1. 哲学不是科学。

哲学——一个如此众所周知的概念——是认识、知识（Wissen），所以是“科学”（Wissenschaft）。但是哲学不是科学，相反，如果人们将科学理解为对一个特定的存在者领域的理论思考和研究，那么科学是哲学的从属样式。哲学没有特定的领域，而是关于所有存在者的。它也并不为了完成和证明诸种成果而进行思考和研究。它一直是一个追问，是关于那些被所有成果所忽略的东西的。如果哲学是关于所有存在者的，如果它并不以获得理论知识成果为目标，那么它当然就是世界观塑造（Weltanschauungsbildung）。

2. 哲学不是那种描绘一个世界图景（Weltbild）意义上的世界观。

这种世界图景是从今天的某个科学成果、实践行为的各种不同方向中占统治地位的那些倾向、当下通行的那些生活要求中构建起来的，同时带着这样的意图：将个体从他所忙碌其中的领域的隔绝中提升出来，进入一个“普遍教养”和普遍意识的领域。这种世界

图景制作（Weltbildermachen）不仅仅是人为的、附加的、无效的，而且它对人们获知存在者整体之途，对这种认识自身的特征而言，是一种根本的错觉。不是去描绘世界图景，而是在为了本己的历史斗争中去获得世界历史。

3. 哲学不是对知识的奠基。

那种认为哲学是为知识奠基的看法，是从科学所获得的成果出发的。这种看法当然不是偶然的，也不难理解。回到科学知识的前
10 提，这个意图是合理的，但是，如果它的目标只是去获取科学的逻辑结构和其基本概念的“逻辑”，那么它就是错误的。如果这个意图不是从真理的本质汲取出来的，那么它就仍然是衍生的，并且将自己禁锢在自己的无根状态中（参见诸种科学的科学理论，康德，19 世纪）。一个恰当的意图也是对事质领域（*Sachgebiete*）的限定，但仅仅当这种限定据此来衡量自身：这些领域如何在存在者整体的原始本己关联中对科学知识是可敞开的。但是由于现存占统治地位的对诸科学的人为分类，这个关联被弄得不可通达了。

4. 哲学不是绝对知识。在多大程度上哲学可以被说成是这样的知识？

（a）如果哲学是关于存在者整体的知识，那么它不是在一种孤立的、必然被狭窄化了的角度上的知识，而是超出任何分离和有限性的、无限的和非相对性的知识，脱离了任何限制。

（b）如果哲学知识超出了所有的专门科学，那么它甚至也没有任何不确定性和问题性，它是直接的洞见，具有最终的、不可怀疑的合理性和不可抗拒的说服力。

但是，哲学产生自最本己的困境和人的而不是神的力量，它既

非内容上也非形式上的绝对知识。它独具**最高的本质性**，也就是**必然性**，但并不因此具有无限性。

5. 哲学不是对个别人自身的个体生存的思虑。

在多大程度上它是这样的思虑？作为对绝对知识、对在德国唯心论中对人的遗忘的反击（**克尔凯郭尔**），作为对人消散在其多种多样的、无根的机巧中，融解、脱落进任意的领域、“文化”和各门科学中的反击。人还只是一个雇员，当然没有任何独立性。在 19 世 11
纪后半叶，**尼采**试图将人作为历史性精神的本质重新带到人自身，并且尽可能地超出当下的人：超人（Über-mensch）！但是这两个最大的警告者并没有回到本真的任务。我们必须聆听他们，但不能成为他们的拥趸。他们在重担之下被摧毁了。为了将我们自己带入自由之境，要求每个人现实地投入自己的命运。

现在如果我们将所有这些合起来，概括思考哲学不是什么，并同时回忆从它在希腊人那里的开端到尼采的整个历史，那么一种奇怪而又令人兴奋的结果出现了：哲学在其历史中恰恰是我们说过的那些不是哲学之本质的东西。哲学过去是，并且想要成为科学、世界观、知识的基础、绝对知识、对生存的思虑。西方哲学的历史由此变成从它自己的本质不断加深的没落。有甚于是，只要哲学在其历史中总是一再求助于它在希腊人那里的出发点和开端，那么它就将这个开端弄得愈发难以辨识，并在后来的、没落的本质意义上错误地解释这个开端。

从开端没落，对开端的颠倒——这并没有排除在没落的历史进程中，总有符合伟大级别和程度的哲学家和哲学出现。后者证明，开端的伟大并不仅仅或主要依赖于相关哲学的性质，而在于其历史时刻和历史使命的总体特征和风格。**开端自身的本质倒转了自身**，开端不再是**先行把握的起源**，而仅仅是未来发展的不充分的、摸索着的开始。

您会马上反对说，为什么哲学不是根据它的历史而被规定的呢？宣称哲学的本质不是它在其历史中现实地所是的东西，这难道
12 不是违背所有的理性和客观性吗？我们难道不应该恰恰相反地，说哲学**曾是的**（*gewesen*）东西展示了它的**本质**（*Wesen*）？当我们说哲学不是……的时候，我们从哪里获得否定的保证呢？或许来自一个超历史的立足点？不是，恰恰来自历史，来自开端和它的终结，当然我们不停留在表面的东西上，而是追问着让自己进入已经发生的东西。我们不是不尊重历史，而是寻求在历史最内在的发生中把握它，这些发生被夹在开端和终点之间。

我们总结一下：

1.哲学是为了存在者之本质和存在而进行的无休止地追问着的斗争。

2.这个追问就其自身是历史性的，也就是说它是一个民族为了它命运的坚强和清晰而进行的要求、争执和崇敬。

3.哲学不是科学、世界观、对知识的奠基、绝对的知识、对个体生存的思虑。

现在我们知道**哲学的基本问题**了吗？没有。但是我们知道了**为了进入对这个问题的追问而采取的道路和方向**。我们并不热衷于这样一种错误观点：这个问题会以跟历史隔绝的方式，为切近的

将来而被随意地想出来。我们也不沉溺于相反的错误，认为只要我们仔细搜寻哲学的一般被熟知的历史，这个问题就会在某处被发现。

毋宁说，我们知道：

1. 历史必须说话，因为这个追问自身就是我们的历史的基本发生（Grundgeschehen）；

2. 历史不是过去，而是发生，同时是起源的和将来的；

3. 只有当我们逼迫历史，跟它进行对峙的时候，它才说话；

4. 这一对峙在我们这里必然产生自一个现实的困境和此在的 13
必然性；

5. 这一对峙不能是发现任意某个对手的任意某个弱点，以便将某些命题和学说反驳为错误的，而是进攻必须击中**这个总体历史的主阵地**，随着这主阵地被攻陷，一切就都被决定了。

第 4 节　哲学的基本问题以及与西方精神史在其主阵地中的对峙：黑格尔

这个主阵地是哪个？在其中西方精神史的所有本质性力量都集中在一起，就像聚集为一个巨大的同盟（Block）一样。这就是黑格尔的哲学。一方面，向前它是西方哲学历史的完成，而同时另一方面，向后它又直接和间接地是与19世纪那些伟大的警醒者和预备道路者相对立的出发点：**克尔凯郭尔和尼采**。

在**同黑格尔的对峙**（*Auseinandersetzung*）中，黑格尔之前和之后直到现在的整个西方精神史都对我们诉说。在这种真实的历史性对峙中，我们返回到我们最本己的历史的基本发生。只有这样我们才能赢获未来的精神活动所隐藏的轨迹。对哲学的基本问题的追问，恰恰是作为这些活动的最高的努力矗立在我们面前。因此哲学必须在这里摆脱那种假象：似乎它是一个最无害的工作，忙碌于最生僻的并且是人为造成的错综复杂的思想。

但是——即使处在我们西方的、德国的此在的总体历史困境
14 中，追问哲学的基础问题的必要性已经非常迫切（这个问题永远不会变成强迫）：即便如此，这仍然取决于我们的决断，这是我们为我们的此在而遭遇的决断，也即为了我们历史性地同民族成员中的其他人的共在而遭遇的决断。我们是否最终仍然给精神的懒惰和有意的怯懦留有空间；我们是否将懒惰和懦弱隐藏到貌似紧迫的日常的、当前的事务后面；我们是否不会将自己拉回到简单的、任由事态发展的迟钝和貌似的确定性中，这都取决于我们。没有人阻止你这样做并对历史袖手旁观。

但是，当西方在其接缝处断裂，衍生的文化假象最终倒塌，并将一切力量都置于混乱之中，让它们在疯狂中窒息时，甚至没有人会问你是否意愿如此。这发生还是不发生，仅仅取决于我们作为民族是否还意愿自身，还是我们不再意愿自己。每个人都对此作出决断，甚至并恰恰当他逃避这个决断，认为他必须超然于今天的觉醒，并充当一种假想的“精神”贵族的时候。

我们要在进入哲学的基本问题，并由此进入我们历史的基本发生中发现自己，以便赢得、形成和确保我们精神性的民族命运的道路。这将通过跟**黑格尔的历史性对峙**而发生。

但是也许，甚至是一定，你们大部分人对黑格尔及其哲学一无所知。虽然你不知道他的著作，但这并不意味着，今天这些著作的

影响范围不是现实地在那里的，甚至于它是如此强烈和切近地在此，以至于我们已经不能在这种纯然的切近之中如其本然地感受这种影响了。因此，你是否可以通过仓促的、事后追加的对黑格尔著作的学习，马上更加敏锐地看到今天的现实性，这也是成问题的。关于黑格尔哲学有许多专家——而关于在这个哲学中发生了什么，15
以及作为结果还在发生什么，他们就像那些非专家一样一无所知。

我们不想也不能在这门课中讲解黑格尔全集，我们当然也不想助长这样的想法，即如果没有对这些作品的最根本的和长期的熟稔，这种对峙也能发生。**进行**这个对峙是一回事——从它而来并通过它**置身于**对基本问题的追问中则是另一回事。你会仅仅追随这个对峙的基本特征和几个主要步骤，我们唯一的目的是，第一次去浏览哲学的基本问题的范围和影响，并进行一种实际的理解。

往回看，黑格尔意味着完成；往前看，他是克尔凯郭尔和尼采的出发点。

主体部分

基本问题和形而上学
——为跟黑格尔的对峙作准备

第一章　传统形而上学的形成、变化和基督教印记

第5节　关于跟黑格尔对峙的几点说明

进入哲学之本质的历史性道路——没有另外的道路，因为哲学自身就是我们的此在的历史的基本发生。历史性的道路当然是纷繁多样的，但是总是出自在其出发点、结构和目标上的一种本质必然性。我们要克服特别的偏好和评价的偶然性；根据其来源和形成过程，克服那些个别的立场，无论它们是真实的还是不真实的。将自身暴露于这种困窘整体（Bedrängnis im Ganzen），探寻精神的历史过程。

黑格尔——在跟他的对峙中，我们在西方此在的历史整体以及我们民族在这个历史中的使命中，赢得了我们历史性瞬间的总体情调和基本态度。

黑格尔是谁？黑格尔是“德国运动”的主要承担者和构建者之一，在1770年和1820年之间，一个新的德国精神世界在伟大的、创造性的思想和诗中被构建。

黑格尔于1770年生于斯图加特，1788—1793年在图宾根大学学习哲学和神学。在那里，他跟他的同学兼乡亲——谢林还有荷尔德林——建立了友谊。在结束学习之后，他去了伯尔尼，直到1796 18
年都在那里做家庭教师。这时他思考的是神学问题（将康德的道德形而上学引入实定性的基督教和民族性）。在这个短暂而舒适的时期过去后，他作为家庭教师去了法兰克福。在那里他又和荷尔德林聚首，荷尔德林此时正经历他最深处的命运。我们知道，那个时候的荷尔德林曾给黑格尔精神的进一步形成带来本质性的影响。这是黑格尔第一次，也是真正地摆脱神学规定性，面向**古代世界**。他在这个时期产生了跟亚里士多德和柏拉图的第一次对峙，发生了形成伟大哲学的决定性转变。由此，黑格尔就准备好了他1801年在耶拿的教学活动，他在那里讲授关于逻辑学和形而上学的课程。谢林在这个时候已经是著名的教师了（《先验唯心论体系》①）。在耶拿-奥尔施泰特（Auerstädt）战役的前夜，黑格尔完成了《精神现象学》②。（意识、自我意识、理性、伦理、艺术、宗教、绝对知识。）之后他迁居班贝格，在那里做编辑。1808—1816年，他任纽伦堡高级中学的校长；在这期间写成了他的《逻辑学科学》③。1816年他46岁，成为海德堡的哲学教授，《哲学科学百科全书纲要》在那里诞生。④1818

① Friedrich Wilhelm Joseph Schelling, *System des transscendentalen Idealismus,* Tübingen, 1800.

② *System der Wissenschaft von Ge. Wilh. Fr. Hegel, Erster Theil, die Phänomenologie des Geistes,* Bamberg and Würzburg: Joseph Anton Goebhardt, 1807.

③ *Wissenschaft der Logik. Von D. Ge. Wilh. Friedr. Hegel,* Nürnberg: Johann Leonhard Schrag, 2 Bde., 1812–1813, 1816.（中文学界又通译为《逻辑学》。——译者）

④ *Encyclopädie der philosophischen Wissenschaften im Grundrisse. Zum Gebrauch seiner Vorlesungen von Dr. Georg Friedrich Wilhelm Hegel.* Heidelberg: August Oßwald, 1817.

年黑格尔去了柏林，在那里他开展了丰富的、影响深远的教学活动，直到1831年去世。

19 当黑格尔离开海德堡的时候，他在一个关于其离职的文本[①]中表明，他不是为了哲学目的去柏林，而是为了政治目的；[他的]国家哲学似乎已经完成了。他希望产生政治影响，而对仅仅讲授哲学没有兴趣。他的哲学就其国家观念而言产生了最引人注目的影响。

黑格尔展示出施瓦本人（Schwaben）的特质和乡土类型。从他年轻时候起，他就固执顽强地完全走自己的路；他施瓦本式的沉思将事物思索到底，他具有乐观的世界改良者的热情。非凡的知识，同时还有概念的穿透性和精确性、想象和语言构造的丰富性，这些罕见力量给他的作品赋予了一种在我们德国哲学中从来没有过的形式。

我们**并非**试图——就像已经说过的那样——一般地描述黑格尔的体系，例如对他的作品和课程进行一般的内容总结。那仍然是对他从外部进行的无用的思考。更关键的毋宁是，把握**追问的内在运动**、出发点和目的，以及构建到哲学的真理中去的形式。

必定首先在那里，即在黑格尔哲学（这同时意味着他之前的和直到他的传统）中找到**哲学工作的核心**之处，才能遇到这个**追问的基本特征**。这就是承载着“**形而上学**”这个古老名称的那个哲学学科。

① 1818年4月21日黑格尔写给海德堡大学专门议院的信。另见，黑格尔1818年4月21日给巴登州内务部的信。

第 6 节　形而上学的概念及其直到近代古典形而上学的转变 20

a. 形而上学概念的产生：对特定的亚里士多德著作（μετὰ τὰ φυσικά）进行编目排序的一个标题

我们首先必须将“形而上学”这个词语及其概念弄清楚。虽然它是众所周知的，至少在每个正式的哲学史手册中都收入了“形而上学”这个表达产生的过程。虽然这对大部分人而言是无关紧要的逸闻，但事实上这个词语的历史启示出了西方思想史上那些决定性的阶段。

它来自两个希腊词的组合：前缀 μετά 和 φύσις（φυσικός，φυσικά 是 φυσικός 的名词化，τά φυσικά［自然诸篇］）。μετά 意思是“和……一起”，在之间（μέσος，之间），在一个之后，在另一个之前；μετὰ τά 意思是 post，在空间、时间的顺序上后于另外一个。在什么之后？ τὰ φυσικά；φύσις，自然（Natur），一般而言是指现成的、支配着一般存在者的、无需人的作为而产生和消亡的东西。运动的基本特征；无生命的物体、石头、天空，同时还有有生命者，生成和消亡，动物的运动——所有这些都是自然（Physika）。“自然”（Physika）同时也指 ἐπιστήμη φυσική［自然科学］，比起今天有更广泛和更基本的意义。φύσις：从自身而来由自身制作的东西——θέσις：人的设置和安排。

在公元前 4 世纪初，希腊哲学已经经历了其顶点，来到了亚里士多德的时代。他的教学手稿和课程直到公元前 1 世纪都无处可寻。当人们重新发现了它们并开始排序的时候，在其他手稿中很容易就区分出来的是那些 τὰ φυσικά[自然诸篇]。同时也发现了一些手稿，它们虽然似乎跟那些手稿相关，但是却并不与它们相符，实
21 际上，根据亚里士多德的注解，它们与上述手稿被区分开了。在这种疑难状况下，要怎样处理这些手稿呢？——它们被直接附在讨论自然的手稿之后了。

与此同时，人们已经迈入了另外一个时代。创造性的追问以及概念塑造的伟大、震撼和唯一性都消失了，均让位于学院的运作。还是那些词语和概念，但是它们已经不再是事情自身激发灵感的力量。这时人们发现了这些手稿，并试图理解它们。

人们实在不知道如何处理这批手稿，就把它们放在了 τὰ φυσικά 后面，μετὰ τὰ φυσικά[自然诸篇之后]就确立了。μετὰ τὰ φυσικά 是一个临时的标题。后来，在**基督教**时代——我们不知道具体是什么时候，通过谁，也许是波爱修斯——这个希腊式的编目顺序和这个临时的名称变成了一个词，一个拉丁文合成词：metaphysica，完整地说，就是 scientia metaphysica[形而上学科学]。

b. 从编目顺序名变成事实概念。形而上学概念的基督教化：对超感性事物的认识（trans physicam[超自然学]）

词语**合并**的同时**产生了**其**意义的变化**。意义的变化并非没有考虑到手稿内容，这些手稿以前是以标题的编目顺序被收集起来的。显然，这些手稿对超出了广义上的自然的那个领域感兴趣：**非**-

自然。对于基督教的思维方式而言，自然中的事物、自然物，根本上是被造物，即被上帝创造的。超出了自然的东西是神性的东西、上帝。这个存在者不仅在自然的界限之外，而且在本质上和层级上是更高的，从而它是超出的，trans。对内容的考虑已经展示出一种特别的基督教解释。

从对这个概念的这个理解，即在神性的超自然意义上的非-自
然出发，Meta-physik 这个词获得了一个经过改变的意义。μετά 不 22
再是跟手稿顺序相关的编目学技术上的 post 的意思，而是从对相关手稿中特定的基督教内容的把握出发：trans，超出自然。自然是可以感性地通达的，区别于超感性的。形而上学则相反，是对神性事物即超感性的东西的认识。这个权宜之计的名称变成了对人类认识的最高可能性的命名。

这个被组合在一个词语和名称中，同时在意义上发生了变化的合成词，成为了一个极端幸运的、有用的术语，在未来的数个世纪它被用来称呼基督教思想对世界的神学沉思。并且不仅在中世纪，而且在全部近代哲学中，包括黑格尔，都保持着这个概念，黑格尔之后直到当代也是这样。该词语形成的这个尴尬来源被忘记了，自此以后这个词语显得好像一直都是为了它的内容意义而被创造出来的一个表达。

康德就持有这样的观点。他在关于“形而上学的进步”的遗作中就“形而上学”这个名称这样说：

> 这门科学的古老名称，μετὰ τὰ φυσικά，指示出了它所指向的认识的种类。人们要通过它来超出一切可能的经验对象

> (trans physicam),以便在任何可能的地方认识那完全不能是这样的对象的东西,形而上学的目标包含了谋求这样的科学的根据,所以形而上学的定义就是:它是从对感性事物之认识前进到对超感性事物之认识的一门科学。[①]

23 同样,在他经常讲授的关于形而上学的课程中,他说:"形而上学这个名称所涉及的……a)前进到、超出、出离;b)更高的科学、随后的;c)超然的。"[②]

在所有这一切中都有基督教的 scientia metaphysica[形而上学科学]的概念在起作用。这同时意味着:对亚里士多德手稿和残篇的把握和解释不再是从其自身出发被规定的,而是根据后来的基督教的形而上学概念的方法和启示被规定的。这不仅仅是在中世纪及其后和今天的经院主义那里,也不仅仅是在康德和后康德哲学中,而是哲学史对亚里士多德的研究在当下仍然完全受到这一传统的迷惑,这个传统业已变成不言自明的。可以举 W. 耶格尔作为例子。虽然他对"形而上学的发展史"[③]有非常特别的历史-哲学洞见,但在内容上他则遵循完全司空见惯的通俗看法。

---

① Immanuel Kant, „Über die von der Königl. Akademie der Wissenschaften zu Berlin für das Jahr 1791 ausgesetzte Preisfrage: Welches sind die wirklichen Fortschritte, die die Metaphysik seit Leibnitzens und Wolf's Zeiten in Deutschland gemacht hat?"(康德:"关于1791年柏林皇家科学院的有奖征文问题:自从莱布尼茨和沃尔夫时代之后,形而上学在德国有哪些实质的进步?")

② *Vorlesungen Kants über Metaphysik aus drei Semestern,* Herausgegeben von Max Heinze. Leipzig, 1894. S. 186.

③ 参见 Werner Jaeger, *Aristoteles: Grundlegung einer Geschichte seiner Entwicklung.* Berlin, 1923.S.454。(又可参见:Werner Jaeger, *Studien zur Entstehungsgeschichte der Metaphysik des Aristoteles,* Berlin, 1912。)

第7节　康德的批判性问题：关于形而上学认识的可能性以及形而上学的经典划分

a. 关于基督教特性对形而上学概念的影响

现在我们已经描绘出了“形而上学”这个词的基本历史线索和框架，同时也体验了它的某些含义和这个含义所意味的东西。在这 24
个方面必须说，在其改变了的、真正在历史上起决定作用的含义中，“形而上学”表示的是一个被基督教思想所规定和充实的概念。西方哲学在其开端之后立刻就是**非希腊**的了，并且无论明确地还是不明确地都一直是如此，直到尼采。传统的形而上学概念虽然是一个哲学概念，但实际上是一个彻彻底底的**基督教**概念。

那么现在的问题就是，这个概念在其历史中获得了怎样的充实？它所标明的东西获得了什么样的扩展？如果我们首先追溯西方-基督教形而上学的历史到这样一个节点，即该史在这里进入了一个新的、第一个同时也是最后一个危机，那么我们最容易获得那种一般性的回答。这危机是在康德哲学中并通过康德哲学发生的。

然而形而上学的这个危机及其概念转变仍然**保留在基督教思想的框架之内**；虽然它迈出了本质性的步伐，但是它也没有成功地将形而上学名称下隐藏的问题回溯到其本源以及西方哲学的开端中。这意味着，即使康德也不能在哲学的源始力量中唤起**哲学的基本问题**，并在其危险领域中展开它。古代世界和古代的此在对他是保持封闭的。康德的追问的总体范围是受制于基督教概念世界的。我们将试图更切近地考察，哪些生存状态决定了那支配性的存在理解（Seinsverständnis）。

基督教信仰在三个本质性的方面决定了对存在者整体的追问：1. 我们认识为“世界”的存在者是上帝创造的。2. 我们所是的存在者，作为个体的人，就其灵魂的拯救而言，是不死的。3. 超出人和世界的、本真的和最高的存在者，是作为创造者和拯救者的上帝。反思在所有这三个方面都被引导超出了对感性的可经验者的思考，而进入了超感性的领域，无论这是灵魂的永生，还是自然-世界-整体的界限和原因，抑或是大全自身（das All selbst）的物理基础*。

这个观念世界如今犹在，即使它不再基于信仰而被经验到。它变得苍白和褪色，被理论贯穿，变成了自然的世界观，日常思维在其中运作。并且哲学也被局限在这个视野范围中。

b. 近代形而上学的三个理性学科，康德对作为出自纯粹理性认识的形而上学认识的内在可能性和界限的追问

“形而上学”的对象：对上述这三个方面的超感性事物进行考察或者毋宁说考虑，根据我们前面已经说过的，显然是那种承载“形而上学”这个名称的认识活动的任务。所以，在其自身的构建和巩固过程中，形而上学认识的任务被拆分为**三个领域**：1. 个人的**灵魂**；2. **自然整体**；3. **上帝**。这三个领域归入三个学科：**心理学**、**宇宙学**、**神学**。由于这些学科以这些领域为基础，且恰恰走在人类思维、理

* “物理基础”（physische Grund），亦可译为“自然基础”。——译者

性（不是信仰）即 ratio 的道路上，并以此为手段，从而产生了理性的心理学、理性的宇宙学、理性的神学学科。这样，形而上学就分裂为了这三个学科。三个领域——三个（无需经验的）学科——理性认识——纯粹理性。

在这三个领域中，我们都遇到了我们说“这是”（es ist）的东西——存在者。对所有这一切——灵魂、世界、上帝——而言，无论它是什么，以什么方式是，都是存在。每个存在者都以某种方式来自这个存在。这个存在一般而言是 ens in communi［一般的存在者］，个别的领域从其中被划分出来。存在自身作为存在着的—— 26
summum ens［最高的存在者］。因此可以首先考察，各个领域的存在者一般是什么，ens in communi［一般的存在者］。这种一般的基础在 scientia architecton［知识体系科学］中是 metaphysica generalis［一般的形而上学］。与此不同，真正的形而上学是 metaphysica specialis［特殊的形而上学］。

康德一生都致力于被如此理解和划分的形而上学。在他的主要著作《纯粹理性批判》之前，康德试图在传统形而上学内部进行改良，直到他进一步对形而上学自身的本质进行追问，追问它是否以及如何可能，它有权做什么，什么拒斥它。区分——κρίνειν/ 危机——形而上学是否知道，它想要什么；形而上学是否理解，它能够做什么：“形而上学的形而上学”。* 对其主要作品《纯粹理性批判》题名的解释。纯粹理性，参见上述 metaphysica specialis：理性的

* 附录Ⅰ，第 11 条增补，［本书］第 276 页及以下。——编者（编者所指“［本书］页码”，即此中译本边码。——译者）

心理学、宇宙学、神学。批判：区分、对照、设定界限、限定可能性。

哪个批判性的问题？对超感性事物的认识；就此获得某些认识。对此，知识是综合的；但并非就经验而言可以通达的。无需经验（*Erfahrungsfrei*），在一切经验之前，没有任何经验，从纯粹先天的概念而来的先天综合认识。这是如何可能的？在批判的研究中，问题自身以及被询问的东西被澄清：1. 在什么意义上先天综合的知识是可能的（作为存在论的，而非作为存在者层次的）？ 2. 在什么基础上？（超验的统一性）。

基本问题真正而言是：人是什么？作为自然天性（*Naturanlage*）的形而上学：a）总是被拉向那里，b）同时总是出错（超验的假象）。

但是尽管如此，他的思想仍停留在传统的基督教世界中。今天的基督教及其神学——传统的形而上学和决定性的问题？积极的
27 工作（存在论的）就其自身是限制性的，但同时也是规则性的-实践的。

就不再追溯康德的回答和解决了，后面我会将其与黑格尔作比较。

第二章　近代形而上学的体系及在其首要决定性基础中处第一位的：数学 28

第 8 节　形而上学中数学性的东西的概念和含义引论

a. 任务：历史性地回到形而上学概念的转折点

至此我们已经充分解释了，在西方哲学的一个决定性的阶段“形而上学”概念获得了怎样的充实。只是我们还缺乏对形而上学真正的规定性力量和驱动力的洞识，即对**要作为人的要求和困境而实施自身的东西**的洞识。

现在要追问我们所描绘的形而上学概念被固化之前的那个**历史进程**。这包括了自公元前 1 世纪亚里士多德手稿第一次结集到 1800 年的时间段。此事对我们来说难以完成，不仅仅是因为需要处理的问题的范围之大和内容之丰富，而且有许多东西还是完全没有被考察过的。这多么让人吃惊：没有一部真正的西方形而上学的历史，既没有关于概念和词语的历史，又甚至完全没有关于事情的历史？另一方面这也不令人惊奇，如果人们看到这个历史的世纪——19世纪——所从事的东西是多么无关紧要。

29 但是对我们而言，历史进程的完整无缺不是最重要的，**在其本质性的有效性和对未来的效果中**对它进行**描述才是决定性的**。

我们试图从康德开始回溯，以确定形而上学概念史中的几个**典型的转折点**，带着这样的意图，首先需要认识两点：Ⅰ. 导致了上述形而上学概念之发展的两个主要的、决定性的基础作用。Ⅱ. 估测这种形而上学的概念距离源始的希腊提问有多远。

这两点一起可以作为我们主张的初步证明：西方哲学的历史是从其开端便日益增长的没落。这并不排除这种哲学产生了诸多伟大的作品；相反，开端之伟大因此而更加有力。

关于Ⅰ. 对西方形而上学的形成而言首要的、具有决定性的基础：1. 数学性的东西，2. 基督教神学性的东西（已经说明了）。**但所有这一切的根本目的是弄清和调校我们自己的历史此在。**[1]

我们已经讲过形而上学的概念。被康德作为基础的东西（metaphysica specialis-generalis［特殊的——一般的形而上学］），已经被C. 沃尔夫[2]和克鲁修斯（Crusius）[3]，还有鲍姆加通和迈尔（Meier）[4]作为经院哲学的概念明确表达出来了，他们的著作不但是康德教学的基础，也是康德自己研究的基础。鲍姆加通和迈尔不但

---

① 不是向前到黑格尔，而是向后。

② 1679—1754；Leipzig，Halle (mathematics)，Marburg，Halle；伟大的学术活动和写作活动。

③ Christian August Crusius, 1715–1775.

④ Alexander Gottlieb Baumgarten, 1714–1762; Georg Friedrich Meier, 1718–1777.

对哲学的全部学术内容予以严格的划分，使之成为各个学科，而且将它们看作是从那些基础学科衍生出来，并以严格的方法构建起来的。对此的理想和标准是数学，最广义上的 mathesis：基本概念和基本法则，严格的推演。（参见《本体论》（*Ontologia*）导言，又被称 30
为《欧几里得》。）[①] 数学在这里显示为构建和完成近代西方形而上学的法则的决定性基础。Metaphysica generalis［一般的形而上学］的含义不仅仅是"前院"（Vorhof），而且是基础。（参见鲍姆加通的起点，沃尔夫）

当然，这不仅仅是简单地接过并传递已经僵死了的学术材料，而是通过莱布尼茨使这些材料活起来；由此而有了莱布尼茨-沃尔夫学派。莱布尼茨自己的观点，可参见 *De primae philosophiae Emendatione*［第一哲学勘误］[②]。恰恰对于莱布尼茨——他自己也是一位多产的数学家——而言，数学就像对斯宾诺莎和笛卡尔一样，是全部科学的榜样，由此也是哲学的认识特征的榜样。

如果有人说，17 和 18 世纪的数学和数学思想的这种统治地位仅限于哲学体系的外在建构中，只在概念的划分和命题的排列和顺序中，这当然是一个巨大的，即使在今天也很普遍的决定性错误。这个观点中唯一正确的是，在这里数学必须在一种更加宽泛的、更加根本的意义上来理解，而不是作为某个特别的数学领域中的特殊

---

① Christian Wolff, *Philosophia prima, sive Ontologia, methodo scientifica pertractata,qua omnis cognitionis humanae principia continentur.* Frankfurt and Leipzig, 1729. Praefatio.

② G. W. Leibniz, „De primae philosophiae Emendatione, et de Notione Substantiae", in *Die philosophische Schriften von Gottfried Wilhelm Leibniz,* Hrsg.von C. J. Gerhardt,7 Bde.,Berlin Berlin, 1875–1890. Band 4, Berlin, 1880, S. 468–470.

方法。

b. 古希腊的教和学(τὰ μαθήματα)概念以及“数学性的东西”与“方法性的东西”的内在关系

在斯宾诺莎为他最重要的著作 *Ethica more geometrico demonstrate*[《依几何学方式证明的伦理学》]命名的时候，他这里所说的几何
31 学方法不是指某种分析的几何学方法，而是意味着欧几里得在其《几何原本》中的方法，而且即便是这个方法，也是根据其一般的形式，而非那种特定的空间要素和空间构型的意义而言的。数学性的东西作为 μάθημα，简言之就是可以教的东西，在一种凸显的意义上是可以学的东西；μάθησις，学习，μανθάνειν。

而这是什么呢？在这里，如果我们追随希腊人——这个词以及随之而来的对事情的揭示均来自他们——将 μαθήματα 跟别的东西区分开来，就会看得更清楚。希腊人知道在存在者整体以及可以这样或那样成为对象的东西的领域中，首先有 1.τὰ φυσικά(参考前述)，那从自身而来出现、生长和消亡的东西；2. τὰ ποιούμενα，那手工制作的东西；3. τὰ χρήματα，那在一定意义上被使用的东西；4. τὰ πράγματα，我们要处理的东西(πρᾶξις)。全部这四个领域都是**特别的**，属于它们的那些对象总是在一个特定的经验和打交道的方式中被通达，并仅仅在这个方式中被通达。威胁性的和有利的自然现象、工具、武器、营养和交换、原材料等，所有这一切都总只在特定的经验关联中，根据在特定的历史状态中人所经历的特定方向被遭遇。

与此不同，τὰ μαθήματα 又意味着什么？当我们说“数学性的东西”的时候，我们就**冒着误解**这个希腊概念的危险。因为我们就

“数学性的东西”首先并唯一所想到的是数字和数的关系，点、线、面、体（空间元素、空间构型）。但所有这一切仅仅说出了衍生意义上的数学性的东西，只要它恰恰满足了源始地属于 μαθήματα 的本质的东西；μαθήματα 不通过数学性的东西被解释，而是数学性的东西通过 μαθήματα 被解释。

那么什么源始地属于 μαθήματα 的本质？教、被教的东西、可教和可学的东西。这意味着什么？上面的那些术语和词都是关于 32
现成之物的使用、关于制作、关于自身现成存在的东西的词语。但现在的这个词是关于**据为己有**（*Aneignung*）和**传达**（拿取和给出）的，没有任何内容特征。因此这个词是清楚明白的，因为其在接受、交流方面有突出的意义。它的突出之处在于，它处理对**认知和认识**自身、真理自身的接受和传达，因为那就是**教和学**。然而这样仍然没有说出，是**什么**被认识了。

有这样一些认知和观念，人们不是在跟物打交道和使用物中，在经验和打交道基础上，以某种方式获得它们，而是完全从自身出发碰上它们，完全无关于人们其他经验的范围、基础和方式；这种认识有自己取得和给出的方式。这种最烦扰人但不是唯一烦扰人的知识，是关于数量和空间关系的认识。我们获得这种认知，恰恰唯有通过“回忆”我们已经知道的那些东西；ἀναλαβὼν αὐτὸς ἐξ αὑτοῦ τήν ἐπιστήμην［他从自己获得知识］（柏拉图，《美诺》85d4）。[①] 这种**接受是我自己传达给自己**（给出），我根本上已经具

① *Platonis Opera. Recognovit brevique adnotatione critica instruxit Ioannes Burnet.* Oxonii e typographeo Clarendoniano, 1899–1907. Tomus Ⅲ, 1903.

有的知识，这种传达是，我只让别人接受他给自己的东西。

这个认识方法从自身出发为自己创造了对象和可能的认识材料，仿佛是它首先构造了它们。它们在教和学中才产生出来；μαθήματα 以突出的方式被给出和被赢获——构建认识的过程。在这些对象中首先被构造出来的方法具有一种特别的优越性。数学性的东西如果被“经验”的话，就是在这个过程中并通过这个过程自身进行的。这个方法为自己创造了如何为自己提供知识和发展知识的规则；它在命题中表达和确定自身。

33 数学性的东西是在突出的意义上可以教和可以学的东西。它从基本法则出发，这些法则是每个人都能够自己去钻研的；它开展为推理，推理过程也是在它自身内进行的。数学性的东西包含一个自身封闭的过程的出发点、进展和目标，即它自身就是道路，即方法。作为这样的道路，它保证：1. 真与假的区分，2. 在其进程中将相关领域的所有可以认识的东西都带入知识。

从方法的这个本质出发，我们可以提取出两个基本条件，一个过程必须满足这些条件才成为真正的方法：

> At si methodus recte explicet, quomodo mentis intuitu sit utendum, ne in errorem vero contrarium delabamur, et quomodo deductiones inveniendae sint, ut ad omnium cognitionem perveniamus, nihil aliud requiri mihi videtur ut sit completa, cum nullam scientiam haberi posse, nisi per mentis intuitum vel deductionem, iam ante dictum est.
>
> [但是如果这个方法以恰当的方式展示出，精神直接的直

观如何被运用，从而我们不会滑入相反的错误中，以及我们如何找到那种推理方式，借此获得无所不包的知识，在我看来，这样其完备性就不欠缺别的什么了，因为，就如已经说过的那样，我们只能通过精神直观和推理获得科学知识。]

这句话是从笛卡尔(1596—1650)的 *Regulae ad directionem ingenii*［《指导心灵的原则》］(对第四法则的说明)[①] 中摘录的。根据这个说法，方法的两个主要部分是 intuitus［直观］和 deductio［推理］。这就是说，1. 对基本法则以及在这些法则中被设定的东西是用直接的看和洞察，这些法则自身不是推理出来的；2. 其他的命题是从这些基本命题中推理出来的。

对每个方法的基本成分进行区分，将其内容和概念追溯到古代哲学；尤其是在柏拉图那里，在对最广义的"数学性的东西"之沉思的基础上，确定了对 νοεῖν 和 διανοεῖσθαι 的区分。而后亚里士多德从本质上更清楚地看到了那些主要成分，这些成分对后来的所有时代都是决定性的：ἐπαγωγή 和 ἀπόδειξις*。笛卡尔对方法的全部沉思都围绕着这两个主要成分。 34

作为证明，这里仅仅给出第五法则的文本。[②]

---

① *René Descartes' Regulae ad directionem ingenii. Nach der Original-Ausgabe von 1701 herausgegeben von Artur Buchenau.* Leipzig: Dürr, 1907.［*海德格尔的复印版。——编者］

* 在亚里士多德逻辑学中，这两个词通常分别被翻译为"归纳"和"证明"。但在海德格尔的解释中，这两个词有了特别的含义。——译者

② 参见文本和翻译。［这里的文本和翻译是编者插入的；翻译根据 Artur Buchenau 的德文版，Leipzig: Dürr, 1906, 2. Aufl. 1920。——编者］

Tota methodus consistit in ordine et dispositione eorum, ad quae mentis acies est convertenda, ut aliquam veritatem inveniamus. Atqui hanc exacte servabimus, si propositiones involutas et obscuras ad simpliciores gradatim reducamus, et deinde ex omnium simplicissimarum intuitu ad aliarum omnium cognitionem per eosdem gradus ascendere tentemus.

［整个方法就在于灵魂的眼睛所必须朝向之物的秩序和状态，由此我们揭示出一个确定的真理。当我们将复杂的和晦暗的命题逐步回溯到更为简单的命题，并且试图从对最简单的东西的直觉出发，按照同样的步骤将我们提升到对所有其他事物的认识的时候，我们必须严格遵守这个方法。］

回到对最简单的命题和概念的直接看向(*auf*)与**看入**(*in*)：这个方法——数学的方法——的基本规则现在同时变成了建立一门科学，或者不如说是建立了**这样一门基础科学**的指导方法：这门科学涉及一切可能的可知的东西，为了直接的洞识准备好那些基本法则和最简单的基本概念。笛卡尔称这门最一般的基础科学为 mathesis universalis［普遍数学］。莱布尼茨采用了这个观念，称之为 charakteristica universalis［普遍特征］和 scientia generalis［普遍科学］，这个方法的基本成分是分析和综合。

35 Est autem methodus analytica,cum quaestio aliqua proposita tamdiu resolvitur in notiones simpliciores, donec ad eius solutionem perveniatur. Methodus vero synthetica est, cum

a simplicioribus notionibus progredimur ad compositas, donec ad propositam deveniamus. [如果提出的任何问题被分解为简单的观念，直到问题被解决，那么这个方法就是分析的。如果从简单的观念达到复合的观念，直到提出的问题被解决，那么这个方法就是综合的。] (Couturat, 179)[①]

基础的和普遍的科学同时充当了一切科学和科学性的榜样。[②]

第 9 节 数学性的东西的优先以及它对近代哲学内容的预先决定：可知性和真理的可能观念

我们看到，数学性的东西[③]不是根据其与经验的关系被规定的。它从自身出发为了每个经验并外在于每个经验来显示自身的内容。可以学习的东西，ἀναλαβὼν αὐτὸς ἐξ αὑτοῦ τήν ἐπιστέμη（柏拉图，《美诺》85d4），每个人"从自身获得对它的知识"。这就是说，不是来自个别人的喜好，而是来自人的本质。只要人作为一个认识者生存，一种关于数字、大小、空间关系的有序的多样性就向他敞开。其顺序是这样的，提供关于所提到的这些关系的命题，而这些命题

① *Opuscules et fragments inédits de Leibniz.* Ed. par L. Couturat, Paris 1903 (Nachdruck Hildesheim: Olms 1961), S.179.

② 当今对基础的批判：直觉主义—形式主义；不是这二者。问题不充分。

③ "数学性的东西"和"方法性的东西"之间的内在关联以及一种特定的"方法"概念，参见笛卡尔《指导心灵的原则》。

必然被作为这个领域的所有命题的基础；这些基本命题是建立在基本概念中的。从而数学性的方法就是这种基本命题和推论命题的非经验的奠基顺序。[①]

36 因为这种知识形式显得具有**最高的普遍性**，甚至跟人类思维自身的基本形式一致（参见逻辑学，推理的学问），所以容易让人认为并且也一直这样认为：所有知识，尤其是哲学这种最本质的知识，跟这种知识形式相匹配（参见近代哲学）。

但是就如我们已经注意到的那样，如果认为在这里数学性的东西只是对命题和概念进行划分和组合排列的外在形式，而其内容跟数学性的东西没有关系，那就大错特错了。毋宁说，哲学的内容**受到数学性的东西的影响如此深远**，以至于数学性的东西及其优先性已经**预先**决定了，**什么是哲学上可知的东西**，**它应如何被获知**。数学性的知识形式，对于直到黑格尔的近代哲学而言，不是体系之呈现的一个单纯的外在框架，而是其**内在的法则**，它规定了哲学**内容的出发点**以及**真理的观念**。虽然如此，哲学并不能看到这个法则的影响范围和带来的祸患；相反，它却有真正的热情，一再试图"将哲学提升到科学的层次"。

现在必须实际地展示，数学性的东西不仅仅构成了近代形而上学体系的外在框架，而且是其**本质性的规定基础**，并且展示其如何这样。这需要在两个决定性的历史阶段来展示：A）在其近代的开

---

① 关于一般方法，以及特别是作为方法和逻辑的数学性的东西，参见 S.1929。[*Martin Heidegger, *Der deutsche Idealismus (Fichte, Schelling, Hegel) und die philosophische Problemlage der Gegenwart.* Freiburger Vorlesung Sommersemester 1929. Gesamtausgabe Bd.28, hrsg. Von Claudius Strube. Frankfurt a. M., Klostermann 1997。——编者]

端，B）在康德进行批判的阶段。[①] 然后表明，对于真正地理解黑格尔形而上学来说，这个思考有什么效果。

第10节　近代形而上学表面上在笛卡尔那里的新开端及其失误 37

a. 传统的笛卡尔画像：从彻底的怀疑出发严格地重新建立哲学

笛卡尔（1596—1650年），对这位哲学家及其哲学的传统画像如下。在中世纪，如果说哲学毕竟还独立存在的话，那么它也是处于神学统治之下，并越来越衰落为纯粹的概念划分，丝毫不接近现实，也不与现实遭遇，是一种经院知识，它既无关乎个体的人，又不为现实性整体从根本上提供光亮和透视。就在文艺复兴对中世纪经院哲学进行抵抗之后，笛卡尔把哲学从这种不体面的状况中拉拽出来，尽管文艺复兴并没有导向哲学整体的重建。

这个工作留给了笛卡尔。由他开启了哲学的全新时代。他敢于彻底地做哲学，因为他以对所有知识的普遍怀疑开始，在他的追问中寻找并发现了那不可动摇的基础，未来的哲学以及所有科学的大厦在这个基础上被建立起来。

我怀疑一切，我让每个领域、每种形式的知识都失去效力。当我怀疑，并越来越多且越来越长时间地怀疑的时候，不可怀疑的东

① 参见下述，［本书］第46页及以下。

西恰恰就是我的这些怀疑，这种 *me dubitare*［我**怀疑**这个事实］是明显的并且不可被怀疑的，所以，它是预先的**不可置疑的**现成存在。我作为怀疑者也是现成存在的，我自己的现成存在是最初的确定性和最初的真理。Dubito，我怀疑，我在思考什么，cogito。Cogito—ergo sum; Id quod cogitat, est［我思——所以我存在；思考的东西，存在］。（大前提？）

这个 ergo［所以］并不是推论。笛卡尔不是从“他思考”进一
38 步推论出“他存在”。而是，我在思考，那么我必然承认，在“我思考”这种现成存在中，**预先共同给出了**（*im voraus mitgegben*）我的现成存在，sum。这个 sum［存在］不是结论和推理，而**相反地是根据**，fundamentum absolutum et inconcussum［绝对的和不可动摇的基础］。

笛卡尔将人逼迫入怀疑中，以这种方式，他同时也将人带向自身，将每个人带入作为现实性的他的“我”（Ich）。这是最终的和不可怀疑的东西，因而成为一切追问的基础和场所。人在其我性（Ichheit）中进入哲学的中心，“主体”和主体主义相对于客体和客观主义获得了决定性的优先。

最先只有主体的存在是确定的，客体的存在是不确定的，但现在我们同时获得了那个**唯一的出发点**，由此能够提出关于外在于我的（extra me）存在者之现成存在的问题，并继而做出回答。

笛卡尔作为彻底的思想者之典范出现，他最终将一切都赌在一张牌上，同时指示出了一切科学的全新建构。在他身上体现出了现代性及其从中世纪黑暗中的觉醒。

的确，不久前人们已经发现，笛卡尔并不完全独立于他之前的人；这些人恰恰就是那些中世纪的经院哲学家。人们为这个发现而

有些自豪，这当然是基于迄今人们仍然不了解中世纪的经院哲学。但是在发现笛卡尔和经院哲学的关系之际，人们并没有进一步思考，而是利用这个发现来满意地声称，甚至像笛卡尔这个级别的思想家也同样以某种方式依赖于别人。

这个被如此看待的笛卡尔，连同他的普遍怀疑以及同时对“我”的“强调”，是德国大学所谓哲学考试和论文考查中最受欢迎和最司空见惯的题目。这个存在了几十年的传统只是**一个**，但是是一个毫无疑问的标志，说明了已经蔓延开来的无思想性和无责任性。如 39
果教师自己没有这样操作和允许这样做的话，学习和考试的本质不会败落至此。

b. 在数学方法论的统治下，笛卡尔的激进和重新建基的假象

现在当我们**摧毁**了关于笛卡尔及其哲学的一般印象，剥夺了哲学未来将自身建立在笛卡尔形而上学上并将之作为一个真实开端的权力之时，这并不是说，似乎将来在你们的考试中你们应该呈现哲学的这个新画面，而是说，你们应该知道并且理解，哲学是如何跟一般意义上的考试以及可以用来考的东西的领域完全分离的。

为了根据基本问题真实地确定笛卡尔在西方哲学史中的位置，并且在此之际让数学性的思维方法的统治突出出来，我宣称：

笛卡尔的怀疑的彻底性以及哲学和知识的新奠基的严格性，完全是一个假象，从而是致命的、直到今天都难以根除的幻觉的来源。

近代哲学在笛卡尔那里的这个所谓的新开端，不仅不存在，而且事实上是哲学进一步本质性地没落的开始。笛卡尔没有将哲学带回它

自身并带向它的根据和基础，反而把它从对基本问题的追问推得更远。

40 α）方法上的怀疑作为通向最终不可怀疑之物的道路。最简单的和最易于理解的东西作为基础

我们必须将这两个主张放在一起进行证明。这个计划同时也是针对**黑格尔**的总体进攻的**第一次突击**。首先必须更加敏锐地探明笛卡尔的立场，并发现在多大程度上他的怀疑和新的奠基过程同他**方法论的主导思想**完全相符。

人们经常说笛卡尔的怀疑是“方法论的”。人们是这样理解这一点的：怀疑不应当是以自身为目的——由此怀疑同样也被怀疑——，而是要达到某种不可怀疑的东西。怀疑只是作为到达确定性的途径。

不过，笛卡尔的怀疑在一个完全不同的、**更深**的意义上仍然是“方法论的”。也就是说，怀疑在笛卡尔**归根结底理解为方法**——而这恰恰被描画为“数学性的”方法——的东西的意义上，并**服务于**这种方法而发生。这意味着，只要笛卡尔将哲学活动归属于这种主导思想和这样的方法，那么通过他就预先决定了，哲学必然有什么样的特征，唯有什么能够作为一切知识的牢固基础。它必定是某个**最简单的东西**，simplicissima propositio［最简单的命题］，由此是**直接明了的东西**（intuitus［直观］）。

β）怀疑思维作为假象。内容上的预先决定：不可怀疑的东西是具有现成存在特征的东西

但是，究竟为什么哲学的基础应该是某种直接的、简单的东西，

直接明了的东西，这件事却完全不清楚。这个要求只有这样才是合理的，即其预设了哲学的认识和追问隶属于“数学性的”方法。但 41
这却是一个任意的、没有被笛卡尔以任何方式证明的预设。笛卡尔也没有一次试图作过证明。他缺乏任何作这种尝试的动力。**他的怀疑思维的严格性是一个假象**，这不仅仅是因为他后来获取了一个牢固的立足点，还因为在其怀疑思维的**背后**有一个完全未经证明的观点：哲学追问和证明的方法是“数学性的”。这里有一个预先决定：哲学的一切知识奠基于其上的基础，只能是那种具有**不可怀疑的现成存在**特征的东西。

γ）“我”作为基础

但是，数学性的方法思维的统治不仅预先决定了一般的、唯一可能的**基础之特征**，而且尤其通过这种方法预先决定了，唯有什么才能作为这个基础被追问。

使自己一劳永逸地屈服于这个方法，意味着去寻找那最简单的和最明了的，即不可怀疑的东西。怀疑首先具有排除那些不能抵抗它的东西，即那些不是最广义上的**数学性的对象**的东西，并令所有这些东西失效的特征。随之而去的是所有那些以某种方式仍旧可疑的东西。当这些可疑的东西被排除之后，基本上**仅剩下纯粹的怀疑**自身。怀疑只让自己保留下来；而怀疑是一种比较广义的思想，cogitatio。能够作为被寻找的那种不可怀疑的现成存在者被遇到的东西，必然具有**思想**的特征。每个思想都在其被思之时有一个在思想的思想者；思想知道自己作为**我**在思想。那不可怀疑的现成存在者就是**我**，那思想者。

42 δ)我作为自己。自我沉思作为一个幻觉

这样，作为不可怀疑的基础的第一个最简单的命题由此产生：我的现成存在（Vorhandensein des *Ich*）。思想着的人——“我”就这样进入了人类真正可知之物的中心。但是对于个体的人而言，这个“我”首先意味着他自己所是的东西，在其中他具有他的自我。彻底地返回我，赢获了源始的自我沉思（Selbstbesinnung）的特征。

但是，通过怀疑返回到“我”只是对源始性和彻底性的假象。（在它的后面以及上面是“数学性方法优先”的信条。）所以，就像返回是一种假象，自我沉思的严格性也是一个幻觉。因为这完全没有澄清，人是否在对他的“我”的思考途中真正来到了他的自我，是否人的自我是某种更为源始的东西，而通过“我”恰恰错过了这个东西。笛卡尔所谓的自我沉思同样是一个幻觉，因为这种沉思完全没有触及这个问题。

笛卡尔奠基在“我”之上的基本思路在多大程度上错失了人的自我，对此有两个本质性的证据。

ε. 我（自我）的本质作为意识

自笛卡尔以来，“我”的本质首先被看作在意识之中。我是那知道自己者；具有自我意识规定了自我的存在。对“我”的这个规定的自然后果是，“我”被分解为一束表象，即使把这些表象都归入一个所谓的我-极（Ichpol），并从那里辐射出来，也仍然是一束表
43 象。无论是行动还是决断，还是作为它们的基础的人的历史性，以及跟共同此在（Mitdaseienden）的本质关联，都没有进入自我的构成。那种点式的，无历史、无精神的笛卡尔式自我的特征，完全相

应于数学性思维之优先性对其可能之对象的预先决定。

在这里，“我”的**意识**及其形式决定了**自我的存在**（*das Sein des Selbst*）。我们将会在黑格尔体系那里看到，这种完全随意地从一种数学性方法的统治产生出的意识对存在的优先，在笛卡尔之后的时代造成了多大的灾难。“我”：理解和理解的意志，但不是精神；后来的精神概念还没有出现。

ζ. 自我作为我，我作为“主体”。主体概念的变迁

经由笛卡尔的我思，人的自我概念在多大程度上被指向了一个确定的方向，对此有第二个证据。通过笛卡尔，“我”真正地被造为了一个主体，并从此以后被如此称呼。就像人们以为的，“形而上学”这个名称似乎是完全源始地和本已地被造出来，用以表达对超感性事物的理性认识的，人们也以为“主体”（Subjekt）、“主体的”（subjektiv）和“主体性”（Subjektivität）一直意味着我（Ich）、我性的（ichlich）和我性（Ichheit）。主体有别于客体。但是“主体”在本源上并且在整个中世纪都跟表示“我”和人的自我的概念没有任何关系。恰恰相反。主体是对希腊文 ὑποκείμενον 的翻译，而后者意味着那预先已经存在的东西，我们遇到和承担的东西。也就是说，当我们打算对存在者有所认识的时候，对于希腊人来说就意味着：陈述（auszusagen）。

存在者在这里被描画为我们在命题中所遇到的样子，这不是偶然的，而是与哲学开端的本质有关，即与对存在者整体自身的追问 44
有内在的关联。首先我们只注意这一点：主体源始地恰恰表示我们今天称为客体的东西。而客体则相反，在中世纪，客体被把握为仅

仅在思想中被表象的和对立的东西，在现在的意义上指主观被意指的东西。然而，subjectum 这个词如何能够获得恰恰相反的意义，以至它不再指对立于我的现成的东西，而是等于我自己，并仅仅是我自己呢？

如果我们已经把握了前面所描述的笛卡尔的论证过程，那么就不难发现答案。笛卡尔的确在其方法的魔咒下去寻找某个作为不可怀疑的东西的现成存在者，它不再能够被怀疑排除。这个现成存在的东西就是进行怀疑的“我”自身。这样，“我”就是**古代意义上的** *subjectum*。但是，因为现在我不是任意的 subjectum，而是基础性的现成存在者，subjectum 获得了“我”的基本意义。我不仅直接地是 subjectum，而且因此同样 subjectum 源始地是“我”。主体从此以后变成“我”的名称。（我作为现成存在者 = 主体。主体作为一个突出的东西。主体 = 我。）我们现在明白：它不是一个无害的名称，其背后是数学性方法的优先在哲学中起了决定作用。

c. 数学性方法思维统治的实质后果：人的本真自我和哲学的基本问题的错失。数学性的确定性对真理和存在的预先决定

在第一个证明中，自我（Selbst）作为我（Ich），我作为**意识**被把握，现在又加上将自我作为我和将我作为**主体**——某个现成存
45 在的东西——的理解框架。当后来德国唯心论如此热切地努力导向这个目标——**不能**让我显现为一个物，这只是证明，将我作为 subjectum 这个源始的出发点预先就逼迫这种努力承认它要否认的东西。我和自我的物的特征（Dingcharakter）不会被克服，只要它

的主体特征没有被去掉，也就是说，只要笛卡尔式出发点的困境没有从根本上被把握和被克服。

由此表明：那种导出“我”作为基础的怀疑只具有对源始性的假象。这个假象同时是一个基本幻象的来源：似乎这种对我的思考是自我沉思。毋宁说，它以所有可能的方式阻塞了通向人的自我的每一条道路。

第二，我们说了，这种所谓的彻底性不仅不是哲学的真正开端，反而只是进一步没落的开始。因为笛卡尔没有将哲学带回到其基本问题，而是最终将它从那里带离，而且带着开启新开端的假象。只有当**基本问题**被发现并且被问的时候，这些论述才能真正被证明。因为只有从那里而来才能估计，笛卡尔所开创的哲学时代在多大程度上是一个衰退。

尽管如此，我们可以在前述引入式论述的基础上，再给出一些线索。笛卡尔对哲学的奠基，是以数学性的-方法论的观念——**可知性**（*Wißbarkeit*）和**确定性一般**（*Gewißheit überhaupt*）——为主导的。[1] 确定性这个观念表明，什么能够是真的，什么不能。真理的本质被规定为确定性。真理却说明，什么是存在者，如何是。因此，数学性的确定性观念预先决定了什么是真正存在着的，什么可 46
以被称为真正的存在。询问什么是存在者，什么是存在，这是基本问题的意图。在笛卡尔那里，这些问题非但没有被提出，反而预先规定了一些断言，抢先作出了回答。

根据作为意识的我的优先，**意识规定了存在的本质**。什么东

① Gewißheit → Wahrheit → Seiendes-Sein.［确定性→真理→存在者-存在。］

西以一种数学性的、不可被怀疑的、确定的方式被意识，就“是”(ist)——而这个意识就是本真的存在。人们没有看到也不愿意看到，在这个被意识的-存在中，已经预先设定了一个完全确定的存在概念，但是恰恰它完全没有被怀疑，甚至没有被奠基。

这表明，这个问题的**必要性**完全没有被认识到，这个问题自身**仍是被遗忘的**。数学性方法思维的统治将哲学的基本问题扼杀于萌芽之中。在笛卡尔那里开始的近代形而上学**错失了基本问题**，并且这种错失被**数学性的**-**方法论的彻底性**之假象掩盖了。

第 11 节 18 世纪形而上学体系构建中数学性方法思维的支配性

为了真实地表明数学性方法思维在近代形而上学中的支配地位，我们选择了康德之前的这个形而上学阶段作为证明。我们已经从这个时代获知了形而上学在其学科结构中的一般特征。现在我们有机会将前面粗略的描述变得更加生动——按照之前已经说过的任务。

47 我们来回忆形而上学的结构和划分。[*] 我们已经强调了，在 metaphysica specialis［特殊的形而上学］中渗透了**基督教思想**。顶峰和核心：**上帝作为创世者**。预先构建了 metaphysica generalis［一般的形而上学］。沃尔夫，*Ontologia*[**]，1729。

此处，数学性的方法的支配在哪里以及以什么方式可以看出来

* 参见前述，［本书］第 25 页。——编者

** 见边码 30 对应脚注。——译者

呢？如果谁了解这个时期，尤其是 18 世纪德国形而上学的著作，哪怕只是远远地、外在地有所了解，那么他就会指出两点。第一点是它们经常求助于欧几里得的《几何原本》[*]，它从古代就被视为数学认识的结构和推演的样本；另一点是这些著作的结构。

这些著作首先表现出统一的、完善的体系特征，同时表现出学院式的、教科书式的对材料的处理；在这里有一种对中世纪经院哲学大全的有意识追随，虽然后者缺乏思路的一致性以及推演的统一连贯性。（背景：1. 数学的知识理念不在其严格性中；2. 过度关注权威和探讨他人看法。）沃尔夫及其学生的著作：简洁、严格。短小的段落包含了基本概念的定义和主要命题，并且在所有后续段落中都有对前面段落的重新引述。

第 12 节　从沃尔夫的《存在论》而来的导论性规定。以所有人类知识的哲学原则为出发点 48

我们从克里斯蒂安·沃尔夫的《存在论》（1729）[**]的导论性规定中获取第一个指示，尤其通过 1. 标题，2. Dedicatio［献词］，3. Praefatio［序言］。

1. 标题：Philosophia prima sive Ontologia, methodo scientifica pertractata, qua omnis cognitionis humanae principia continentur.

---

* 欧几里得（数学家），Στοιχεῖα。［《几何原本》］13 卷，约公元前 300 年，亚历山大。——编者

** 底本作“1792”，误，此外据前述改。——译者

a）名称：philosophia prima-ontologia［第一哲学—存在论］（Clauberg）[①]；

b）methodo scientifica pertractata——根据科学的方法进行彻底探讨（何谓 scientifica？参见笛卡尔的 scientia）；

c）omnis cognitionis humanae principia continentur——其中包括一切人类知识的"原则"、出发点和基础；不是认识论或者心理学，而是可认识的东西和属于它的东西。鲍姆加通在 *Metaphysica*[②] § 1 中的定义：Metaphysica est scientia primorum in humana cognitione principiorum［形而上学是人类认识中关于第一原则的科学］。

2. Dedicatio［献词］

a）manus…emendatrix—完美无缺的证明（deductio）的正确无误的过程，迄今尚无。

b）欧几里得如何将完全的数学性的认识原则带入一个体系，由此其不可动摇的真理显现了出来，大白于世。eius exemplo，根据他的例子，simile coegi［类似地我收集了］整体的人类知识的第一原则到 Systema［系统］中。

c）这些原则已经包含在了欧几里得从中获取他自己洞见的那些东西中。这个体系包含了 fundamenta omnis scientiae, ipsius
49 etiam mathematicae［所有科学的基础，甚至是数学的基础］。不可
避免地，原则只能根据最广义的"数学性的"方法来说明。但是不

① Johannes Clauberg, *Metaphysica de ente sive Ontosophia*（1656）.

② Alexander Gottlieb Baumgarten, *Metaphysica.* Halle, 1739, 7. Aufl.1779.

再只是更狭义的“数学性的”对象。这在序言中清楚地表现出来。

3. Praefatio［序言］

人们从中获知，沃尔夫以某种方式跟笛卡尔对立。当然不是在这种意义上，即他反对数学性的方法；相反，沃尔夫发现，笛卡尔恰恰通过他的诸原则使得 philosophia prima［第一哲学］声名狼藉，并任由最简单的基本概念未被规定。

沃尔夫认识到，更狭义的数学性的东西的确定性和严格性要回到哲学的诸原则和诸基本概念；但不能把这些东西托付给简单的 intuitus［直觉］，而是要服从最严格的定义的要求。

为什么沃尔夫体系及其学派的体系展示出了与笛卡尔体系不同的特征，真正的原因就在这里。笛卡尔体系的标志是：从 ego sum［我在］开始，从怀疑的沉思出发。沃尔夫从第一哲学的原始概念出发，但两者都根据数学性的方法。沃尔夫在他主要哲学著作的开头所强调的，都被他所有的手稿和著作的形式所确认了。

但是——通过所有这些论述，我们仍没有把握到这个时代的“形而上学”中数学性方法的支配。我们的论述也可以相反地论证这样的论题：数学性的东西仅仅是对现成的学说材料进行划分和安排的外在形式。现在需要证明，数学性的东西是否，以及如何规定了整个形而上学的内在结构和真理要求。在此必须标明，黑格尔形而上学的基本架构是怎样在这里被准备好的，在黑格尔的形而上 50
学中，无论是笛卡尔以主体为开端还是沃尔夫从存在论基本概念出发，都一起被包括进了一个体系，这个体系从头到尾都被基督教-神学所规定。

迄今人们都低估了近代形而上学在内容上的和对真理的要求中的数学性方法的范围，并由此被这件事所欺骗：事实上所处理的对象和概念到处都是一样的。

如果我们能够将沃尔夫体系向前与中世纪经院哲学，以及向后与黑格尔进行对比思考，并突出其特点，那么这在学术上和事质上都有重大意义。但是那将要求我们至少无所遗漏地通讲沃尔夫形而上学。在这里就无法这样去做了。

我们选择了一个解决办法，即我们只限于沃尔夫最重要的学生鲍姆加通（Alexander Gottlieb Baumgarten）的形而上学体系；进一步，我们也只考虑这个形而上学的基本特征、开端和结束（*Metaphysica* 1739，第二版，1743 页及以后）*。康德特别看重这部著作，一生都将它作为自己教学活动的基础。

---

* 参见［本书］第 48 页 *Metaphysica* 脚注。——编者

第三章　近代形而上学体系中的基督教规定性和数学性的–方法论的奠基思想

第 13 节　两个主要任务的结合：对存在一般的本质的奠基和对上帝的本质与此在的证明

形而上学是关于存在者整体的知识。根据传统，上帝是最高的存在者，summum ens，他统治和规定所有存在者。而在另外一个意义上，存在同时是无所不包的，为每个存在者所有，ens in communi［一般的存在者］。从最普遍的存在概念来理解“上帝”，它只是其他存在者中的一个，虽然是最高的那个。

如果我们的论题——数学性的方法在这种形而上学的内在结构和真理要求中是支配性的——是正确的，那么显然，这个结构必定以最简单的概念以及对它的论证推理开始，并且是以这样的方式，即从这个开端出发，所有其他的存在者的是什么以及存在的事实被衍生出来。这首先并最终涉及 summum ens。这不亚于在推论的步骤中从存在的普遍本质中推导出作为 summum ens 的上帝的本质和此在。

这一目标如果切实可行的话，要满足两个要求：第一，上帝的概念必须以这样的方式被把握，即从形而上学的终结和完成来看，
52 它的特别的基督教内容仍然存在，但将它从存在概念数学地推演出来却变得可能：对基督教上帝概念进行数学化。第二，从这一形而上学的开端来看，却出现了这样的问题：这个 ens in communi［一般的存在者］从何而来？如果一切都隶属于推理，如果甚至连最简单的概念都隶属于推理定义，那么我们从哪里以及如何达到 *ens in communi*？

这两个首要任务——证明上帝的本质和此在，证明存在一般的本质——将这种形而上学的总体结构紧紧扭结起来，并达到了这样的程度：这两个任务甚至没有被特意地说出，它们不言自明地被作为全体的出发点和目标，并且相互规定。这个结构后面有两种力量，它们是西方人之历史的力量：希腊关于存在者的问题，和基督教对上帝的信仰。

但是这二者都已经丧失了其敏锐和危险性。关于存在的问题现在仅仅只是寻求一条定义之路；信仰在启蒙时代变成了"理性的"。对此的证明恰恰是现在这个形而上学在其结构和真理要求中所追求的东西：数学性的东西。

这种思想和规定的严格性不是从克服一个困境的能力和战斗中产生出来的，而是此在的一种确定状态的结果和出路，这种确定性确信其占有物会无懈可击地并且以对每个人都可以通达的方式塑造此在。但这恰恰是这个事实的前提：后来随着黑格尔，这个形

而上学的整体能够以一种变化了的、在某种意义上被提高了的方式得以复归。这意味着，我们必须学会从现在所探究的关系出发来理解黑格尔，而摆脱在最近的时代变得普遍的看法——寻求仅仅从康德出发来把握黑格尔。

第 14 节　鲍姆加通形而上学出发点中的数学体系特征 53

a. veritas metaphysica［形而上学真理］的概念：存在者与诸最一般的原则的一致

现在我们试图对鲍姆加通形而上学整体的内在结构进行真正深入的考察，1. 从其出发点和目的出发，2. 同时关注二者的内在关联，以便证明我们所宣称的数学特征。为此，首先要澄清一个问题。假设这个形而上学的内在结构，而非仅仅其外在框架，是数学性的，那么这一点必定首先表现在真理概念中，这里所声称的知识就隶属于这个真理。简言之：这里的形而上学真理，veritas metaphysica，是什么？

鲍姆加通在第 92 节对此给出了回答：veritas metaphysica potest definiri per convenientiam entis cum principiis catholicis，“形而上学的真理可以被规定为存在者与诸一般‘原则’、根据和基本命题的相符”。

形而上学真理的这个定义最初是不可理解的，而且只要没有说明这里的诸原则指什么，以及存在者与它们的相符指什么，就必定一直是不可理解的。Convernientia［符合］在于 ens conformiter his principiis determinatur（参上），“存在者（自身）被规定为与这些原则相符”。这只是用另一个词来改写罢了！它事实上意味着什么呢？

这里所要做的是去规定，什么是诸存在者一般，它们在其主要领域中是什么；这一规定必须根据**最普遍的原则**来实施。但这些原则是怎样的？它们是怎样成为原则的？这些原则到底在多大程度上在这里起着决定性的作用？

54 Principium, ἀρχή，由此而来某物是、生成，以及一般地被规定。这里所涉及的不是随便的某些原则，而是最普遍的原则，catholicum［普遍的］：它关涉全体、存在者一般以及存在者整体；关于那种东西，从它出发规定存在者是什么；关于那种东西，**每个**存在者，只要是一个存在者，都**必须**预先**嵌入**它。

这个要求所表达的是什么，就已经清楚了：无非是**数学性的**理念，即论证回到一个第一出发点，并从它进行决定性的推导。据此，数学性的东西从一开始就将自身设定进了形而上学的真理概念和本质中。形而上学上真的东西，就是那些满足这一本质要求的东西。

b. 对原则之原则特征的先行思考，从这个原则出发 ens in communi 应该可以被规定

但是我们需要再考虑一下，这里要求的是**什么**？是这样的东西，它从根本上并且从开端而来规定存在者作为存在者是什么！那规定存在者为它所是的存在者的，我们称为**存在**。存在是存在者的本质。本质，即存在者是什么，这个“什么”就是“原则”。本质应

该被一个原则所规定或者反过来。存在必然在其本质中跟最普遍的原则相符。原则总是比 principiatum 即原则之下的东西，更高、更普遍。

那么存在可以被放在什么原则之下呢？是否有那种东西，它超出存在，所以是非-“存在”呢？这会是什么呢？这样的东西到底还能存在吗？显然不，因为如果它还存在，那么就会是一个存在者，并且作为存在者隶属于存在。而这个原则恰恰应该超出存在并不再依赖存在。不隶属于存在，跟存在毫无共同之处的，是无(*Nichts*)。因此，如果人们要严肃对待这个要求，将存在者和存在回 55
溯到一个更高的原则，并且从这个原则衍生出存在和存在者，那么这意味着，设定无为存在的原则。

如果这一点成功了，那么就要满足方法上的一个基本要求：ens in communi 不是简单地被接受，而是它自身还要被限定和定义。

但是无到底可以被把握为存在的原则吗？有任何事物可以用无来规定吗？人们会马上指出这样的情况来反对：如果无论如何无毕竟可以被把握的话，那么它就已经是某物而非无了。如果无是完全不可把握的，那么就没有必要问这样的问题：应该通过什么以及如何把握它。

但是最终这些反对无作为存在的原则的考虑，只是貌似有理，没能说出什么。我们无论如何不想通过这种形式的-逻辑的以及似乎机敏的反驳，让我们的追问背离其任务。我们现在来简单地观察：1. 一般的形而上学的基本概念，即 *ens*，会被回溯到更源始的东西吗？ 2. 什么是 *ens* 由之得到规定的原则？

第 15 节　鲍姆加通的出发点 possibile（能是者）以及作为形而上学绝对的第一原则的逻辑的矛盾法则

第一个问题很容易回答。Metaphysica generalis［一般的形而上学］这个表达的首要任务，就是展示并推演出 praedicata entis interna universalia［存在者之谓词的内在普遍性］[①]，属于每个自在
56 的存在者的到底是什么。作为存在者的**第一个**特征出现的**不是**存在——它是对 ens［是者］的规定性的探讨——而是，整个形而上学从对 possibile（可能的东西，或者毋宁，能<是->者）的分析开始。

但是紧跟着第 7—18 段对 possibile 的描述的，还不是 ens，而是 rationale［理性的］[②]，被奠基者（奠基者），在 19—33 段。直到 Sectio Ⅲ［第三部分］第 34—71 段，ens 才出现。

回望一下，这完全证明了我们的说法，ens 不是作为初始概念被提出来的，虽然它限定了 metaphysica generalis 的真正的和唯一的论题。

关于第二个问题：**什么是规定** *ens* **自身的那个原则**？在回答了第一个问题之后，现在第二个问题改变了；因为 ens 跟 rationale 相关，而后者跟 possibile 相关。因此现在要去问：possibile 从什么（原

---

① Baumgarten, *Metaphysica,* Caput I (Titel).

② 同前。Sectio Ⅱ : Connexum (rationale).

则）出发规定自身？换一个问法，从什么出发来限定（定义）什么是possibilitas？换言之，对于形而上学总体而言，**什么是绝对的第一原则**，principium absolute primun？回答：principium contradictionis，**矛盾法则**。①

这首先并且总体而言都很奇怪。事实上我们在这里遇到了**西方形而上学之基础的主体部分**。这个基础是由亚里士多德奠定的——经过希腊哲学的长期准备工作。恰恰这个主体部分又返回到了一个特别意味深长的境域，进入了黑格尔哲学之中。

然而在我们从不同角度对这个原则进行审视之前，我们要简短地勾画出它在我们现在正着手处理的沃尔夫学派形而上学中的位置，同时回答之前提出的一个问题，即**无怎样能够作为存在的** 57
原则。

Contradictorium est A et non-A; praedicatorum contradictoriarum nullum est subjectum; nihil est, et non est［A 和非 A 是矛盾的；没有矛盾述谓的主词；它是无，不是存在］，②也就是说，contradictorium［矛盾］是 nihil［无］；由此发现不了什么！ non contradictorium［不矛盾］=possibile，可能的 = 能是的 = 那种不自相矛盾的东西。因此在这里，事实上无（contradictorium）作为存在的原则。**矛盾和存在**。**矛盾和无矛盾状态**决定了不能是（Nichtseinkönnen）和能是（Seinkönnen），是的不可能性（Seinsunmöglichkeit）和是的可能性（Seinsmöglichkeit），“是”。

① Baumgarten, *Metaphysica,* Caput I (Titel)，第七节，最后一句：“Haec propositio dicitur principium contradictionis et absolute primum［这个命题被称为矛盾法则，绝对的第一法则］”。

② 同前，第 7 节。

第 16 节　对 principium primum 的奠基的注解。矛盾律和人的此在：自同者的自同性的保存

“矛盾”如何取得了这样的统治和支配地位？（由“矛盾律”而为人熟知，参见莱布尼茨）。我们必须尝试，在上下文要求的范围内研究这个法则。

表明矛盾律所表达的存在法则是无法证明的和无可辩驳的，这将我们带回到了一个完全出乎意料的基础——就迄今为止对这个公理总体的概念、解释和处理方式而言都是出人意料的。奠基持存（Bestand）的基础，是人的此在；不是一般而言的人，而是历史性的人，在其语言的民族性和精神性上被规定的相互共在（Miteindersein）中，这种共在是去相互属于的（*Zu*einandergehörigen）、对彼此有义务的（*Für*einanderverpftichteten）。

这种相互共在的统治性的基本现实性是语言。但是语言完全不是以下意义上的工具，即在一定程度上是附加地提供给一群起先
58 是孤立的人的，在这种工具的帮助下人们才彼此接近。相反，如果个体以某种方式将自己孤立起来，那么他就总会从已经统治着的语言的世界共同体和精神共同体中脱离出来，并且在语言“中”说话。所以，语言之所以能够是交流的工具，是因为它首先并在本源中是世界——一个民族总是生存于其中的世界——的守护者和增长者（*Bewahrerin und Mehrerin*）。

在这样被理解的和进行统治的语言中，**存在者整体**根据统治它的诸种力量**敞开自身**。但是如果言说者作为言说者，不能跟作为存在者的存在者打交道，那么语言就不能存在，也就是说，既不能使用语言也不能沉默。如果他们没有理解诸如存在这样的东西，即那种跟其他的东西一起共同属于存在的本质的东西，那么他们就不能打交道。

这样的东西包括，比如**自同者的自同性**(*die Selbigkeit des Selbigen*)，作为一个被一般地理解的东西。如果这样的东西没有被守护和保存，那么在相互共在中对同一个事物的同一种理解就是不可能的，甚至个体不能自为地与一个存在者、某个保持为自同的东西发生关联，也就是说，**他不能成为人**。**守护自同者的自同性是不可避免的**——这意味着维护存在者的存在——并非绝对和完全地不可避免，而是**隶属于这样的条件**：**人生存着**(*existiere*)。

矛盾律以否定的方式所表达的，无非是这种**在守护自同性意义上的存在之法则的不可避免**。

亚里士多德简短地将这一点表达为：如果没有公理中所说的东西，那么人就下降为植物，也就是说，他完全不能生存在语言以及存在理解(Seinsverständnis)中。**在存在的第一个法则的持存和对此的赞同背后**，是这样**一个决断**：人是否要作为人生存；这意
味着，他是否将 λόγος 提升为他的此在的统治性**力量**，他是否经受 59
得住他本质的可能性！

但是随着这个决断一同被给予的，是**跨越进非存在**(*Nichtsein*)、空无(Nichtige)、相逆、迷误的领域。只有这些东西所在的地方，在它们被把握为**必然的**地方，才有伟大的东西、被肯定的东西、高

贵的东西和真的东西。动物和植物既不知道其一，也不知道其二，还不知道其相反者。

矛盾律作为对存在的基本法则的特定把握，不是空洞的逻辑法则，机灵也许在后者中有用武之地。**矛盾律是我们的此在的生存架构**(*Existenzgefüge*)**的一个基本要素**。这个法则所归属的真理，是一个**原始本己的**(*ureigene*)**东西**——我们还没有把握它，更不用说占有了它的可把握性的充分形式。

这只是对以下的一个新的证明：我们通常的逻辑学如何远离了本质性的东西。这不仅仅意味着逻辑学缺乏优美性，而且也意味着我们思想的一种**基本的匮乏**，这种匮乏阻碍了占统治地位的思想去面对并胜任新的现实性，反而代之以拘束和顾虑——在此之际甚至还将自己视为“精神上”优越的。

在这里我们必须放弃对产生矛盾律的整个本质基础的展开讲述。我们只指出一点：这个法则在其起源上的构型与后来经院哲学对它的处理之间是有**距离**的。首先对前面提到的那些方面进行简单评价。[①]

在鲍姆加通-沃尔夫那里，矛盾律毫无疑问位于形而上学整个推演结构的**出发点**。唯一的问题是**被推演出的命题的正确顺序**。
基本法则与这个作用相应。在此之际，它内容的一个部分，即数
60 学性的东西，自然获得了突出的重要性，就像它在亚里士多德那
里事实上已经存在，但是没有明确地在推演方面展示出来那样：
矛盾，确切地说，**无矛盾性**，作为**能是的**、**可能性的本质规定性**出现。

① 参见前述，[本书]第 37 页及以下。

相反，我们**徒劳地**寻找**问题的直接源始性**，以期由此完全**如其自身地**把握基本法则并在其**本质内容**中奠基它。在这里一切都处于**无问题的自明性**中。长期以来已经如此了，真正来说自从亚里士多德致力于探讨这个公理以来就这样了。只有莱布尼茨再一次推动了这个长期僵化的学说，不过他当然没有彻底地、充分地展开整个问题关联。另外他过强地被**学院传统**所束缚。

如果说长期以来这个法则及其操作方式都在一种近乎神圣不可侵犯的自明性中运作，这一点也不能当作最终的、完全无问题的状态。毋宁我们必须思考，这个根本上非常脆弱的自明遮盖有一天会**破碎**，然后**我们**就**跌入无根据**之中了。

在亚里士多德那里，追问恰恰围绕着那些基本概念和基本法则，确切地说，这些东西还完全没有固定下来，而是都还保留在它们所意味的事情的本质关联的近处。相应地，我们在徒劳地寻求一个体系，甚或仅仅是寻求这样一个体系的基本轮廓。对亚里士多德哲学的这种看法是**完全非希腊的**，只有后来在中世纪，通过阿拉伯-犹太哲学以及基督教哲学才产生。

相反，对沃尔夫-鲍姆加通而言，在基本法则和基本概念中**一切**都是清楚的、没有问题的；相应地，构造真正的知识，即形而上学的总体体系，似乎顺畅无碍。**在**形而上学**中**，只要从基本法则出发将 summum ens［最高的存在者］在其是什么（Was-sein）和事实所是（Daß-sein）中推衍出来，**最高的知识要求**就会起作用。

对这个结构的预先统览： 61

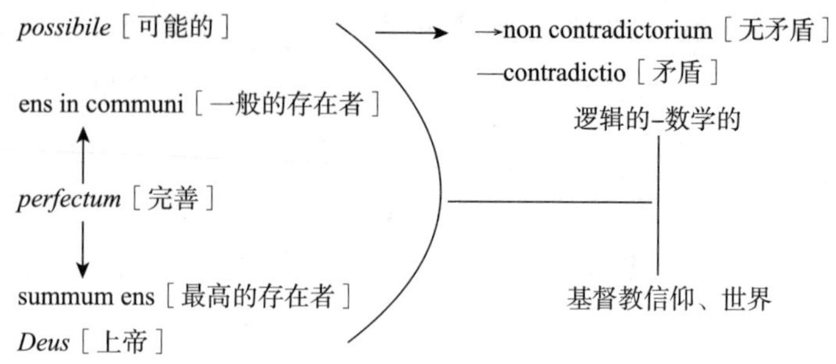

第 17 节 鲍姆加通形而上学体系中的出发点、目标和推理的数学－逻辑学规定性

在这里矛盾律牢固且确定无疑地保持在一种不可侵犯的自明性中。在这里它也以自己的方式是基本-法则，存在的基本概念，以及用来推导出存在者之规定性的基本法则，都在它里面被设定了。这个基本法则位于整个形而上学的出发点，并且作为数学性的原则起统治作用。这意味着：1. 一切都从它和它所限定的东西推衍出来；2. 一切推衍在每个步骤中都必需遵循这个基本法则，避免矛盾，即维持无矛盾状态。

但是形而上学包含并展示出人类真正的、最高的知识的本质性整体。它在自身中包含了作为关于最高的存在者（summum ens）的知识，并完全自身闭合为这样的知识。整个形而上学的奠基性结构由此将以下作为自己的主要任务：从最普遍、最空洞的一般存在者概念，数学性地推导出最高的、最本真的存在者的现成存在和本质，以数学的严格推理步骤从最大的空洞和不确定性中赢得最丰富的充实性和确定性。

在 ens in communi［一般的存在者］和 summum ens［最高的 62
存在者］之间要跨越的鸿沟是怎样的呢？这从开始就是清楚的，summum ens 这个概念必须这样来把握：其规定性和推理能够完全服从于数学-形而上学的方法；只有那样才有希望以数学的方式从最一般的概念达到最高的概念。

a. summum ens 作为 perfectissimum。perfectum 对存在概念的归属，以及它向最高的存在者的转化的适宜性

如何把握 summum ens［最高的存在者］概念？作为 ens perfectissimum［最完善的存在者］。决定性的特征在于 perfectio［完善］。* 但这首先并没有说出太多东西，如果我们回忆传统，并认识到在基督教思想中上帝的确被思考为最完善的存在物，作为 summum bonum，最高的善。具有决定性的仍然是，如何把握 perfectio 和 perfectum 概念自身。

如果这个形而上学毕竟对自身及其意图有所理解，那么 perfectum 概念必须如此被把握：它作为存在一般的本质规定性显示自身，因为只有这样，才有可能从最普遍的存在概念，推演出最高的存在者概念。但这说明，perfectio 概念必须在这里具有其规定的基础：在产生存在的概念的地方，在 principium primum absolutum［绝对的第一原则］中，在矛盾律中。但是恰恰这个属于

---

* Baumgarten, *Metaphysica,* Pars IV, Caput I: Conceptus Dei, Sectio I: Existentia Dei, §§ 803sqq., 尤其是 §§ 803, 810, 811。——编者

ens in communi［一般的存在者］的 perfectum 概念，也必须体现出适合向 summum ens［最高的存在者］过渡。

因此要展现两点：1. perfectum 对存在概念一般的归属。2. pefectum 适合过渡到真正的最高存在者。

63 首先我们必须说明，perfectum 被理解为什么。回答：consentiens，和谐一致。和谐一致自身却是 consentiens ad unum，在一中并跟一一致。* 这是 perfectum 的形式概念，必须更切近地对它进行规定。

现在首先仅是这个问题：这个完善在多大程度上具有 ens in communi［一般的存在者］的特征，并归属于 ens in communi，以及它是如何从基本公理，primum principium absolutum［绝对的第一原则］起源的？这一点可以这样得到最清晰的说明：我们从基本公理出发回溯这个结构的基本步骤，以便看到，我们是否以及在哪里可以遇到 perfectum。由此可以将这个总体的形而上学的**基本特性**弄得更清楚。①

* 参见 Pars I, Caput I, Sectio Ⅶ : Perfectum, § 94: consensus ipse est *perfectio,* et unum, in quod consentitur, *ratio perfectionis determinans.*［一致自身是完善，与之一致的那个一是完善的决定性原因。］——编者

① nihil–possibile–rationale–ens–realitas–essentia–unum–verum–perfectum. Verum–perfectum: cuius determinationes sunt inseparabiles (a. a. O. § 73). Veritas metaphysica est ordo plurium in uno (a. a. O. § 89): in ordine coniunguntur plura eidem rationi conformiter (a. a. O. § 86).

［无—可能的—理性的—存在—实在—本质——一真的—完善的。真的—完善的：其诸规定是不可分离的（参见前述，§75）。形而上学的真是一中的多的秩序（参见前书，第 89 节）：多以与同一理性相符的方式被组合为一个秩序（参见前述，§86）。］

b. 建构形而上学体系的主要步骤

α)在判断的(陈述的)思维中从可思想的东西出发以及理由律

形而上学开始于 nihil，无，这样就引起了完全无前提预设和质朴的印象。但是这个无是从 contradictio[矛盾]来被把握的。因此，在形而上学的这个开端背后，有 dictio[陈述]，断言意义上的道说(das Sagen)(参见 κατάφασις-ἀπόφασις)，λόγος。恰恰在这里，我们比在任何别的地方都更敏锐和清楚地看到“逻辑学”这种思维的统治地位突显了出来。

现在如果我们注意到，形而上学的这个开端致力于限定和规定
ens in communi[一般的存在者]，那么我们已经指出来的东西就意 64
味着，要退回到判断性的思维中才能规定存在的本质，不仅仅是思考存在的概念——每个概念作为概念都被思考——而是“存在”概念的内容，存在的本质作为某个思想性的东西(*etwas Denkhaftes*)被规定。可思想的东西(*das Denkbare*)作为能是的标准，不可思想的东西则不能存在。因为跟 nihil[无]刚好相反的概念把握着那种在一定意义上完全逃避无但仍然跟它最切近的东西，即能是的东西或者可能的东西，这个概念所意味的无非是可思想的东西。它作为 possibile 的表达，将后者作为 in se spectatum[看入自身]。跟这个 in se 相反的是 in nexu，跟另外的事物联结着的东西。那 possibile in nexu[在联结中可能的]东西，跟其他事物一起有其能是，并奠基于其他事物，在那里有其根据，ratio；因此 possibile in nexu rationale est[在联结中可能的东西是理性的](参见前述，§19)。

由此而有这样一句话：omnis possibilis est ratio［一切可能的东西都是原因］，或者反过来说，nihil est sine ratione［无物没有原因］（这个原则是理由律）（参见前述，§ 20）。

任何能够存在的东西，必须通过这个思想的法庭——但不仅仅如此。

β）ens 的逻辑限定。Possibilitas 作为 essentia（是-什么）：诸内在的简单规定性的协调一致

现在，只要某物不仅仅是被放在跟另外的事物的关系中，并以某种方式是另外的东西或者不是另外的东西，那么它就是被规定的，determinatur。[①] 恰恰那个 in aliquo objecto ponitur［被放置在某个客体中］以这种方式进行规定的东西，sunt determinationes［是它的规定性］（同前，§ 36）。因为规定只是作为 praedicatio［谓词］的 dictio［陈述］的命题形式。这个 ponere［放置］和 determinare［规定］或者是增加的、肯定的，或者是限定的、否定的。

65 判归主词的一个规定性，如果这个判词是真的，这个规定性就是 realitas［实在］，事实性（Sachheit）；在这个规定性中某个属于事情本质的东西被指涉到，事情的事质（Sachgehalt）也一起被肯定地构造。Realitas 的相反概念是 negatio；它不被翻译为否定（Verneinung），而是作为真实的**被否定性**（*Verneintheit*）。

（为什么新康德主义会如此错过和误解康德哲学的这个问题，一个主要原因是，他们完全不熟悉也不理解这些形而上学存在论的

① 术语——划出界线，是什么，不是什么。

基本概念，后者在康德的问题提出中发挥了中心作用，并且在《纯粹理性批判》时期，这些概念就像所有形而上学范畴一样，经历了特别的转变和新的奠基。）

这些规定性，determinationes，作为直接而简单的东西，从自身出发令纯粹的事情可能，构成了事情的possibilitas；它们也被称为essentia，一个存在者的**是-什么**，它的本质（参见前述，§37和§39）。Possibilitas不是简单地表示免于矛盾意义上的可能性，而是简单的、内在的规定性的**协调一致**（*Vereinbarkeit*）。这种规定性构成了事情的本质，处于一种nexus universalis［普遍联结］中（参见前述，§47和§48）。这些determinationes是affectiones（同前，§41）。

如此内在地可能的东西，却不需要在**现实地现成在手**，compossibilis existens的意义上"是"。它毋宁是在这种意义上可能的东西：它在自身中也恰恰包含着existentia［实存］的可能性，是根据定义而言的存在者。Ens［存在者］比aliquid［某物］（non nihil［非无物］）更多，比existens［实存］更少；existens as complementum essentiae sive possibilitatis internae［实存作为本质或者内在可能性的补充］（同前，§55）（existentia自身是一个realitas，同前，§66）。

γ）作为perfectum的essentia的relatio ad unum。Perfectum的一致性的数学性意义 66

Essentia［本质］和existentia［实存］的关系以及概念界定问题是古老而充满争议的；它在传统形式中完全是不可解决的。对于当前的状况来说，将existentia思考为一个complexus affectionum in aliquo compossibilium[在某物中共存的属性的复合]仍然是有意义的(同前，§55)。简言之，这意味着：*existentia* 根本上在 *essentia, determinatio, praedicatio, diction*[本质、规定性、谓词、断言]的框架之中，并以此为手段被把握。*Existentia* 自身是一个 *realitas*。在这里有着数学性的东西的内在统治。

Essentia，协调一致，一致(perfectum[完善])意味着：plura simul sumpta unius rationem sufficientem，把复多放在一起构成统一的充分根据(同前，§94)。这个 relatio ad unum[一个统一体的关系]对于 consensus qua perfectio[作为完善的一致]而言是本质性的*，是奠基着的-被奠基了的一(Einheit)，共属一体。

Plura，多，这个环节同样属于 consensus[一致]。但是只有在更高的和更确定的发展中，这两个环节才透露出在共同(Beisammen)和无例外(Nichtausschließen)的最空洞可能性的无矛盾状态中，那完全空洞地和一般地被创建的东西：1. 共同的最空洞可能性，2. 一作为共属一体状态的首次奠基。

Perfectum 完全是在数学性意义上的一致、可推演的共属一体上被思考的，而非在道德意义上，即在跟 voluntas[意志]，bunum[善]相关的 perfectum[完善]的意义上被思考。(善作为超验者中的一个，1. 跟一般的意志有关，2. 跟 Deus[上帝]有关。这里跟两者都没有关系；这对于严格的数学结构而言是必要的。莱布尼茨！)因此，perfectum 概念是一个数学概念。

---

* 参见前述：...consensus ipse est perfectio, et unum, in quod consentitur,ratio perfectionis determinans.[一致自身是完善，它所符合一致的统一体是完善的决定性原因。]——编者

δ. perfectum 适于转变为 summum ens：perfectum 数学-逻辑学必然提升为 perfectissimum 的能力

那么，这个 perfectum［完善］概念在多大程度上适于转化为 summum ens［最高的存在者］?[①] 这两个环节都使得将 perfectum 概念思考为能够提升的成为可能。而根据提升来思考 perfectum 概念的这种可能性，一旦其在推理和阐释的衍生脉络中被思考的时候，[②] 这种可能性就变成了必然性，而这个脉络作为数学性的，是整个形而上学的主导的基本脉络。由此，perfectissimum［最完满者］概念被想成是位于 perfectum 之内的，这只是数学性地思考 perfectum 概念的一个内在结果。[③] 一个这样的概念似乎是至高无上的，它能够在所有可能存在的事物中最大地、最高地协调一致。

ε. summum ens 作为 perfectissimum 以及其中包含的存在规定性

Ens perfectissimum est ens reale［最完善的存在是实在的存在］(§806)，并且 realitas tanta, quanta...potest ; ergo ens realissimun［具有尽可能多的实在性；所以是最实在的事物］(同上)；omnitudo realitatum［真实总体］(§807)，nulla realitas tollenda［实在性没有被扣除］(参见 §809)。Existentia est realitas...compossiblilis. Ergo ens perfectissimum habet existentiam［实存是可共存的实在，

① (考虑的过程!)

② 1. 充实了的共同，2. 最高的一。

③ Ens perfectissimum 参见第 803 节以下。在克鲁修斯(Crusius)那里，本体论后面马上跟着神学。

所以最完善的存在具有实存]（§810）。（为了数学地-逻辑地奠基以基督教方式被思考的上帝之实存的必然性之意图。）Deus est perfectissimum ens[上帝是最完善的存在]（基督教地！）。Ergo deus actualis est[所以上帝是现实的]（§811）。

上帝不实存，就其自身而言是不可能的。如果上帝不实存，
68 那么就存在某种自身不可能的东西，即一个缺乏什么却完美的东西。但是如果有某种自身不可能的东西，那么 primum prinicipium absolutum[绝对的第一原则]就无效了。为了它是真的并保持为真，那么上帝必须实存。上帝不实存似乎是一个**逻辑矛盾**。上帝是基本法则的**本质基础**；这个基本法则是认识上帝的**知识基础**。

由此就清楚了，perfectum[完善]的数学概念自身如何实施了在可能之物和 Deus[上帝]之间的数学的-推理性的**联结**。但同时也表明，**这个形而上学整体**如何从属于数学性的事物的规定性力量。而这个整体自身在内容上是由**基督教**世界观念所限定和划分的，并且被基督教的上帝概念所规定的。

第四章　黑格尔：形而上学作为神学-逻辑学的完成

第 18 节　转向黑格尔

现在我们已经完成了起初设定的任务：指示出西方形而上学，尤其是近代形而上学的两个决定性力量：1. 基督教信仰的世界观念，2. 那种在根本上广义的、我们前面已经讨论过的意义上的数学性的东西，即从基本原则和基本概念出发按照命题进行的命题推演，在更广义上的"逻辑"意义上的数学性的东西。

现在，随着对其决定性范围的考察，我们可以更清晰地区分近代形而上学的这两个决定性的力量。基督教的-信仰的世界观念涉及的，是存在者整体在内容上是什么及其划分。数学的-逻辑的东西所涉及的，与其说是在其是什么中的存在者（das Seiende in seinem Was），不如说是在其如何是中（*in seinem Wie*）的存在者，即存在，只要存在是从 primum principium absolutum［绝对的第一原则］的基本法则被规定的。如果我们在存在者自身整体的知识意义上来把握形而上学概念，那么很容易表明，这整个概念——它本质性地在自身中所把握的东西——是如何恰恰被上述那些力量规定的。

但是，关键是要为**现实的洞察**展示这些力量，以保障为理解西方形而上学的架构作好最必要的准备。在这个架构中，形而上学在**黑格尔哲学**中达到了完成。

但是在我们所追溯的这个过程和黑格尔之间，矗立着**康德**以及
70 他对这个形而上学的批判。不过，甚至康德的形而上学批判也处于那些力量的统治之下，即使他——在对这些力量的服从之下——对以前的形而上学作了改变。也难怪紧跟着康德的批判的，是对整个形而上学的重新启动，它将那两个决定性的力量带到了其最高的发展中，部分地恰恰就是用康德通过他的批判才初次提供的那些**手段**。

现在需要展示出黑格尔形而上学的基本特征，由此同时表明，在多大程度上它必须被看作西方形而上学的完成。（参见黑格尔 1930 年课程[①]和 1930/1931 年冬季学期课程[②]。）

黑格尔形而上学的基本特征可以用这样一句话预先进行标划：**黑格尔的形而上学是神学-逻辑学，其作为神学-逻辑学是西方形而上学的完成**。这句话应该通过回答它所包含的两个问题来说明：

I. 对黑格尔而言，在多大程度上形而上学是**神学-逻辑学**？

II. 黑格尔形而上学**作为**神学-逻辑学，在多大程度上成为西方哲学的完成？

---

① Martin Heidegger, "Hegel und das Problem der Metaphysik", 1930 年 3 月 22 日在阿姆斯特丹科学协会的演讲。[* 将在《全集》第 80 卷出版。——编者]

② Martin Heidegger, *Hegels Phänomenologie des Geistes* (GA 32), 1930/31 年弗莱堡冬季课程，《全集》第 32 卷，Hrsg. von Ingtraud Göland, Frankfurt am Main: Klostermann 1980, 3. Aufl.1997。

第19节　黑格尔形而上学的基本特征。形而上学作为神学－逻辑学

黑格尔形而上学在多大程度上是“神学－逻辑学”（Theo-Logik）？一般而言：这意味着什么？否定地说：它并不意味着“神学”（Theologie）。神学的任务是认识神、神性的事物，以及他们同人和世界的关系。“－学（-logie）”：关于……的**命题关系**（*Aussagezusammenhang*）。因此，神学是一种特别的**认识方式**，有着特殊的**知识领域**和自己的 71
知识**标准**——确切地说是在双重意义上：1. 作为**自然神学**，仅出自人的理性和各种自然认识能力；2. 作为**启示神学**，出自信仰，为了信仰和一个教会团体。**神学**因此同心理学、地质学、生物学、语文学相区分。

肯定地说：神学－逻辑学，也就是这样的逻辑学：它本质地跟θεός，**基督教的上帝**关联着，并奠基于此。由此我们的问题被划分为两个：a) 在多大程度上黑格尔的形而上学是逻辑学？ b) 在多大程度上是**神学**－逻辑学？

a. 黑格尔的形而上学作为逻辑学

α）逻辑科学作为真正的形而上学

在多大程度上黑格尔形而上学是“逻辑学”？（参见讲演文本[①]）。

① Martin Heidegger, “Hegel und das Problem der Metaphysik”，见［本书］第70页，注1。

1. 主要作品的标题,“逻辑学科学”[①],它导向并承载和规定着这个体系。

2. 黑格尔在第一版(Ⅲ,6)[②]的前言中说,“……逻辑学科学构成了真正的形而上学或纯粹思辨的哲学,它迄今还遭到极大忽视。”

3. 进行这样的文本确认并不能赢获太多,只要人们仍将“逻辑科学”这个标题完全思考为传统的“经院逻辑”;“因为它(逻辑学科学)的结构和内容”,“经由一个漫长的传统所保持,尽管其在流传中变得日益稀薄和羸弱……”(Ⅲ,5)[③]。

4. 逻辑学应该作为科学取得更高的立足点,从而赢得完全不同的形态。(参见导言, Lasson 24)。[④]

完全一般性地说:真正的形而上学是“逻辑学”,但是这是在更高形态中的逻辑学。

β)形而上学作为更高形态的逻辑学。逻格斯的逻辑学作为纯粹本质性的逻辑学

5. 更高形态的“逻辑学”,我们如何接近它?它是不可描述的:

---

① *Wissenschaft der Logik, von D. Ge. Wilh. Friedr. Hegel,* Nürnberg: Johann Leonhard Schrag, (2 Bände) 1812–1813, 1816.[* 国内又译为《逻辑学》。——译者]

② G. W. F. Hegels Werke: *Vollständige Ausgabe durch einen Verein von Freunden des Verewigten*, Bde I–XIX Berlin: 1832–1845u., 1887; Bde Ⅲ–V: Wissenschaft der Logik, hrsg. Leopold v. Henning, 1833/1834, 2. Aufl. 1841. Bd. Ⅲ (1833), S. 6.[* 引文中强调为海德格尔所加。——编者]

③ 同前,第一讲前言, WW Bd. Ⅲ, S.5。

④ G. W. F. Hegel, *Wissenschaft der Logik,* ed. Georg Lasson, Leipzig, 1923,导言,第 24 页:“……更高地把握这个科学的立足点,并赢得一个完全改变了的结构。”

a) 现在不能，b) 完全不能；我们只能体会它。出路：把握开端，然后与较低的和传统的逻辑学相比，看到那更高的和特别的东西。

6. 传统的逻辑学；沃尔夫的定义、康德的定义。沃尔夫：scientia dirigendi facultatem cognoscitivam in cognoscenda veritate［将认识能力引导进要被认识的真理的科学中］。[①] Veritas, ordo, connexio［真理，秩序，联结］：数学性的。Veritas metaphysica est ordo plurium in uno［形而上学的真理是在一中之多的秩序］[②]……secundem principium contradictionis［根据矛盾律］。[③]（鲍姆加通，§§ 78ff.[④]）康德：我们称逻辑学为知性和理性的必然法则的科学（判断、概念、推论）或者与之类似的东西，关于思想的纯粹形式。[⑤] 也就是说，不 73
是关于被思考的东西的事质性的什么和如何，而是关于某物可以被思考（Gedachtheit）的方式；而这总是在其存在中的存在者。恰恰是这个（事质性的什么和如何）根本地并永远地从逻辑学中被排除出去了。

7. 黑格尔的逻辑学是以什么开始的？恰恰是以存在开始的。“存在是不确定的直接之物。”[⑥] 存在在这种不确定的直接性中是无（它是

---

① Christian Wolff, *Philosophia rationalis sive Logica,* Frankfurt and Leipzig,1790, pars II: Philosophiae rationalis sive Logicae Prolegomena, § 1: Definitio Logica.

② Alexander Gottlieb Baumgarten, *Metaphysica,* Halle, 1739, § 89.

③ 同上，§ 90。

④ 同上。

⑤ 参见 *Immanuel Kants Logik: Ein Handbuch zu Vorlesungen, zuerst herausgegeben von G. B. Jäsche* (1800), 3 Aufl., hrsg. von W. Kinkel, Leipzig: Meiner, 1904, S.14: “这门科学关于理解和理性一般的必然的法则，或者与之类似的东西，关于思想一般的纯粹形式，现在我们称之为逻辑学。”

⑥ Hegel, *Wissenschaft der Logik* (Lasson), S.66.

纯粹的存在)而又不是无——从存在到无的过渡是生成(*Werden*)。两者是同一的，每一个都消失、转入到其对立面中——生成。

所以，黑格尔的“逻辑学”所处理的不是“思想”，而是存在、无、生成、定在(Dasein)、实存(Existenz)、可能性、现实性、必然性、根据、原因——形而上学的原始概念。

8. 但是《逻辑学科学》的“导言”(Lasson S.23)中明确地说：逻辑学的对象是“思想”(das Denken)，更确切地说，是进行概念式把握的思想(*das begreifende Denken*)，把握“概念”(Begriff)的思想。对于黑格尔而言，概念不是关于某物的一般表象和纯粹的意见。概念的基本规定(不是完全的)恰恰就是就事情自身而言被把握的东西，它的实事性(*Sachheit*)——realitas、本质、本质性、essentia。纯粹的本质性构成了逻辑学的内容。(参见前言，WW Ⅲ, 8)[①] 这个含义上的“逻格斯”概念。由此，“逻格斯最不应该被遗留在逻辑科学之外”。(第二版前言，Lasson S.19)

9. 逻辑学：逻格斯的科学，即关于事物的诸本质性的，即，“形而上学”。——但是如此只是另外一个名称，例如一个很早就是存在论的学科的古老名称？在亚里士多德那里 λόγος 就表示 εἶδος！！！

74 γ)更高的逻辑学作为理性的逻辑学

10. 更高的逻辑学：即更高的、在其本质中更全面的逻格斯，理性和概念。αα. 理性的本质——作为意识的阶段，ββ. 理性的真理作

① 参见上述(Lasson)，第一版前言，S.7：“……诸纯粹的本质性，构成逻辑学的内容。”

为精神。

αα. 理性的本质作为自我意识的认识

理性被把握为意识的一个阶段（在康德那里：诸原则的能力），意识如何出现的形态和方式。现象学！

（1）意识——被意识到的被给予者、对象的直接表象；直接跟它关联，“自在”（an sich）。

（2）自我意识——意识回到自身，自身为了自身，从自在有所脱离。

（3）对两者的否定——既非只有其一，也非只有另一个，而是一，它同时是他者。这样被意识到的东西作为在自我意识中被意识到的，自在“且”也是自为的。

ββ. 理性的真理（自我认识）作为绝对精神

真理，本质，即理性的 possibilitas，却是精神，精神使得理性自身的自我认识整体成为可能。

精神超出了任何个别的关系——主体跟一个客体，主体跟一个主体，主体跟一个仅在主体中的客体的关系。使得这种相对性，即，绝－对（*Ab-solute*）可能，一切“相反”都被扬弃。不仅仅是绝对者（*Ab*soluten）的否定概念，即不是无关系的东西，而是已经扬弃了所有关系。

但这不意味着反对对立自身——这是一个“生命的因素”——而是反对对立及其部分的绝对固定化；反对仅仅坚持矛－盾（Wider- 75
spruch），而非在一个更高的层次上把握矛盾的统一性。参见，上面的存在——无。不同于 A ≠非 A；但是不仅仅是≠，而是也＝；只要一个跟另一个相区分，在“不”中也是这样。

更高的逻辑学：逻格斯作为绝对的东西。“逻辑学”的基本法则，矛盾律，被扬弃。(tollere——移走，不任由之；elevare——提升；conservare——保留)。

b. 逻辑作为上帝绝对的自我意识系统：神学-逻辑学

这个“逻辑学”在多大程度上是“神学-逻辑学”？只要“逻辑学”是关于“那个”绝对者的科学，那么这个答案也已经根本上被给定了。

(1) 但是必须更确切地描画黑格尔的绝对者(*Absoluten*)概念，目的是搞清楚，在多大程度上逻辑科学作为关于“那个”绝对者的科学是形而上学，即关于存在者之存在的科学，也就是关于其诸本质性之无限整体的科学。

(2) 绝对者作为绝对的“同一性”。德国观念论中的“同一性”概念！费希特，谢林。Identitas，这是超验的-逻辑的自同者的空洞的单调性！莱布尼茨说过：同一性，即共属一体者的共属性(Zusammengehörigkeit des Zusammengehörigen)。唯心论中的共属一体者：我和非我，理智和自然，主体和客体。

绝对的同一性：不仅仅主体和客体共属一体，而且使得这种共属性可能(Ermöglichung)；绝对者的现实性恰恰就在这种令可能(*Ermöglichen*)中。存在者在其存在整体中生成，并恰恰根据归属于其本质之本质的生成法则生成。

绝对的同一性令现实事物的绝对现实性可能。绝对的现实性是诸本质性的本质整体，即在其绝对的被思状态(Gedachtheit)中
76 的本质概念。黑格尔在《逻辑学》导言中明确地告诉我们：“因此，逻辑学被理解为纯粹理性的体系，作为纯粹思想的王国。这个王国

是真理，就如它没有遮盖地、自在自为地所是的那样。因此可以表达为，这个内容是对上帝的描述，就如在创造自然和一个有限的精神之前，他在其永恒的本质中那样。"[①] 这个（纯粹思想的）王国……是在绝对逻辑意义上的 omnitudo realitas［实在全体］。

形而上学作为存在者之存在的科学，是"逻辑学"，这个逻辑学是关于"那个"绝对者的逻辑学，即上帝的逻辑学。二格的双重意义！不仅仅是一种 genitivus objectivus［宾语性二格］：对上帝的描述，而且是 genitivus subjectivus［主语性二格］：上帝的本质，就如他本现为绝对精神。

逻辑学是上帝的绝对自我意识的体系；它本质上是跟上帝关联并由上帝奠基的。黑格尔的形而上学是神学-逻辑学意义上的逻辑学。

第 20 节　西方哲学在作为神学－逻辑学的形而上学中的完成，以及这种"完成"的成问题性

黑格尔的形而上学作为神学-逻辑学在多大程度上是西方哲学的完成（Vollendung）？

完成在这里所说的是，不再有更高的了，绝对者完全被认识。但在前康德形而上学中就已经如此了。是倒退？不是，在那里只有有限的、理论的-思辨的知识。康德：有限的实践知识。

现在是无限的知识，它不在诸种关系和有限性中。现在人们开

① 同上，Lasson，S.31。

始严肃地对待 perfectum［完善］（数学性的：consentiens［一致］）：绝对同一；perfectissimum［最完善者］作为绝对精神。形而上学绝对地在什么（上帝）和如何（矛盾律）中。认识作为绝对的，自身跟
77 绝对的存在等同，它在创造绝对存在之际，同时认识并真正地完全是绝对存在。

西方哲学

在开端	在终结处
值得追问的最深的困境，	扬弃一切对立的最高幸福，
跟未被支配的真理和谬误的力量战斗。	单纯概念对立的失权；
哲学是激励民族并澄清其此在的	一切追问的
最高力量。	失败和消亡。
决断的领域，	无决断之
决断的时刻。	空洞的永恒性。

结　论 78

第 21 节　对峙和投入

相互-对-峙（*Aus-einander-setzung*）**不是什么**，**又是什么**。不是形式上的反对，不是单纯对不正确的证明，而是分开（Scheidung）——它来自决断（Entscheidung）。**决断**仅仅作为投入（Einsatz）此在；**为了**什么而进行决断。

投入作为坚定地让命运支配。**智慧**—知识—对无知之知—**追问**。最内在的和最广阔的历史既不听凭偶然，也不听凭**流俗之物的迟钝**（我们的民族将再次要求科学）。

知道我们无知；不是作为论断，而是作为对必须**行动**（*Handeln-müssen*）的必要性的洞察。这个行动作为**追问**，不是为了追问，而是一个**回答**；**投入**就是回答：把握一个必然的可能性，自身暴露给命运的**必然性**，自身嵌入一个决定的自由。投入自身作为**意愿知识**（*Wissenwollen*）之认识着的追问；投入自身作为**教学**。

“投入”是主导词，也是口号；如果把握了它意味着什么，即它要求什么，是很好的。

四年前，我在就职后的首次讲课①结束时强调说明了生存投入
进此在的基本可能性，当时四下发出了愤慨的反驳。形而上学［？］
据称并未交付给主观的随意性；个人的情绪似乎变成了真理的标
79 准。直到今天我都没有回应这个“批判”；它会通过真理自身暴露
出其虚无性。

投入到诸可能性中，即投入到本质上不确定的东西中。如果事先一切都确定了、已经准备好了，我只是乖乖地、全身心地成功实现某物，让某事发生，在此之际没有什么能够对我发生，这**不是投入**。但以下同样也不是投入：如果盲目地冲出去，而不考虑是否成功。求成功的**意志**属于投入；但是如果不成功，也有勇气面对，即**学习**；不是为了将来谨慎地、相反地言说，而是为了约束这种力量，以便让它更确定地和更勇敢地发挥作用，并尽可能广阔地和长时间地调整筹备行动的勇气。

还有很多同时代人，甚至包括现在佩戴政党徽章等的人中，在我们今天政治此在的所有领域，他们在生存和基本态度上丝毫没有发生改变。人们如此表现：1. 宣称准备好共同工作，2. 但是却等待事情如何发展；3. 在这种等待中，人们希望，或许重新变成以前的样子，只是现在一切被称为国家社会主义的了。4. 这种态度还说服自己，它是优越的、理性的和实事求是的。

举例，有人会这样说：“新的德意志国家还没有在此。”然后人们就仅仅将这个否定的论断解释为：整个运动还什么都没产生，是

① Martin Heidegger, *Was ist Metaphysik? Antrittsvorlesung, gehalten am 24. Juli 1929 in der Aula der Universität Freiburg i. Br.* Bonn: Cohen, 1929; 14. Aufl. Frankfurt am Main: Klostermann, 1992.

否会产生什么东西还是高度存疑的——或许是完全隐秘的：希望它什么都不产生。首先的解释却是：它还不在此，但我们要并且将创造它，而且已经握紧了它，不会放手，而是让它更紧地跟我们联结在一起。

但是这整个态度，即使是出于好意，仍完全将自身排除在真正的发生及其内在的要求之外了。

德意志民族不属于那种已经丧失了其形而上学的民族。德意 80
志民族还没有丧失其形而上学，因为它不能丧失。它不能丧失其形
而上学，因为它还没有占有其形而上学。我们是一个必须首先赢得
其形而上学的民族，也是将会赢得形而上学的民族。也就是说，我
们是一个仍有**命运**的民族。让我们看向它，我们没有**背叛**这个命
运，而是在这个命运**里面**并**通过**它**丈量我们的路程**。

论真理的本质

（1933/1934 年冬季学期）

导论　本质问题的棘手性和不可回避性

第1节　真理的本质问题和对我们的此在中真实的东西的意愿

我们追问真理(Wahrheit)的本质。这首先意味着:我们要发现,真理"一般地"是什么,以及它"本真地由什么构成"。对真理的本质的这个追问显然是"意义深远的"和"重要的"冒险活动。还是说它只是显得如此?我们来考虑一下,比如对危险(Gefahr)的本质进行沉思意味着什么。是对危险的一般概念进行广泛的研究——同时忽略真正的危险,不能匹敌真正危险的东西?就像对荣誉(Ehre)的本质进行深入思考,勤奋地处理荣誉的一般概念,同时完全身败名裂,做不名誉之事?这会怎样?或者这样:追逐真理的本质,发奋追求真理概念的内容和构造,同时误解和忽略真实的东西(das Wahre)。

这难道不是一个最棘手的追求吗?反复推敲事物的本质,思考概念背后的东西——同时从事情自身抽身出来?在深思的假象之下躲避开真实性？

在我们的此在的困境逼迫我们，并且**唯一重要的事情**就是我们自身是真的并**保持在真理中**之际，去追问真理的本质，似乎是一场完全没有根据的、虚张声势的冒险。如果这样的选择摆在我们面
84 前：或者去想象出真理的一般概念，或者去把握我们的存在和行为中真实的东西并实现它们，谁会在这里有一瞬间的摇摆呢。谁会怀疑本质问题的冒险性和虚张声势？

那就让我们弃之不顾；我们不去寻找真理一般的本质，而是去把握真实的东西，唯一真实的东西，即在此时此地对我们的此在而言作为法则和支撑的东西。这种真实的东西——在何处能够辨识出来，以便我们马上确定无疑地将它与不真实的东西区分开？这种真实的东西——怎样能确保它就是那真实的东西，谁或者什么能保证这真实的东西不是独一无二的巨大错误？我们能够不成为非真实的东西的牺牲品，而达到和牢牢把握真实的东西吗？

如果我们没有在真实的东西和非真实的东西之间进行决断且已经决断过，我们怎么能够确定上面那些问题呢？如果我们没有将真实的东西跟非真实的东西区分开来，我们怎么能进行决断呢？如果我们不知道，什么使得真实的东西成为真的，什么使得非真实的东西成为非真实的，我们在这里又怎么区分呢？

如果我们不知道，什么是真理，什么是非真理，它们的本质是什么，又怎么做到上面所说的事？恰恰当我们以最高的和唯一的热情希求我们的此在中真实的东西的时候，我们就越是不能放弃去认识，真理到底是什么，什么将它跟非真理区别和分离开来。本质问题（Wesenfrage）看起来如此冒险、如此异想天开和空洞，但是对于

认识真理的本质却是**不可避免**的。

因此我们计划追问真理的本质，这是完全正当的；因为我们问这个问题，是为了知道真理到底是什么。但是另一方面，这样的情况仍然存在：我们会在一般概念中丧失了自我，我们只追逐纯粹的理念，更直率地说，我们会执着于那种提供真理一般是什么的景象（Anblick）——这种景象当然是有意义的，我们把这种景象在我们面前展示和表象出来；因此关于本质直观的说法也是如此。在对本 85
质的追问中，我们变成了旁观者，而将行动和现实性一起丢到脑后。

由于对本质的认识是完全不可避免的，我们必须忍受每个本质问题棘手的和危险的无根基性。事情似乎就是这样，并且老早以来，自从柏拉图将事物的本质规定为“理念”起，似乎就是这样。

但问题首先是，本质自身是否可以以这种方式获得，将本质把握为“理念”是否是一个如此巨大的、长达几百年的错误的肇因。这是一个问题，也就是说，还没有弄清楚，一个事物的本质，比如真理的本质，是否能够在我们通常思考为真理的概念中找到，本质是否坐落在理念中并能够在那里找到。

当这个问题必须保持开放的时候，本质问题的那种棘手性就突然不一样了。[①] 最终对本质的追问自身并不是棘手的，而唯有长久以来人们预先规定**本质的本现**（*das Wesen des Wesens*）的普遍方式和方法，即将一般性**事物表象**为**概念**和**理念**，才是棘手的。

因此一切取决于，我们**怎样**提出本质问题，也就是说，我们将某物的本质本真地理解为什么，**这种理解是何种样式的**。由此给出

① 我们必须追问本质。因此这个追问自身不是棘手的。那什么是棘手的？本质？

了我们继续前行的明确而简单的指示：在就其本质追问真理之前，我们必须彻底而切实地确定，**本质的本现**情况是怎样的。

当然现在还有这样的怀疑，是否我们越发在所谓的抽象性的最高高度上遗失了自身，并因此而窒息了。真理的本质——似乎至少在内容上还是可以规定的，而本质的本现，在这里一切都挥发掉了，几乎成了语词游戏。

86 第 2 节　关于本质的本现问题。前提和始点

a. 在为了其能在以及赢获事物的本质的本真的操心中，此在变成本质性的。本质的如何

我们开始标划本质自身的方式是，我们说：**本质本现**（*das Wesen west*），并且这样来解释它：

我们的**民族**的本质：从根本上完全统治我们的所作所为，只要我们来到了我们自身。

我们的**国家**的本质：将我们的民族整体地逼迫入并固定在一个持久的此在架构上，这个此在是自我负责地行动着的。

劳动的本质：那渗透在最渺小的和最伟大的事情中，对世界实施占领的东西，作为对我们的此在的赋能。

世界的本质：那深刻而宽广地侵扰我们的此在整体的东西，那或者将我们从我们自身赶走，或者将我们提升到我们之上并进入我们的命运之伟大的东西。

人的此在的本质：我们被抛入其中并且困缚进里面的东西，我

们此在着(daseiend)去征服或者屈服的东西。它对我们而言是一种狂喜或者是一种畏惧。

世界和世界之物的本质，世界中的人的此在的本质：两者合在一起就是存在者整体的本质。这个本质不允许在那些空洞的概念中被思考、表象，并在一个概念体系中被描述。因为它根据存在者各自的存在样式，多种形式地完全支配着存在者，所以它只这样展示自身：民族，在其力量结构、在其劳动中的民族，在其承担起其命运的样式中，改变大地的精神。存在者的本质只有这样才显现：人植根于他的本源和规定性中，获得本质。物的本质的获得发生在 87
同存在者的对峙中，只要我们在这个对峙中成长为物的本质，或者在这里被毁灭。物的本质只有以这样的方式以及在这样的范围中获得：我们自身作为民族，并且民族中的每个个体在此在中成为本质性的，——本质性的，这意味着约束进存在者的法则和结构中。

我们的此在只有通过这样的基本成就才能成为本质性的：将勇气唤醒到我们自身，唤醒到我们在世界中的此在。对朝向本己的源始此在的勇气，以及对他被遮蔽着的力量的勇气，是获得诸物的本质的基本条件。这个勇气首次创造了性情(Gemüt)，诸种基本情调(Grundstimmungen)，在这些情调中此在在存在者整体的界限上摇荡出去又折返回来。本质并不出现在一个突然冒出的念头中，不通过“理论”塑造自身，也不在学说中描述自身。本质只在此在对向着存在者整体的源始勇气中展示自身。为什么？因为勇气向前运动；它把自己跟以前的东西解绑，它敢于去做不寻常的事情，并去操劳不可避免之事。不过勇气不是单纯对前景的希望，而是在清楚和简单的任务中确立自己的意愿，并且逼迫和约束所有的力量、手段和图像。

只有当人的此在的一个操心——对他的能在和必须存在(Seinmüssen)的操心，变成操心自身，人才实现进入世界的尝试，世界的支配和统治才展示在法则、结构、态度和工作中。只有这样，存在者以及每个物才在其本质中敞开自身。

在通常的随波逐流中，人们——事实上经常是整个民族——追逐的是偶然的对象和机会，通过这些东西他们处身于大大小小的情调下，并想保持在其中。而当人们看到自己被迫发明和提供更新的
88 刺激手段和兴奋手段时，他们立刻会感到吃惊。与其去把握它，不如反过来首先去创造并**从源始勇气**中唤醒**基本情调**，这样一切物都变成可见的、可以决定的和稳定的。再说一次：向着本己的源始东西的勇气。

然而如果关于本质的情况是这样，那么本质问题就不仅不是棘手的，这个追问反而直接将我们保留在现实性中，并逼迫我们作出决断。本质不是能够被表象、被把握的东西，因为所有的摆到面前的表-象(Vor-stellen)都被丢到--边(weg-stellen)。我们不想丢弃本质，而要把握它，并恰恰在共同行动的先行坚定中，充满勇气地对本质进行**率先把握**。

我们现在想要理解真理的本质，即获得真理的本质，这意味着，我们必须通过行动来经验和证明，我们能承担并经受住多少真理；根据这个尺度，真理自身才向我们展示自身，即作为使得我们的此在在其存在中确定的、光明和坚强的东西。

相反，如果仅仅是中规中矩地构建起一个所谓的对真理的“定义”，来综合迄今所有熟知的真理的属性，这就是误导性的。

b. 关于本质是什么的问题。转回去倾听希腊的开端

虽然我们现在已经弄清了，本质*怎样*本现，但是还没有弄清其*作为什么*本现。由此存在者整体之本质的最内在状况还没有被规定。去追问它，即要弄清楚存在者的存在根本上是什么，这太自负了。但是我们不应回避这个问题。假设它必定是没有答案的，那么我们也必须真实地经验这一点，并在对这种失败的经验下，深入到我们的此在中。

存在者的本质在本现；但是这个本质是什么？这不是单个个体的问题；但个体却可以每次将这个问题明确地带入语言和命题中。89
这个问题自身在我们的此在中回荡——从很多世代以来，从我们的此在通过希腊哲学的开端获得其基本位置以来，就已经如此了。自此以后，这个问题以及对它的回答的尝试就存在着了。自此以后，每一个发问者都必须转回去倾听这个开端，只是为了来到这个问题回荡的恰当境况。如果我们*转回去倾听*这个希腊的开端，这并不意味着回到古代并将它解释为一切此在的*僵硬标准*。这不是*任性专断*，也非某个迂腐的习俗，而是我们德意志此在的*最深的必然性*，

这意味着要学会把握，我们的此在的这个伟大的开端，作为我们要去追赶的东西，已经预先抛给我们并超出我们了——再说一遍，我们不是为了完成希腊文明，而是为了充分汲取原始日耳曼种族之基础可能性并支配它。

必须明白，我们的此在虽然有进步和成就，但就开端来衡量却是落后的，并且已经误入歧途，迷失了自己。

第 3 节 赫拉克利特的箴言。斗争作为存在者的本质

当我们带着对我们的此在的源始勇气，朝向前方，回听伟大开端的声音，这不是为了变成希腊人和希腊式的人，而是为了在其最单纯的急迫和伟大中察觉我们日耳曼人种族的原始法则（Urgesetze），并且用这种伟大来考核和考验我们自己——，然后我们听到了那个箴言，它对存在者的本质是什么和如何本现的问题给出了第一个
90 和决定性的伟大回答：Πόλεμος πάντων μὲν πατήρ ἐστι, πάντων δὲ βασιλεύς, καί τοὺς μὲν θεοὺς ἔδειξε τοὺς δὲ ἀνθρώπους, τοὺς μὲν δούλους ἐποίησε τοὺς δὲ ἐλευθέρους.［战争一方面是万物之父，另一方面是万物之王，一方面它显示一些为诸神，另一方面它显示另一些为人，它将一些人变为奴隶，而将另一些人变为自由人。］（赫拉克利特[①]，残篇 53；Bywater XLIV[②]）

这句箴言在多大程度上被遗忘、被误解从而被损毁了啊，这一点恰恰通过它相当常用的用法被证明了。战争、斗争是万物之父——人们不知道还能说什么，人们大多在这样的场合引用这个残篇：当对争执的出现似乎感到抱歉的时候。意思就是，总会有冲突

① 关于赫拉克利特，只有一件内容确定的事情流传下来：他在公元前 6 或公元前 5 世纪出身于贵族统治家族。

② Hermann Diels, *Die Fragmente der Vorsokratiker. Griechisch und deutsch,* 4 Aufl. Berlin, 1922, S.88: Heraclitus, fragment 53. *Heracliti Ephesii reliquiae,* rec. I. Bywater. Oxonii, 1877, Fragment XLIV.

的——很遗憾！？

这里不是全面地、正式地解释这个箴言的场合，我们只是要针对我们眼下的问题对这个箴言进行说明，这个问题也是更进一步的、本真的主导问题。

a. 箴言的第一部分。斗争作为生成和保存的力量：存在者最内在的必然性

箴言开头的这个词，伟大但简单：πόλεμος，战争（Krieg）。[①] 这个词所意味的不是外在的事件，发动“军事行动”，而是指决定性的东西：跟敌人的对立。我们已经将这个词翻译为“斗争”（Kampf），这是为了确定本质性的东西。但是另一方面，考虑到这一点很重要：它不是 ἀγών，竞技（Wettkampf），一对友好的对手间较量力量，而是 πόλεμος 之斗争，战争。这就是说，需要严肃对待的是，斗争中的对手不是伙伴，而是敌人。斗争作为跟敌人的对立，更清楚地说来：在对峙中坚持。

敌人是这样的人：对民族及其个体的此在的本质威胁，从他而 91
来。敌人不需要是外在的，而且外在的敌人并不总是更危险的。此外，也可能看起来似乎没有敌人。因此基本的要求是发现敌人，让他昭然于天下，甚或创造敌人，由此这种跟敌人的对立才会发生，此在才不会变迟钝。

敌人可能已经附着在一个民族的此在的最内在的根基上，跟这个民族的此在的本己本质相对立和相背。由此这个斗争就更加尖

① 箴言的两个主要部分：I. 直到 καί 前，II. 直到结束。

锐，更加艰难困苦，因为这个斗争只有很小的部分是由互相打斗构成的。望见敌人，使之展示出来，跟他开诚布公，保持准备战斗的状态，培养和加强恒常的备战状态，为长期的攻击作准备，带着完全毁灭的目标，这经常是更为困难和枯燥的。

πόλεμος，斗争（跟敌人对垒），囊括并贯穿 πάντα，一切；πάντων——存在者的总和，一切在整体中。由此我们从一开始就获悉了这个箴言所适用的范围；它所涉及的不只是作为人的行为的各种斗争，而是涉及一切存在者。这种斗争也不是单纯的某个伴随现象（那种虽然普遍，但也仅仅是随附出现的现象），而是那规定存在者整体的东西，并且以突出的方式规定它们。它总是以两种不同的形态进行规定。

πατήρ——βασιλεύς［父亲——君王］不仅表示在“父亲”、养育者之外还有统治者，这个词更是将二者断然分开，同时用 μέν——δέ［一方面，另一方面］把二者联系起来。因此“父亲”具有更深的含义。这首先是说，斗争不仅让存在者成为它所是的东西，不仅统领和规范存在者的产生，而且也统治着其持存状态；只有当存
92 在者通过作为它的统治者的斗争被保存和掌管，它才在其持存和在场状态中。因此，一旦事物已经卷入现实性中，斗争就绝不会从事物退出，而恰恰只有在斗争中，这种由此而来的持存和现实存在（Wirklichsein）才是本真的。由此斗争的全部力量领域才清楚了，只要存在者存在，斗争就在所有存在者中已经预先恒常地统治着，即构成在其存在中的存在者。

斗争以双重力量普遍统治着存在者整体：作为生成的力量和作为保存的力量。几乎无需指出，如果没有战争的统治，到处都是停

滞、均平、均衡、平庸、无害状态、萎缩、脆弱和不温不火，没落和四分五裂，简言之：消亡自身契入进来。

这意味着，破坏和毁灭的力量就居于存在者自身中；在斗争中并通过斗争，它们才被驯服和被禁锢住。但即使这样，这些力量仍然被过于否定地把握，而非在希腊意义上被理解，因为它们根本上作为不驯服的、无约束的、迷狂又野性的、狂暴的、亚细亚式的。我们必须提防，不要用基督教的恶和罪的标准来贬低这些力量并将它们否定掉。因此斗争也不意味着，没有限制地、任意地发起争端和冲突；斗争是存在者整体最内在的必然性，并由此是同那些原始力量（*Urmächten*）的对峙，以及这些原始力量之间的相互对峙。被尼采描绘为阿波罗和狄奥尼索斯的，就是这个斗争的那些相互对立的力量。

至此解释了这个箴言直到 καί 的第一个主要部分。简言之：1. 本质力量（die Wesensmacht），2. 力量的领域，3. 力量的双重特征（养育和保存），4. 二者共属一体。

b. 箴言的第二部分。斗争的双重力量的统治以及诸决定性力量的领域 93

这一点现在通过第二个主要部分来说明，这个部分以 καί 开始。在这里我们经验到两个方面：1. 斗争的双重力量以何种方式统治着，2. 哪些力量领域算作决定性的，这意味着什么。尤其（需要补充的）是，在一切存在者中生成的和保存的统治以下面的方式进行。

关于 πόλεμος 我们说过，ἔδειξε——ἐποίησε；我们翻译为，他展示出来，他让出现（补充上“到敞开状态”）。通常且“正确”的翻译是，他“造成”，他“制造”。然而我们的翻译是要澄清这些词真正的希腊意义。因此关键不仅仅在于，斗争有某种后果，或者反过来，将某种现实性追溯到斗争作为其原因；首先要说的而是，希腊人在什么意义上预先理解了通过这样的斗争方式进入存在的存在者。存在的意义意味着，被展示——即作为被塑形的、被限定的、持存的形象——为**可见**的状态，更好的表达就是：**可感知状态**。如此被展示和被指示到其对“存在者”的归属的事物，就“是”。

ἐποίησε 有同样的意义；这里所说的，与其是看到制作的单纯完成，毋宁是看到在制作，**放上**-**前来**（*Her-stellen*），实现这样一个基本任务，将某物作为完成了的，置入可使用状态和可感知状态。因为对于希腊人而言，那种被塑形在界限中并由此在场，而且在这种在场状态中持存的东西，是存在着的。存在：**被塑形的**、**持存性的在场状态**。

首先变得清晰的是，斗争如何直接地通过其力量的统治，普遍支配作为存在者的存在者的存在。因为斗争证实自身是将存在者设置入存在，并让它保持在那里，其方式是让存在者产生，以便牢固地掌握它。**存在的起源**。

94 我们现在所问的是，箴言的第二个部分所说的是什么：什么力量领域算作决定性的，这意味着什么。这里说到了诸神、人、奴隶和主人。显然这并不是存在者整体中的某个任意的领域，毋宁说存在者整体恰恰被它们决定性地规定着。

在多大程度上？其他的领域难道不能同样这样说吗？为什么不是动物和植物、土地和大海、火焰和空气、有生命者和死去的？为什么局限于人的和神的？但是我们这样问是错误的。为什么？

因为我们没有牢固地把握箴言的基本内容。它的意思完全无关乎将某个存在者领域拿出来作例子，而毋宁是，让存在的**基本方式**在其从存在的本质而来的本源中被看到：神性的存在、人性的存在、奴隶的存在、主人的存在。

仅仅指出存在的这些基本方式来作为对不同存在样式的列举，这也是不够的，必须**就这些方式的本源特征而理解它们**。这意味着，存在的本质是斗争；每个存在都要经过决断，经过胜利和失败。人不仅仅简单地是神或者只是人，而是总有一个斗争的决断伴随着他的存在发生，由此斗争被置入了存在中；人是奴隶，不是因为除许多其他事物之外还有奴隶，而是因为这种存在自身包含失败、错误、不充分、怯懦，事实上也许隐藏着一个要变得卑微和低下的意愿。[①]

由此清楚的是，斗争将存在者置入存在中并将其保持在那里；斗争构成了存在的本质，并且恰恰是以这种方式：斗争将**决断的特** 95
征贯彻进所有存在者中，经常是带着非此即彼的尖锐性：或者是他们或者是我；或者挺立住或者陷落。

一切存在的这种在斗争中决断的特征，带给存在者一种**基本情调**，它同时是胜利的狂喜和意志，是不驯服地猛冲（抵抗）的可怕，是庄严和凶猛的统一，——对此我们不能用一个词来表达，而希腊人对此却有一个词，在悲剧作家的伟大诗篇中反复出现：τὸ δεινόν

① 斗争性的决断和对峙是存在中的本质性东西，**这个基本特征变化自身**，存在的领域每次都根据这个基本特征而变化。但是这样的话，那么存在完全跟人类似了吗？是也不是！问题！！简言之：从这些力量方式（Machtweisen）而来的，只有存在的直接指示——在这些样式中存在最切近地、最强烈地展现出来。

［可畏者］。[①]

赫拉克利特的这个箴言，就整体而言，恰就是一个箴言，而非用来确定某物的一个单纯断言；它不是一个科学性命题，而是一个哲学语句，它从最高的充实性而来，在伟大的简朴和最终的形态中说出。必须恰当地倾听这一词句，受它的领导，并且让自己通过这个原始词句（Urwort）有克制的沉重而清醒。

第4节　关于赫拉克利特箴言中的真理

a. 真理的两个传统意义。真理作为无-蔽（ἀ-λήθεια）和正确

在解释赫拉克利特的箴言时我们说过，本质作为什么以及如何本现：作为斗争。现在马上就有人要问：那么这个箴言的真理奠基
96 在何处呢；——这个真理如何展现和证明自身？

说到底，一个这样的箴言的"真理"恰恰是很特别的一类，所以在通常的意义上要求对它进行证明从开始就是错误的。

换言之，如果我们没有了解真理的样式——那种恰恰适合这句箴言的样式——那么就完全不能真正地理解这个箴言。但是，如果我们不知道真理的本质和它可能的形态，我们怎么能知道这一样

① 在最深的深处的畏！不是"恐惧"（Ängstlichkeit）和害怕。畏，只有伟大和英勇的人才知道！如果有人说，他不知道本真的畏，这不证明他是勇敢的，而只是证明他是迟钝和愚蠢的。（畏的哲学——理性主义。）

"在我们的时代，畏恰当地非常少受到欢迎。"——决心无非就是伟大的、本质性的畏的条件，否则它的确就无用了，是无聊的游戏，跟伟大和力量无关。

式？另一方面，这句箴言应该给我们指示，本质（存在）的本现是什么，由此我们足以知道，当我们追问真理的本质时，我们问的是什么。有一点变得清楚了，即我们在绕圈子：为了把握真理的本质，我们首先寻找关于本质的真理。没有其一也就没有另一个，反之亦然。

我们追问的这个令人惊奇的深渊（Abgrund），现在已经很明显了，但它总是一个可靠的标志，表明我们在追问第一性的和最终的东西，即处于一个哲学问题之中。

但是怎样找到走出这个循环的出路呢？[①]——完全不必！因为那样我们就会放弃了真正的立场。所以只有进入到循环中去——但是如何进入？显而易见，对应于上面对本质的真理的做法，我们现在试图在一个类似的箴言中把握真理的本质，此外同样也回到哲学的开端，以便期待关于真理的本质的相应词句。

但是这是完全肤浅的说法，因为说出**本质的本现**的**同一个箴言**，**也**给出了关于**真理的本质**的消息。虽然似乎没有明确地对真理有所道说。但这只是似乎如此。

事实上在同一个箴言中也述说了真理，为了看到这一点，只需 97
要先**回忆**一下那个对应我们所说的真理的希腊词语：ἀ-λέθεια，对其恰当的翻译是：无蔽（Unverborgenheit）。这样做当然并没有很多收获，只要我们没有将自己置入这个词语完全的意义中，并由此明白，这里所处理的不是对一个随便的词语进行随便的意义解释。

---

① 然而我们必须这样，否则就会犯下基本的逻辑错误，b 从 a 中推出，紧接着 a 从 b 中推出。荒谬！——对普通的思想而言是这样！而非在这里对第一性的东西和最后的东西的追问中。

我们只是暂时但明确地理解了表示真理的这个希腊词语的意义：不被遮蔽的、没有蒙蔽上的、没有遮盖的。那么这个意义跟我们自己语言中的“真理”（Wahrheit）这个词又有何关系？当我们说这个词的时候，我们真正意味的是什么？如果我们不想愚弄自己，那么我们必须承认，我们似乎还在高度不确定地踟蹰于这个词的意义。无论如何，这个意义不像希腊人的那个词的意义那样明确和简单。因为它是**不形象的**和**非感知的**，因此不易直观把握。

另一方面，“真理”这个词语也不是纯粹无意义的发音；我们说这个词之际同时在“思想”，用它表达相应的某些东西，而不表达另外的某些东西。例如，对于我们称为“生病”（Krankheit）的这个事实，我们所说的就是生病而非真理；对于“勇敢”（Tapferkeit）这个事实，我们所说的就是勇敢而非真理，因为我们用真理这个词意指另外的东西。

好的。那么当我们如此确定地使用这个词时，我们所意指的又是什么呢？对于真理，我们所理解的到底是什么呢？

对于这样的问题，我们习惯于非常确定地进行处理。我们会举一些例子。为了弄清真理到底意味着什么，我们举出某个真理。以何种方式举例？例如，我们会说，“2 加 1 是 3”，“地球绕着太阳
98 转”，“秋天之后是冬天”，“11 月 12 日有一个选择，德意志民族选择自己本己的未来”，“康德是伟大的德国哲学家”，“街上很嘈杂”，“这个大厅是有暖气的”。——这些是**诸单个的**真理。

这些真理在多大程度上是真理？我想说，它们是**句子**、**命题**。当然了——但是它们都包含“真的东西”，一个真理。但是这个真的东西被包含在“**哪里**”呢？它隐藏在哪里呢？首当其冲的，这个

句子所包含的“真的东西”由什么构成呢？比如，“这个大厅是有暖气的”，这个命题如何是真的？只是，——为何研究这一不言自明的东西？这个句子是真的，因为它说出了所是(*was ist*)。何其简单。这个句子再现了我们遭遇到的事实：这个大厅是被暖气烧热的。换言之，这个句子跟事情自身的状态一致，跟实情(Sachverhalt)一致。这种一致(*Übereinstimmen*)就是它的真实，句子中真的东西。命题跟现实性一致，其方式是，命题在其道说中指向(*richtet*)现实性。句子的真实在于其正确性(*Richtigkeit*)。由此，我们把握了我们起先在思考真理这个词时还不确定的东西。“正确性”也包含某种直观的东西。真理意味着正确性。

我们的真理概念从跟希腊的真理概念完全不同的领域和关系取得其直观的可理解性。ἀ-λήθεια，无-遮蔽状态，是从遮蔽、蒙蔽，以及去除蒙蔽、去除遮蔽而获得的。而“正确性”是从某物跟某物对齐的事实，以及从度量、测量的事实状态而来。“去除蒙蔽”和“测量”是完全不同的事实状态。

这个话题先放在这里。我们现在还没有问，这两个完全不同的真理概念是否相联系，最终如何联系起来，以及事实上是否必须联系在一起。对我们而言，现在还有另外更加重要的事情。

b. 对真理的不确定的先行知识以及存在的超力量 99

我们刚刚通过一条完全自然的路径弄清了，当我们这样一般地使用“真理”“真的”这些词时，我们真正意指的是什么：正确性、正确。由此我们还将一个完全不同的事实状态带到眼前：我们其实已经预先理解了，真理和真的意味着什么。我们当然不是现在才第一次认识和经验到，真理所意味的就是正确性。而是我们最多现在才第一次注意到，我们**根本上总是已经预先**知道了这一点，即使是不确定的，但似乎也自然地总是坚持这个认识。

这是一个令人惊奇的事实！因为它不仅涉及真理和真这些词语及其意义，而且还涉及其他的：房屋、河流、动物、空间、山脉、民族、时间等，没错，语言整体！我们就这些词进行思考。我们预先理解了动物样的东西，只有这样我们才能将我们遇到的某个东西说成是**动物**；我们理解“鸟样的”（Vogelhafte），只有这样我们才能将某物说成是鸟；我们理解空间样的东西，只有这样我们才能说某物“位于”空间中；我们理解山一样的东西……

鉴于我们理解诸如此类的东西，我们似乎超出了我们所谓的“现实的东西”：诸个别的、现成的动物、鸟、空间、山；确实，只是因为我们理解那些动物样的、鸟样的、空间样的、山样的东西，我们才能遇到现实的东西、个别的东西、这个和那个、**作为它所是的东西**。

这是一个令人惊奇的事实？不！这是一个令人兴奋的情况，假设我们不是麻木的，不是过于受到自明性这个暴君的奴役的话。仿佛这个事实是不言自明似的。然而如果我们有一天试着严肃地哪
100 怕在一瞬间抛弃对动物、空间、物等东西的理解而生存。那么对我们而言还有诸多动物、诸多鸟、诸多空间、诸多物，甚至任何一个存在者吗？没有，也许还有某个不堪忍受的混乱会沉闷地冲击我们，只有在疯狂中才能忍受它。

但是疯狂确实存在；我们像好市民似的并且大概带着优越感而称呼为“正常的”东西，其实完全不是“正常的”，而是一个骇人的独特性，只有这样才能够承受它：人们总是遗忘它并将它伪装成某

个日常的东西。

那么我们是站立在什么基本事实之前，或者更好地说，在什么基本事实之中呢？我们行事并在存在者的多样性中保持我们的此在；但是我们并不首先和真正地托付给那些存在者，而是首先被束缚于这个个别的、复合的存在者：它是什么以及如何是，即它的存在。如果存在没有超出我们的力量，并且由此被我们知道，那么所有的存在者都是无力的。只是因为人被置于存在的超力量（*Übermacht*）中，并且以某种方式支配它，只有这样，人才能在存在者自身中保持自身。这种同存在的超力量的联结，对我们而言是人最深的本质。

第 5 节　论真理和语言

a. 人被约束进存在的超力量以及语言的必然性

因为并仅仅因为人有这种本质——所以人在语言中生存，由此必定有诸如人的语言这样的东西存在。动物不说话，因为动物不能说话。动物不能说话，因为它不需要说话。它不需要说话，因为它并非不得不说话。它不必要说话，因为它不从属于那种困境（Not）。
它不在这种困境中，因为它没有被逼迫。它没有被逼迫，因为它对 101
那强迫的力量是封闭着的。对什么？对存在的超力量！*

这表明，人对存在的超力量是暴露的、开放的，而人说话这件

* 大概是海德格尔后来补上的："相反！"——编者

事，意味着人的本质中的同一个基本事实。相反，什么叫作“一直被排除在说话的能力之外”？就这点人们可以看一下牛或者鸡，其实从任何动物都可以看到；另一方面，神“说话”（神的“词语”）也是不可能的。

从对 ἀ-λήθεια、“真理”的词语解释出发，开始只是给出了这一点：语言的词语已经预先包含着事物自身的一些特定的可理解性，但是继而我们发现，语言也一起构成了人的本质状态。人能够生存（*existieren*），就是因为他跟存在的超力量联系在一起。生存，就是自身是一个这样的存在者：它作为这样的存在者，在存在者自身及其整体中“是”。

在此，我们可以满足于这样的一个提示：显然，无论是语言还是另外的“显像”（Erscheinungen），都指示出了人的本质特征。但是我们在这里所处理的不是人的本质，而是真理的本质。确实如此；但是这并没有表明，真理的本质问题是否就是人的本质问题，更进一步来说，是否恰恰在这个问题的关联整体中，语言的本质问题必须发挥突出的作用。

外在地说，这一点并不是马上就能清楚地被看出的，尤其是只要我们还坚持通常对语言的观念和看法，这一点就不会清楚。对这一方面现在只能非常不充分地说这么多。

102 **b. 语言的逻辑学-语法观念**

对个别语言以及语言一般的占主导地位的观念，是通过人们称为语法的东西传达给我们的。关于语法，我们理解为关于一个语言的要素、结构和结构规则的理论。分散的句群、分离的单个句子和句型；切分为词群、单个词语；而词语又划分为音节和字母，γράμμα*，由此而有这个名称。

在通常的语言观、语言科学和所谓的语言哲学中，语言的**语法**概念完全是某种不言自明的东西；尤其是这种观念在数百年的传统中已经很牢固了，所以能够宣称自己有某种自然状态的外表。因为还有什么比将一个活生生的语言分解和排列为发音、字母、音节、词语、词语结构和句子结构，更明确、更方便的呢？否则这门语言的构造完全不可把握。

但是，认识这种主导性的、以**语法**表象语言的来源，是很重要的。它起源于**古希腊**，形成于希腊的智者和修辞学家时代，通过柏拉图和亚里士多德得到其权威形式。其基础是这样的经验：言谈（sprechen）、话语（reden）是相互交谈、公开谈判、建议、公民集会、审讯；这种说话形式是那种公开化的意见和建议、思考和**思想**。跟思想和意见、理解和认识是**什么**这些问题相关联，思考遭遇到了**话语**、言谈，将之作为切近的、明确的东西以及感性可知觉的东西。话语和诸如此类的东西**现前**，就像其他的那些东西一样**存在**；它就如希腊人对存在者的存在所理解的那样“存在”：是可支配的、被制造出来的、恒常的在场状态。语言（Sprache）是某种现成在手的东西，并且根据限定的部分和结构进行划分和组合。而这里的要点在于，突出了希腊存在概念理解中的那总是最恒常的东西，那持存的、最简单的基本结构。 103

* γράμμα 是希腊文“字母”一词，也是德文中“语法”（Grammatik）一词的词根来源。——译者

经过漫长而艰难的思考，话语的这种基本结构在亚里士多德那里最终显露了出来。具有话语特征的简单句子：石头是硬的，等等。话语是这样的东西，在话语中一个现成的东西被另外一个现成的东西所表述。表述：ὄνομα, ῥῆμα: κατηγοεῖν［名称/名词，言辞/动词：述谓］；由此，明确的、简单的句子被看作话语的基本构成；λέγειν——λόγος（见下）。

处理λόγος并且要认识（ἐπίστασθαι）λόγος的是什么？就是ἐπιστήμη λογική——“逻辑”。我们说过了，对话语进行深思的真正起因，是对话语的规定性的、教育性的和有诱惑力的力量的经验，只要**思考和沉思**在话语中起作用。但是由于**话语**仅仅是变成声音的思想，是公开化的并由此通常是可把握的思想，所以对**话语**（λόγος）的思索变成了**思想理论的形式**、“**逻辑学**”。换言之，将“逻辑学”作为思想的理论，这完全不是自明的，而是在希腊哲学的特征和发展进程中有其独特的基础。

思想和认识的理论发展为“逻辑学”，这个事实同时包含着另外一个本质性的东西。由于思想构成了逻辑的问题领域，那么对作为关于**语言**的理论，即对**语法**的λόγος的思索，同时被作为思想理论的逻辑学所支配。换言之，一切关于语言构造和词语形式的语法上的基本概念都来自逻辑学，即来自这样的思想学说，它被把握为对（现成的）存在者的理解。Substantivum, verbum, adjectivum［名词，动词，形容词］——这些词语形式的名称要回溯到存在者在其存在中被思想把握的形式。简言之：**语法受到逻辑学支配**，并且是一个
104 完全特定的**希腊逻辑**学，它为一个完全特定的存在者概念奠定基础。**这个**语法支配着对语言进行表象的方式和方法。这样就产生了或多

或少明确的对语言的表象，似乎它首先和本真地是对事物进行**理论的**思考和讨论意义上的对**思想的发出声音**（*Verlautbarung*）。

人们很容易就发现，**这是对语言成就的可怕强暴**；与之对比，思考一下一首诗或者人和人之间的生动交谈，其声音样式、节奏、句调、韵律等。虽然人们后来才试图亡羊补牢，阻止语言的逻辑学-语法概念优先，但是古老的语法-逻辑表象已经保留下来了；并且它还会一直保留着，只要 1. 还保留着通过希腊逻辑进入西方思想的那种思想和表象的样式，2. 还没有最终从根本上发展出对语言的本质的追问。

这个任务却只有在同时消解语法的-逻辑学的表象形式的情况下才能实施。也就是说，通过将它带回到它特定的、不显眼的出发点，即，去动摇**语言的语法表象**。在这里必须由对语言本质的**积极的**本质限定（Wesensumgrenzung）来带领我们。

c. 语言被标划为标志和表达

在这个任务中，首先必须要决定的是下面的一系列问题：像语言这样的东西属于什么“范畴”？是否可以对语言进行更普遍的规定，还是语言在自身中就是最终的东西，不再能被归属于另外的东西？如果它是最终的东西，它**如何从自身**而来被理解？它可以被整合进怎样的同等源始的关联中？

更清楚地说：在开始对语言进行逻辑学-语法把握时，对语言 105
的这样一种标画就出现了，并一直保留到现在：话语是对思想的公开化，所以是对思想的**表达**和**标志**。随着表达和标志的出现，人们相信我们已经最终发现了语言被分类和隶属其中的那种特征。就像手势等一样，语言是表达、表明看法的一种方式。相应地，语言这个术语获得了它的意义：我们谈论“肢体语言”“花语”“大自然的语言”，此时所意指的总是给出标志、表达。语言是给出标志的一种样式，由此隶属于一种普遍的现象。这同时意味着，跟作为标志的语言间接地处于联系中的其他现象，也被如此把握。这就是说，声音和字母以及作为词语的字母群，是这个词语所意味的东西的标志。从词语的这个意义即我们(在听和读中)所理解的东西来说，表达和标志是在这个意义中所意指的事情。这样人们认识到三层：词语的声音、意义、事情，它们联系在一起，并且通过标志来描述。语言构造的这个特定的把握，即使是在希腊人那里也已经被构建出来了，首先是在亚里士多德那里(φωνή, νόημα, πρᾶγμα[声音，思想，事物])。后来，νόημα 和 πρᾶγμα 被逻辑学采纳，φωνή 隶属于生理学和心理学(语音学！)。

d. 朝向对语言本质的积极限定

因此，作为语言科学(*Sprachwissenschaft*)被构建起来的东西，是这些完全不同的问题和研究方向的混合。无疑，的确总是会有新的事实被我们发现，但是我们仍然错误地走在一条毫无希望的道路
106 上。因为从语言科学出发产生出一个源始的和本质性的语言的本质的概念，这当然是不可能的。因为语言科学自身已经设定了这样的一个概念。首先必须从更加源始的经验关联出发去赢获关于语言的本质的洞见，然后科学才能在这个领域建立起来。

这个本质的洞见却必须经由对下述问题的决断达到：语言是处于更高的和更广泛的描述——姿态、表达和标志——之下，还是恰

恰相反，只是因为**人在语言中生存**，才有人的姿势、表达和标志？如果不是标志和表达，那么语言是什么？某种最终的东西？但是不是自为的，而是处于人的此在的本质关联中？

人说话仅仅因为他要传达些什么：关于某物、某存在者的信息并作标记，从而语言是通过作标记和描述而给出信息的工具吗？或者因为人说话，并且只要他能够说话，他就有某种东西去给出消息、去命名？语言是对存在者整体的模仿吗，即使是结构丰富复杂(reichgegliederter)的模仿？还是这个存在者作为整体、作为存在者**只有在语言中并通过语言才能被展开并成为有能力的**？

人去言谈，是因为他要说明什么、交流什么吗？还是因为他是那种能够缄默(Schweigen)的生物，所以才说话？是否语言的本质的最终来源是**能缄默**(*Schweigenkönnen*)？这又是什么意思？缄默只是某种消极的东西，不说话，只是一种外在的东西、无声状态(Lautlosigkeit)、寂静(Stille)？抑或缄默是某种积极的东西、更深的东西，一切言谈都是不缄默、不再缄默、尚未缄默？

谁还没有从根本上经验和提出这些问题，他就还缺乏参与进语言本质的前提；他立刻就成了通常的那些非常正确的看法的牺牲品。没有对上述问题的仔细琢磨，就不会有科学能够赖以产生的那种充分的知识。

因此能缄默是语言的本源和基础。[1]言谈是缄默的中断，这种 107
中断不需要消极地被理解。

① 参见海德格尔：《存在与时间》，34 节，第 164 页及以下。

e. 能缄默作为语言的本源和基础

为了进一步阐明我们语言的本质的概念，我们首先需要标画出能缄默。我们又一次进入了哲学活动已经遇到的那个问题：循环。它在这里体现为，我们需要对缄默进行言说，这是最棘手的事情。因为，谁对缄默有所言说，那么他就冒着这样的危险：这直接地证明了，他既不知道缄默，也不理解缄默。

另一方面人们可能有这样的看法：关于缄默，人不应说什么，但是听任将缄默当成一个“神秘的”和晦暗的东西，让它听凭所谓的情感预感，对它的本质任意猜测，这也太廉价了。只要我们在作哲学，就不能这样。但是我们也不应相信能通过一个“定义”来把握缄默。对我们而言，现在所做的只是进行最低限度的、必要的澄清，这样才允许我们对真理的本质问题作进一步展开。

试图将语言的本质起源带回到能缄默，这似乎跟我们开头区分人和动物时关于人和语言的说法对立。动物不能说话，因为它不必说话。因此动物处于能够缄默的幸福状况。事实也非常明确地证明了这一点：动物的确不说话；所以它们缄默——并持续如此。是
108 的，对人来说也一样，如果不是恰好生来是哑巴，他就完全不能缄默，因此，根据我们语言的本质起源是能缄默的理解，我们必须说：动物在远为更高的标准上准备好了说话并且能够说话，因为它们更加能够缄默，事实上它们总是缄默。

根据我们的那个观点，动物似乎必然比人具有更高的语言能力。这当然不是事实。这样就出现了一个引人注目的荒谬状况：那些具有更高的语言能力的生物，不能说话，而拥有更少的

语言能力的人——因为人几乎不能像动物一样缄默——却能够说话，而且能够构造精致的语言。因此，人的语言来自不能缄默(Nichtschweigenkönnen)，由此来自缺乏约束的状态。这样，语言的**奇迹**的基础就在于**失灵**(*Versagen*)。这里有什么不对劲！让我们来考察！

我们在下面这些断言的基础上达到了引人注目的结论：1. 能缄默是语言的本源和基础；2. 动物能够缄默，因为它们确实总是缄默无言——跟人不同。**但是动物真的能缄默吗**？肤浅的问题——动物在任何一个时刻都能向我们证明这一点。它们就是不说话(Reden)。但是只是不-说话(Nicht-reden)就已经毫无疑问能缄默吗？窗户难道也缄默？不！窗户完全就不说话！当然！但是它同样也不缄默。所以，只有那种能够说话的**生物**，才能缄默。缄默是能说话(Redenkönnen)的一种方式。因此哑巴也不能缄默，虽然他什么也不说。事实上，他不能提供任何证据证明他能够缄默，为此他必须能够说话。

因而，缄默绝非那种纯粹的不-说话；窗户之类的东西也有这种特性。而缄默也不只是哑的。窗户也不是哑的；对此它缺乏发出声音的能力。动物甚至都不能是哑的，虽然它们有能力发出声 109
音：吼叫、咩咩叫、吠叫、叽叽喳喳叫。对我们而言，广义上的哑然(Verstummen)当然是停止发出声音；在更狭窄的、真正的意义上，发出声音就是发出语言的声音。天生的哑巴能够是哑的，只是因为并只要他有言谈的欲望，以及以一定方式**内在地**能够言谈，并且“正在言谈”。但是甚至哑的也还不是缄默，因为缄默是在不欲说话意义上的不说话，而哑的恰恰是想说话。这表明：仅仅是缺乏发声，无论是在不可能意义上（窗户），还是在不现实意义上是沉默的和哑的，都不表示缄默。这确证了前面的那句话：缄默完全不能作为一个单纯消极的东西来把握。缄默虽然是一种不说话，但是并非每种不说话都是缄默。缄默毋宁说至少是那种能够说话的人的不说话；就像我们说过的：缄默是一种特定的、突出的能说话的样式。这一点在这件事上表现出来：比起离题万里的说话，我们经常能够通过缄默说出更加确定的东西。

至此首先澄清了缄默。但是在跟一种作为不-说话的不充分的刻画划清界限的基础上赢获了清晰性的时候，我们也将我们自己解释进了一种困难中。我们的指导原则是：**能缄默是语言的起源和根据**。但是现在我们恰恰说出了相反的东西：缄默是能说话（Sprechenkönnen）、能言谈（Redenkönnen）的一种确定的可能性。谁能够说话——并仅当如此——才能本质地缄默。**谁缄默**，**他才能说话并必定能说话**。因此，能说话是能缄默的可能性的前提和根据，而非相反，就像我们开始所宣称的那样。然而，我们不仅一开始这样宣称，而且现在仍然这样宣称：能缄默是语言的起源。

110 注意：随着这句话我本质性地超出了在《存在与时间》第 34 节，第 164 页及以下的说法。在那里，语言和缄默确实被带入了本质性的关联，并且也确定了对语言的本质进行充分的、源始的把握的**出发点**，跟迄今占统治地位的“语言哲学”所确定的相反。虽然如此，但是那里还没有看到本真性的东西，它必定是这个**出发点**必然的结果：那里只是**最终**将缄默作为话语的可能性；而没有将话语和语言作为从缄默中**产生出来**的。最近几年我反复考察这些关系，并已经解决了它们。在这里当然就不能展开了。甚至缄默的不同方式，其多重的起因和根据，都不能展开说明了，这里更加不能铺陈沉默(Verschwiegenheit)的不同等级和深度。现在只分析那些对我们的进一步追问有必要的东西。

谁应当缄默并意欲缄默，就像我们所说的那样，谁就必须“有话要说”。然而，这意味着什么？这当然不是说，他必须在说话的意义上**现实地**言谈。**我们必须说的东西**，**我们恰恰在一种突出的意义上具有和保存它**。我们预先就具有并保留它。然而这不是简单的我们对什么东西有知识，而另外的人没有。虽然这种**保留给自己**(*Beisichbehalten*)是存在的一种样式，通过它我们将自己跟公开性隔离开，没有任何外泄。但这不是决定性的，因为这也适用于满腹疑虑，阴险狡诈和“疯狂”。

上面的这种保留给自己的方式，指向一种内敛、一种狭隘。真正的保留给自己却是某种**积极的东西**：此在的那种方式，在其中人不是“孤僻的”(zugeknöpft)，而恰恰是向着存在者以及存在的超能力敞开的。当然不是那种敞开，即人追逐随便任何有吸引力的东西和情境，散落在其多重性中。而是相反，这种**开放性**是为了那种在**自身中聚集**的存在者的。

这种聚集也不是固执的自我中心(Ichbezogenheit)以及单纯的 111
盯着自己呆看，因为跟本质性的此在相比，诸如此类的东西也不亚于散漫和迷失状态，而且是更大的散漫和迷失，因为它们还有操劳于自我的假象。

缄默是聚集，并且是全部行为的聚集，以使行为保持于自身，并由此收紧到自身，这样才朝向正打交道的存在者，并向它完全暴露。缄默：**对存在者整体的超力量之冲击的聚集起来的敞开状态**。

一切伟大的和本质性的东西——这些属于其本质——总是伴随着非本质，挡在前面作为其假象。缄默看起来就像锁闭，但它根本上与此相反，只要它出自本真的本质。

因而缄默成为人的此在的**源始沉默之发生**，此在从这种沉默中将自己也即将存在者整体——此在在其中存在——带向词语。因此，词语不是事物的肖像和摹本，而是约束形态，那种聚集起来的敞开状态以及在里面所揭示之物被约束起来的自持(Ansichhalten)。要表明**沉默的基本情调**是如何发出声音并宣告出来，这是下一步的任务。

词语打破了缄默，但仅仅以这样的方式：只要它还是真正的词语，它就变成那种沉默的见证，并保持为见证。词语能够褪色为单纯的词语，言谈会褪色为单纯的闲谈；语言的非本质，其棘手性之大一如语言的奇迹。

我们至此看到了：

1. 缄默不是消极之物。

2. 不能只是从外部，从发出声音出发，将缄默理解为发声的中断和缺乏(仅仅是寂静，“树林中的缄默”)。

112 3. 也不涉及人所谓的总是“我的”的特性，作为隔绝的聚拢。

4. 毋宁说缄默是人的存在的突出特征，在这种存在基础上，人向存在者整体暴露自己。缄默是对这种暴露的紧凑聚拢。

5. 缄默也不是作为屈服、躲避、后退、无能的什么也不说(Nichtssagen)，这种缄默的样式只是其非本质的形式；与此相反，缄默的本质作为暴露之紧凑聚拢是卓越，即力量(Macht)。这种力量既使得发声形成词语和语言得以可能，又为我们赋能，将存在的超力量提供给我们，并且在这种超力量中站稳脚跟，这意味着去说话以及在语言中存在。

能缄默作为沉默，是语言的起源和根据。必须注意，这里所说的东西只能为语言的本质特征提供一个粗略的指示。但是，为了弄清语言的语法表象虽然不是偶然的，却是外在的和不充分的，语言以及对它的追问，跟人的本质问题是紧密联系在一起的，这应该足够了。语言概念变成了人的本质问题的源始性和广度的准绳。但是，关于本质这两个问题现在触动我们，仅仅因为它们——就如我已经声明的那样——跟真理的本质问题是联系在一起的。

f. 语言作为对存在者超力量的冲击力的聚集起来的敞开状态

语言之本质的问题是怎样跟真理之本质的问题联系在一起的？对此我们到现在知道两点：ἀλήθεια= 无蔽；真理 = 正确性。我们并没有就此宣称，随着对词语意义（Wortbedentung）的这种阐释， 113
真理的本质已经最终达到并被完全说明了。而是我们从词语意义获取了对本质的提示。通过对语言和词语的说明，我们还不知道，是否一个词语的意义自身已经直接给出了关于一个事情的本质的信息；情况也可能是，词语意义仅仅给出了关于事情的本质的某个方面的提示，所以自身中隐藏着这样的危险，我们所把握的是事情的非本质（*Unwesen*）。

就如通常可能发生的情况那样，词语解释不是本质把握；但是它也不是什么无关紧要的东西。因为尽管在其中把握到了非本质，但是里面也总是有对本质的暗示。当然这里需要根本的、本己的批判。出于完全确定的原因，直到今天哲学也没有构建起对本质认识的批判。ἀλήθεια 和真理被凸显的意义，只是展示出遮蔽和衡量的基本情况。是否真理的本质通过这些可以被彻底地把握，甚至只是充分地触及，这还悬而未决。这样对我们而言就产生了一个问题：语言的本质是否跟真理的本质处于同一个关联中，以及处在哪个关联中？

语言**打破了缄默**，即语言将缄默带入词语。缄默向我们表明为对存在者整体的超力量冲击的聚拢起来的敞开状态。词语不是仅仅排除掉缄默，而是将它纳入自身，即在它这方面，词语成为自我传达的敞开，无论是否有一个听者。每个词语都是**出于**存在者整体的敞开状态而被说的，虽然这个范围似乎还如此狭窄和不确定。

词语自身不是作为词语发音（Wortlaut）被塑形的，反而词语塑形来自之前存在者展开的源始特征。我们必须谨防，不要将后起的对词语发音、意义和事情的区分回溯到源始的、创造性的话语中，
114 并将话语理解为给出标志。此外，语言创造和语言传统是不同的，它们造成完全不同的话语。在历史性的语言中，这两者互相渗透。

在词语中，在话语中，存在者将自身显示在其敞开状态中。既非只有存在者并且词语跟存在者并列，也非即使没有存在者也有作为标志的词语。两者中的哪个都不可被切除，并且两者中的哪个都不能单独地被处理，而必须是**在词语中的存在者**。

随着词语及其结构的多重性，缄默的源始聚拢首先就丧失、涣散和转变了。但并非以如下方式：一切都敉平进个别的存在者。而是，由于它们来自缄默，所以词语和话语还被缄默约束着，并且作为衍生意义上的聚集、聚拢起作用。语言的这个特征被希腊人直接

经验并命名为 λόγος、λέγειν、采摘、收集。这些词语所表达的是，人作为说话者已经处于跟存在者的相互对峙中了，面对多样性、晦暗和无限状态，他要通过道说（*Sagen*）的简朴、清晰和冲击力而变成强有力的。这种在 λόγος 中的聚拢将话语所关涉的东西放到一起并由此展示出来。在这种展示中，存在者作为它所是的东西被聚拢并由此公开出来，δηλοῦν［明显的］。

g. 语言作为给出法则的聚拢，以及存在者的结构的显明

我们以前听说过了，对希腊人而言存在是 οὐσία，某物固定的、持存式的在场状态（*Anwesenheit*）；非存在（Nichtsein）就是其不在场状态（Abwesenheit）。在场状态的意义包含着进一步的规定性，即当诸存在者是杂多的时候，存在者总是和存在者一起存在，即具有共同在场状态（*Mitanwesenheit*）。由此我们遇到了前面已经遇 115
到过的存在的这个特征——一个存在者跟另一个的共同在场状态。严格地讲，不可能有某个唯一的、个别的自为的东西作为存在者“存在”，因为作为唯一的东西——自为的——它似乎已经就是从其他所有不在场的东西中孤立出来的，从而处于跟它们的关系中：ὄν［存在者］总是 ξυνόν［共同的］，οὐσία［是其所是］总是 παρουσία［临在］。

我们在赫拉克利特那里发现一则箴言，它教导我们：διὸ δεῖ ἕπεσθαι τῷ ξυνῷ……τοῦ λογοῦ δ'ἐόντος ξυνοῦ ζώουσιν οἱ πολλοὶ ὡς ἰδίαν ἔχοντες φρόνησιν。[①]“所以必须追随共同在场的东西……

① 赫拉克利特，残篇 2（92）；同前（Diels, 4 Aufl.），S.77。

虽然话语[作为聚拢者]关系到[一个人跟其他人的]共同在场状态，但是大众这样行为，好像每个人总是有他自己的理解似的。”在这则箴言中，跟大众对立起来的是谁？不是数量多少的差别，而是存在和话语的方式上的区别。大众是不受管教的；他们让自己被任意的和暂时的东西捕获，让自己涣散在偶然的东西和关于一切可能的和不可能的东西的废话中，尽管话语和语言自身是关于被聚拢起来的东西的，即共属一体的东西、持存的与被限定的东西。

谁要是让自己远离意见的任意性和毫无约束的状态，他就必须探究存在者的关联，即他必须嵌入物自身的结构和法则并归属于它们，以这种方式站立在语言的规则中，这样的人不会让话语变得乏味，废话连篇地滥用语言。

我们从这则箴言中获得三个方面的教导：

1. 关于 λόγος 的本质：它是聚拢，关于存在者的共同和在一起(das Mit und Zusammen)。

2. 关于存在的本质：它是 ξυνουσία，一个存在者跟另一个的共同在场，结构和指引。

3.λόγος 作为聚拢者，关涉的恰恰是存在者，而非什么别的东
116 西；正因如此，由于它将存在者的结构在自身聚拢，所以它支配存
在者，包含着规则，并由此自身成为标准和法则。[①]

语言是给出法则的(gesetzgebende)**聚拢，并由此是对存在者结构的公开化**。我们现在不难看出语言、λόγος，和真理、ἀλήθεια

---

① 注意：λόγος，“理性”——本质的可感知状态，νοῦς；巴门尼德。

的关系。有所聚集的展–示(Dar-stellen)和确定(Feststellen)是物的一种显现(Herausstellen),从而使得物有目共睹和公开化。这伴随着这样的一个事件:某物之前是不可通达、被遮盖的,现在这种被遮蔽状态被夺走,它被放置入无蔽状态、ἀλήθεια,即真理中。

h. 语言作为 λόγος 和 μῦθος

这里需要注意的是:λόγος 就其自身而言,只是对语言的本质的一种完全特定的经验和把握。希腊人还知道另外一种更古老的语言:作为 μῦθος[神话]的语言和词语。但是词语在这里没有那种聚拢的力量,那种似乎将自己跟存在者对立起来并对它毫不退让的力量;作为 μῦθος 的词语突临到人,在这种词语中,人的总体此在的这个和那个方面被指出;不是人用词语来申述,而是词语给出指示。

词语作为 μῦθος 给出指示并进行暗示;作为 λόγος 的词语抓住清晰性并将自身和人置入清晰性中。语言变成 λόγος,首先通过并伴随着哲学,即在这样的时刻,当被束缚在存在者中间并逗留其中的人,在跟存在者自身*对立*,并从存在者自身出发来说明它是什么的时候。但是哲学源始的 λόγος 还跟 μῦθος 联系着;科学的语言才将二者分开。

我们看到,语言作为缄默的打破,和语言作为 λόγος,总是展示
出与在 ἀλήθεια(无蔽)意义上之真理的内在、本质的联系。由此展 117
示出,在无蔽(真理的实情)和语言之间存在着一种关联以及这是何种关联。[①]

---

① 正确性—衡量?参见[本书]第 121 页。

第 6 节　作为存在与真理的关系的暗示：斗争的双重统治(ἔδειξε—ἐποίησε)

所有这些只是为我们完成下一个主导任务作准备。这个任务在我们的主张即赫拉克利特的残篇 53 中宣告了出来，这个残篇给了我们关于**存在的本质**的说明，同时也给了我们关于**真理的本质**的说明，虽然看起来它不是专门地、在字面上就是关于 ἀλήθεια 的言说。

我们现在势必要证明这个主张。根据这则箴言，本质(存在)的本现是**斗争**，在它作为创生者和统治者的双重性中。箴言的第二部分说明了斗争进行统治的方式：ἔδειξε——ἐποίησε。在导论性的解释中我们已经有意强调，我们决定不作字面的和通常的翻译；而代之以 ἔδειξε——显示，ἐποίησε——让显露。由此可以清楚，一个存在者在斗争中并通过斗争进入-存在(Zum-Sein-Kommen)，它被显现出来。往哪里——从哪里并向哪里显现？**去到物的一般可见状态和可感知状态**，即进入**敞开状态**、无蔽状态、真理。与此类似，ποιεῖν 也不只是制作，而是让走向前来，其中向前(Hervor)所说的是，从以前的不在场状态和遮蔽状态而来，向前到被设置-在前面(Vor-gestelltheit)，这样存在者就站进了敞开状态，即“**是**”。

118 斗争将存在者带入**存在**，这同时意味着，它将存在者显现进**无蔽**、真理中。由此我们在翻译的时候必须总是根据意义本真地进行补充：斗争显现和让显露，即进入敞开状态(真理)。

如果将真理理解为正确性或者任何别的特征，那么人们要在这则箴言中找到关于真理的一些东西当然是徒劳的。如果我们以**希**

腊的方式理解真理，即按照原始的希腊箴言自身并唯独依据它来理解，那么非常清楚的是，在这里真理“也是”要讨论的话题。我们必须追问，这是偶然的还是有内在的必然性？大概是后者，因为这则箴言没有将 πόλεμος 说成是存在的涌现，然后再谈论敞开状态。相反，对斗争的统治的描画自身就是关于显现入敞开状态中的描述。这说明了什么？存在的本质（本现）跟真理的本质处于内在的关联中，反之亦然。因此我们的问题，即关于真理的本质的主导问题，在自身中必然地就是存在的本质的问题。

不仅如此。现在在我们的工作才要开始的时候，我们还只是准备好了问题，就已经获得了一个对主导问题的回答——就如我们将要展示的，这是一个决定性的回答：真理的本质跟存在的本质自身，是本质统一的。[①]

第 7 节　真理和此在的历史性本质转变

我们还远未能估测这个洞见的有效范围。但是它是这样的一个认识：我们据此才能把握，今天在我们身上发生了什么，我们的
民族以及这片大地上的人们到底发生了什么。我们孜孜以求的对 119
我们历史的这种把握，跟一种落在现实性后面并附属于现实性的历史哲学无关。相反，对存在的这种把握迫使我们去斗争，并将我们置入那伸展到未来并对它提前进行规定的决断中。

但是我们必须首先征服对真理和存在的本质关联的这种认识，

① 箴言的真理和每个理解这个箴言的此在。

并通过相应的追问为这种征服作准备。在这个方面，对赫拉克利特的箴言的这一解释只是同真理的第一次遭遇，这一真理只是貌似已经沉没回过去的虚无中了。

但是，为了真正地享有这一关于真理和存在的本质关联的知识，我们首先必须克服那横亘在我们和一种真正的对真理的本质的洞识之间的**巨大的障碍**。这就是西方迄今为止整个此在的历史，我们就站在这个传统之中。**人的此在的巨大转变**越是源始和不可阻挡地出现，现在这个传统的力量就变得越是顽固。

让人尴尬的是，越来越多的人相信，他们已经发现必须驳斥自由主义。自由主义当然要被克服，但是只有在把握了它只是那巨大的、尚未被撼动的现实性的一个非常虚弱的、最后的附属现象的时候。此外还有这样的危险，即这些过于狂热的、对自由主义的扼杀者很快就会暴露出来是所谓的自由的国家社会主义的“代理人”，充满了青年运动的无害和诚实。

关于真理的本质问题，它所处理的不是用某个关于真理概念的博学多识的理论来反对另外一个理论，或者支持某个哲学立场而反对另外一种。对此我们既没有兴趣也没有时间，更没有需
120 要。这个问题所关涉的仅仅是实干地把握或者未把握那个世界时刻——这片大地的精神已经进入了这个时刻。其他的一切都是徒然浪费时间。

如果情况对我们而言是这样的，那么，我们将所有那些根据传统的观念和要求而隶属于一门哲学课的东西都放在一边，而是思考那在我们的工作中不经斗争就不会经过的东西，我们就会发现，我们处于一个传统的力量及其纠缠中，这个传统强大而丰富地，同样

也是渺小而空洞地抛洒向我们。

对于如何进一步扩展和向前推进我们的追问，同赫拉克利特的第一次相遇给了我们一个指示。它从此会一再地对我们说：我们不要也不能从一个空洞的概念出发来考虑真理的本质，或者没有立场地随便在哪个地方抓住它。只有当我们将自己的此在根据决断置入本质中，即置入其植根、职责和选择的整体中时，才能达到真理的本质。

这一点也只有这样才能实施：当我们知道，我们处在何处，我们的环境怎样，什么样的传统在不知不觉中支配着我们——并且它是如此深入和强有力地支配着我们，以至于我们认为，通常的对真理的本质的概念必定总是有效，且首要地一直保持为有效的。

第 8 节　作为无-蔽状态的真理在真理概念的传统中的消失

这种概念是什么？我们已经提及了：真理被把握为正确性。需要一再提醒的是，对流行的真理概念的这一描画并不完全，尽管已经勾画出了它的基本轮廓。

a. 长期以来常用的作为正确性的真理概念。命题和事情的符合。 121

正确性：根据什么校准，用什么进行估测；衡量的实际状况。完全不同的类型：遮蔽的实际状况。后者在开端处，前者在结尾处。现在不再提 ἀλήθεια 了。是怎样走到这一步的呢？两者关联在一起了吗？还是在 ἀλήθεια 之外还有另外一个概念？但是如果这样，为什么它们还是同一个呢？真理的本质的哪个概念将对我们是决定性的呢？是 ἀλήθεια 还是正确性，还是二者，还是二者都不是？作为正确性的真理概念，其状况是怎样的呢？它来自何处？

1. 正确性 = 符合一致；真命题；正确的："这个硬币是圆的。"命题和事实的符合，这是最清楚明白的。

2. 相应地无论人怎么看待它，它也完全不受所谓哲学立场的影响；真理的这个概念就像是健康的人类理性的基本财产（*Grundbesitz*）。完全不同的哲学家都同意它，例如，康德和托马斯 · 阿奎那。

康德："对真理这个术语的解释——认识与对象之符合，在这里是被给定的、被预设的。"（《纯粹理性批判》，A58/B82）真理，即"我们的概念与客体的符合"（同上，A642/B670）。

托马斯 · 阿奎那：Quaestiones de veritate［真理问题］，问题 I。

亚里士多德：Περὶ ἑρμηνείας［《解释篇》］章 1。σημεῖον, σύμβολον; ὁμοίωσις［符号，标记，相似］。*

他们不仅是三个阶段，而是三个世界，不过在每种情况下它都是基本的衡量观念。相应地也是一种人类此在很难逃避开的特别力量。

122 这就更有必要进一步探究这个真理的本质的概念。举一个简单的例子：这个硬币是圆的。（注意，前述：真理——命题。）

1. 符合的"先天性"。命题是"正确的"，它"符合"，即跟事情协调一致。符合：一个关系（Verhältnis），一个联系（*Beziehung*），并且是不同存在物之间的联系。甚至相等也是在不同的事物之间

---

* 关于传统的真理定义，参见附录 II，补遗第 7 以下。——编者

才可能，即使这种不同只是（形而上学上的）“数”的不同。例如，两枚硬币相等，相互符合一致，在其是什么和外观上一致。同样，真理也是这样：一个真的命题作为真的，跟事情“符合”。命题和事情：无疑是不同的。圆形的硬币是金属做的，而陈述则完全没有质料。硬币是“圆的”，而命题则完全没有空间构型。我用硬币可以买东西，而命题完全不是支付手段。

那么，既然命题和事情完全不同，它们又怎会相符呢？此外，人们万不得已会说：每个命题，比方说将其写到黑板上，确实是某种有广延的东西，即字母和词语的构造。但是这样反而恰恰弄清楚了，“句子构造”同“硬币”这样的东西，是多么难以被说成“符合”。

但是显然，处于符合中的东西不应该是指写出来的句子构造，而是命题所意味的东西。是的，但是它在哪里呢？它跟“硬币”有什么关系呢？就如和窗户、大树、街道、天空、三角形或任何其他的东西一样没关系。

一旦我们更加决定性地和更加固执地追问某个东西，一个接一个的困难就会显示出来，那表面上显得清楚和可把握的东西，其实是完全晦暗和不可把握的。

2. 将真理描画为正确性，是将真理错放进了命题中。命题恰恰 123
就是那真的或假的东西。——这是在亚里士多德那里就已经出现的一个概念。在最近的年代，它已经进一步发展为，真理被把握为“有效性”（Geltung）。命题有效。它部分地作为符合论诸种困难的出路，但它恰恰导向了歧途。不要追随这条路。它仍然坚持真理的位置是命题；命题是真的等同于并且决定了事物的存在。存在者的意义无非是关于它们的有效命题是真的。这还是对真理和存在本质关系的最终反映，但是头脚倒置的：真理不是以存在为基础，而是存在以真理为基础。

b. 以前的（开端的）和后来的真理概念在柏拉图哲学中的最后战斗

而对占统治地位的真理概念的思考同样使我们确信，这种真理概念是非常古老的，有着悠久的传统，事实上可以追溯到古希腊。在那个时代，有一种不同的本质概念曾受普遍认同。为什么这个开端性的把握被忘记和被压制了呢？发生了什么事呢？是后来的概念更深刻、更站得住脚，还是相反，后来的概念是更差的？是否它的出现奠基于，开端的和源初的东西丧失了力量，变得没有作用了？为什么？

所以，我们所问的主要不是，作为正确性的真理这个支配性概念什么时候、在谁那里首先出现，而是要知道，开端性的、或许更加源始的真理概念的统治被长期流行的概念所取代，这其中发生了什么。我们要知道这个，并非为了增加在哲学史科目考试上的知识，
124 而是为了经验到，当我们的此在处于通常的真理概念的统治之下的时候，是哪些力量在支配它。

支配性的真理概念怎样变成支配性的？它怎样偏离了以前的概念？发生了什么？这个过程现在还具有现实性吗？以什么方式？为什么我们似乎对此不再知情？我们想要获得**这些**问题的答案，以期知道，**真理的本质**的情况是怎样的。

今天流行的真理概念在跟以前的真理概念的对峙中变得强大，

就这一点，现在我们会最直接地追踪到**以前的真理概念和后来的真理概念在最后的斗争中彼此相遇之处**。这种相遇发生在柏拉图哲学中。似乎柏拉图哲学无非就是这个交锋。我们不想将柏拉图哲学描述为一个体系，它并不是体系；我们尤其不想描述柏拉图在其逻辑学、伦理学、自然哲学、历史哲学和宗教哲学中的教导；幸运的是，他并未在这些领域作哲学。

我们以对话的方式跟他交谈，以此方式来接近他。而他自己也将自己的作品创作为对话。在他为数众多的对话中，我们一个学期大概只能在一定程度上彻底地处理单独一篇对话。如此我们就必须将我们的主导问题推后。因此，我们选择一条以某种方式预先规定好了的解决路径。

第 9 节　研究的开始："洞穴之喻"神话作为柏拉图哲学的中心

在柏拉图的一篇伟大的对话《理想国》(*Politeia*)中，在第七卷开头有一段文本，它事实上在柏拉图的每篇对话中都占有一定地
位。它似乎展现为**柏拉图哲学活动的唯一中心**。首先它不是一个 125
随便的讨论甚或辩论，而是描述了一个 μῦθος[神话]；一个关于地下洞穴的 μῦθος，以"**洞穴之喻**"为人所知。

我们在这里同时有机会看到，在后来的希腊哲学中，在真正适合哲学的 λόγος 之外，μῦθος 再一次突出出来。单是这一点就已经可以表明，在这里我们处身于一个决定性的过渡中——**对之后的两千年具有决定性**。当柏拉图的哲学活动要以最高的迫切性道说什

么的时候，他总是以 μῦθος 的方式来言说。

μῦθος 是讲一个故事（Geschichte）。我们自己是否做到了真正共同经历这个故事，对理解这个故事而言是决定性的。我不会介入对 μῦθος 的通常理解。我们完全不会陷入那种匠人式的解释。显然，如果没有真正理解这篇对话，没有把握柏拉图哲学，没有对希腊此在的熟悉，就不能胜任这种解释。我们所要做的不是介绍解释柏拉图对话的技术以及掌握解释的手段，而是**唤醒以及实施对真理的本质的追问**。

因此，真正理解 μῦθος，对你们而言首先并不取决于你们很好地或很坏地，或者根本不理解希腊语，也不取决于你们知道很多或很少，或完全不知道柏拉图，而唯独取决于你们是否准备好严肃地对待这个事实：你们在这里坐在一个德国大学的课堂里，也就是说，我们要解释的这个地下洞穴的故事中是否有某个不可回避的、持续产生影响的东西，在对你们述说。

第一部分

真理和自由：对柏拉图《理想国》中洞穴之喻的一个解释

第一章　真理发生的四个阶段

第 10 节　洞穴之喻的解释进展和结构

我们必须通过一个决断彻底地给出对真理的本质问题的回答。我们不能在漠然无别的沉思中想出真理的本质。问题在于在历史中与真理的本质的两种基本概念传统进行对峙，这两种概念在希腊人那里都出现了：真理作为无蔽和真理作为正确性。**源始的**作为无蔽的真理概念已经退居次要地位。

是否后一个概念（正确性真理）具有内在的优越性，它给了正确性以压倒源始真理概念的优势，还是这仅仅是一种内在的**失败**，从而导向了正确性意义上的真理概念的霸权？我们在这里不容易作出决定。我们必须从两种概念还处于相互**斗争的地方**开始。

柏拉图的哲学无非就是真理的这两个概念之间的斗争。随着
128 这个斗争的开始，未来千年的精神史都被规定了。这个斗争存在于柏拉图的每个对话中，其最高形式是在**洞穴之喻**中。

当我们将洞穴之喻放进**这一**上下文中，并在其所讲述的故事中看到关于真理的概念的斗争的时候，这已经意味着一个完全确定的

把握。对洞穴神话的解释导向柏拉图哲学的核心。*

洞穴的故事位于柏拉图《理想国》第七卷 514a—517b。我们将引用 1578 年巴黎出版的亨利·斯特方（Henricus Stephanus）版《柏拉图对话》第三卷，使用它的页码，并主要使用新版中页边的 a—e 五个纵栏。**

我们将这个文本分为 4 个部分，这就是说将整个故事分为四个阶段。

Ⅰ. 514a—515c 阶段。

人在地下洞穴的处境。

Ⅱ. 515c—e 阶段。

洞穴中的人的解放。

Ⅲ. 515e—516c 阶段。

人的真正解放，进入光明。

Ⅳ. 516c—517b 阶段。

回顾以及试图回到洞穴中的此在。

我们将依次**分别**解释每个阶段。在此进程中从开始就要注意下面的事情：单个的阶段自身并不是本质性的，而是之间的，从一个阶段到另一个阶段的**过渡**才是本质性的。这就是说：决定性的是 129
这个发生的整个过程，通过共同实施的过程，我们本己的此在会开

---

* 本课开头的复习是 1933 年 12 月 5 号做的，从 Wilhelm Hallwachs 的课堂笔记重述。参下页注*。——编者

** 这里的底本是海德格尔的私人用本：*Platonis Opera*, ed. Ioannis Burnet (Oxford: Oxford University Press, 1899 sqq.), Vol. 4.——编者

动起来。比如，在讲解了第一阶段之后，我们不应该将它作为已经解决的问题放在一边；我们必须也将它放进过渡中以及各个过渡的进展中。

我会首先给出整个段落的文本翻译，然后进行解释。给你们提供一个文本或者一种通行的翻译也许更方便。但是这是行不通的，因为每个翻译都是**解释**。

μῦθος［神话］是以这样的方式展开的：苏格拉底向他的对话人格劳孔讲述洞穴的故事。[①][*]

A 第一阶段（514a—515c）

第 11 节　人在地下洞穴中的处境

苏格拉底：努力想象一些住在地下洞穴样的居所的人的景象。这个居所向上朝着天光有一条通道，这条通道穿过整个洞
130 穴。在这个居所里，人们从童年起就被捆住腿和脖子。所以他

① 参见后面根据 1931/1932 年冬季学期课程。

* 海德格尔为1933/1934年冬季学期的课程（Martin Heidegger, *Vom Wesen der Wahrheit* (GA 34), hrsg. Hermann Mörchen. Frankfurt am Main: Vittorio Klostermann, 1988）的手写备课到此结束；课程的主体部分，即对洞穴之喻和对话《泰阿泰德》的解释，没有拟定新的文本。根据海德格尔在上面的指示，下面的内容是根据 1931/1932 年冬季学期同名课程的手写备课做出的。下面的 1933/1934 年课程文本采用了 Wilhelm Hallwachs 的课堂笔记，海德格尔自己保存在自己的书面材料中的。因为这个课程内容无论是文本上还是概念形式上都偏离了 1931/1932 年的课程文本。更详细的情况参［本书］编者后记第 300 页及以下。——编者

们保持在同一个位置，只能看他们前面的东西 < 就如我们说的：现成的东西 >*。< 他们既不能离开原地，也不能转头。> 由于他们戴着枷锁，所以不能转动头部。但是有亮光从他们后面照过来，这亮光来自上面在远处燃烧的一堆火。在火和被困缚的人之间 < 在他们背后 > 向上有一条路，沿着路，你想象一下，建有一堵矮墙，就像玩杂耍的人在观众前面竖起的屏障一样，他们在这上面展示自己的杂技。①

格劳孔：我看到了 < 我想象到了 >。

苏格拉底：现在看啊，沿着这道矮墙，人们拿着各式各样的物品，举过矮墙，有一些石头和木头的雕塑和其他的塑像，还有各种各样人造的器具。其中有些人举着东西走过，一边说话，就像自然发生的那样，而另一些人则沉默不语。

格劳孔：你展示了一副奇特的画面，和一些奇特的囚徒。

苏格拉底：这些人就跟我们是一样的。你是否认为关于他们自己以及关于其他人，除了他们后面的火光投射在他们对面的影子之外，这些人还能看到任何其他的东西？

格劳孔：如果他们一生都被困缚，头不能转动的话，他们怎么能看到呢。

苏格拉底：对于带着的工具，他们是不是也看到同样的东西，就是影子呢？

格劳孔：不然还能怎样呢？

---

* 尖括号 < > 内为海德格尔自己的德文译文及解读，有别于对柏拉图的通用译法，余同。——译者

苏格拉底：如果他们能够相互谈论所看到的东西，你是否相信，他们会将他们看到的东西当成是存在着的东西呢？

格劳孔：必然的！

131 苏格拉底：如果这个地牢有从他们对面的墙传来的<回声>，会怎样呢？你是否相信，当从他们后面路过的人说话的时候，他们会把经过的影子当成说话者？

格劳孔：他们会的，宙斯在上。

苏格拉底：这些人<在洞穴中的囚徒>完全将那些人造的东西的影子当成了无蔽者。

格劳孔：绝对如此！

第一段描绘了地下洞穴中的人的处境，这个洞穴上面有出口，朝向日光，但是日光没有照进来。在洞穴中人们被捆着腿和脖子；他们完全被洞穴对面墙上的景象所吸引。在他们后面有一堆火在燃烧，放出光亮。在这些囚徒和火堆之间有一条路，有人在矮墙的后面举着一些物品走在路上，这都是一些用品和工具；那些拿东西的人有些沉默不语，有些在说话。

假设洞穴有回声，那么这些囚徒就会把这些话语的声音跟他们在墙上看到的人联系起来。问题是：第一阶段的描述结束于什么？结束于这样一个明确的指示：它是关于在无蔽意义上的 ἀλήθεια 的。苏格拉底所说的就是，这些囚徒恰恰将物品的影子看作无蔽者。问题就在于：这些人如何对待、如何处理 ἀληθές，无蔽者？

这些人的处境如此奇特，其环境也如此奇特。即使如此，这些人仍然跟 τὸ ἀληθές 有关联，跟无蔽者自身有关联：从童年起，人就其本性而言，就被置入无蔽者之中，尽管他的处境如此奇特。人预先就被置入了无蔽者中，即在其跟 πρὸς τὸ πρόσθεν［面前的］事物 132
的关联中。是-人（Menschsein）意味着，站立在无蔽者之中，跟无蔽者关联。

但是恰恰因此而出现了问题，对于在这种处境中的人而言，什么是无蔽的？就是他直接遭遇、面对的东西。而这些东西是在他后面的人在火光中投射到墙上的影子。

第12节　洞穴中的无蔽者

这个描述是含糊暧昧的，需要进一步加以规定。囚徒虽然看到了影子，但是他们不是将它们看作影子。他们所看到的，只是被我们描述为影子的东西。他们自己没有能力将他们前面墙上出现的东西说成影子。为此他们必须知道火和从火射出来的光。但是对于所有这些，这些囚徒都不能认识到。虽然我们可以问什么是无蔽者，但这个问题对于这些囚徒而言是没有机会问的。他们必定将影子当成存在者自身。他们完全没有注意到，光是在他们后面的，从背后照过来的。在这里要区分开火和光，lux 和 lumen，光源和光明（就像门和门柱）。我们在两个意义上使用光这个表达（光源［Lichtquelle］和光明［Helligkeit］）。

在洞穴里的那些人跟火和光没有关系，他们也不能区分光明和黑暗。他们所看到的，不是某个另外的东西的假象，而是存在者自身，τὰ ὄντα= 存在者。似乎自然而然地囚徒将他们面前演示的一切当作存在者。

假设他们能够相互之间谈论，διαλέγεσθαι，被给予的和所遭遇的东西，即就一个事物相互进行讨论……（如果人们在这里想到辩
133 证法和对话，那是不恰当的。柏拉图的辩证法在这里有其根源，因为所交流的不是存在者，而是将所碰到的东西首先作为存在者来谈论。——事物的存在和语言之话语[*Reden*]之间的关系。）所以如果他们能表述出来，他们马上将它说成存在者。人就是这样，将无蔽者作为一个存在者打交道。人同存在者的这种关系，我们标明为打交道（*Verhalten*）。在此基础上并在此之内，人对存在者打交道并建立起关联，就如对一个存在者存在。存在者作为敞开者。

我们要明确关系（*Verhältniss*）概念。一个动物如此如此行动。动物不能跟一个存在者打交道，否则它们必须说话。（狗和骨头的关系！）动物和人的根本关系，我们在后面会再次遇到。

即使是对自己和对别的人，这些人也没有真正的经验。他们最多看到他们自己的影子，而没有认识他们自己；他们完全在被给出的东西上被倾尽了自身。他们跟自己没有关系。

对他们而言，无蔽者不是作为无蔽者被给出的。他们不知道被遮蔽者和无蔽者的区别。他们完全魂不守舍，全副身心都放在所遭遇的东西上。

这是一种非常引人注目的处境，这些人就在这种处境中。格劳孔：ἄτοπον，即一个我不知道往何处安顿的处境，我所熟悉的东西中都没有它的位置。

这种处境是人的日常处境，而非偶然的例外，只要人在闲言、习惯的东西、切近的东西、那些司空见惯的东西上费尽心力，这就是人日常的处境。人在日常状态中迷失自己，自我遗忘于纷至沓来

的事物中。

那么在这第一个描述中被列出来的都有什么呢？处境：关于**阴 134
影**，关于**戴枷锁的人们**，关于**火和光**，并且是那种在背后燃烧的火
光；关于跟这火光没有**关系的人**；关于不理解**无蔽者**的人。

在对这个令人惊异的处境的描绘中，所有这些因素起先看起来都是偶然的；但是它们却是联系在一起的。恰恰是这种内在的联系构成了我们将要展示为真理的本质的东西。

如果我们将自己完全局限在第一个阶段，那么我们必定也共同参与了所有的一切，并完全将自己禁锢在我们前面的墙上所显示的东西中。即使在那里也已经有我们称为 ἀληθεια，无蔽状态的东西，在支配着了。这里所说的无关作为正确性的真理，而是关于作为无蔽状态的真理。

B. 第二阶段（515c—515e5）

第 13 节 洞穴中的人的“解放”

在上一节课我们试图更加准确地解释在洞穴中的人的第一阶段，* 所以我们将它更加精确地呈现为一个单独的阶段。我们以对最后一句话的指示结束，这句话表明，它是关于 ἀληθές，无蔽者的。

---

* 在 1933 年 12 月 5 日的课程中。1933 年 12 月 7 日课程开头的复习，编者将它前移到这里。——编者

无蔽者在这里被确定地、肯定地提出；它不是一个任意的无蔽者，而是人在任何处境中都联系着的无蔽者，最广义地立于真理中（同时也在非真理中）。是-人并且作为人生存，这最终所表示的是：立于真理中。

那么在这个处境中，什么是那无蔽者、真的东西？对他们而
135 言，什么是无蔽者？影子！但是这些影子却不作为影子被他们经验。为此需要的前提是光明和黑暗的区分。这对他们来说是不可能的。光和光源在他们背后。他们不能转身。因此，洞穴的总体照明情况对人的状况而言是本质性的，同样对他们的囚徒处境而言也是本质性的。

人们将无蔽者说成是存在者。无蔽者是存在者。人不仅在无蔽者中，而且是在 διαλέγεσθαι 中处于无蔽者中，这个词首要的意义是相互交谈，其次意味着话语和陈述的方式，存在者在其存在中通过这种方式被把握，即辩证法。

这里只是一个粗略的说明。在对洞穴中的人的处境的解释中，我们看到，他们甚至也不能将自己和其他人作为存在者来经验，而只能经验到他们自己投射的影子，还完全未把握光明和黑暗，完全困缚于感觉所提供的东西。他们的处境是 ἄτοπον，非同寻常、无处安放。但恰恰这一处境是人的日常处境。

就如已经说过的那样，我们不能只是简单地一个接一个地列出各个阶段，而必须总是将关于前面阶段所说的东西一起承接过来。在第一阶段所讨论的是境况（Zustand）。第二阶段必须也以一个故事开始，因为它所涉及的是一个故事（一个发生）。发生了什么？

苏格拉底：现在来看一个人的捆缚被解开(λύσις)，无洞见状态被疗治。并考虑如果发生了下面的事情，在此之际(οἵα τις ἂν εἴη φύσει)* 本质必然地会出现什么情况：有一个囚 136
徒被解除捆缚，并被迫突然站起来，扭转脖子，对着光走去并且向上看那光。他做这些的时候都忍着疼痛，并且由于火光，他无法看到那些之前他看到其影子的东西。假设所有这一切都发生在囚徒身上，当有人向他宣称，他之前看到的是无物(Nichtigkeit)，现在他离存在者更近了，他面对的是更加存在的东西，看得更加正确，你相信他会说什么？如果这个人也向他指出每个被举着走过的东西<现在他直接看到了>，并且逼迫他们回答关于每个是什么的问题，你是否相信，他会在那里踌躇不决，并认为他之前所看到的东西似乎比现在所展示的东西更加无蔽呢？

格劳孔：完全这样。

苏格拉底：当他不但被要求看事物，而且也看到光自身时，他会不会眼睛疼痛，要避开光而逃回到他已有能力去看的东西上？他会不会支持这样的看法，即这些东西<指影子>事实上比现在让他看的东西更加清晰、更加可见？

格劳孔：就是这样！

我们看到，第二阶段的故事开始了。有事发生了。必须解释清

---

* 文本的变化是海德格尔根据施莱尔马赫的柏拉图版本(第三版，柏林，1855—1862)。对此，参1931/1932年同名课程(GA34)，第30页注1：“我对515c5的解读跟施莱尔马赫一样。”——编者

楚，这里发生了什么，这个发生就真理的本质对我们说了什么。

捆缚囚徒的腿和脖子的枷锁被去掉。需要问的是，这个发生带来了什么（οἷα τις ἂν εἴη φύσει）？现在本质必然地会发生什么呢？不是一个任意的事件（Ereignis），而是一个触及了人的本质的事件在发生。

137 问题是：去掉枷锁这个发生所朝向的目标是什么呢？这个发生使得这一点很明显，[……][*]ἡγεῖσθαι τὰ τότε[他会将他看到过的东西]。一个如此被释放的人必定认为，以前看到的 ἀληθές[真的东西]比现在他注视的东西，即之前在他背后而现在他在自己前面看到的东西，更加无蔽。

又一次事关 ἀληθές，但是现在是在完全不同的意义上：ἀληθέστερα（比较级）= 更加真实、更加无蔽。现在发生的跟无蔽状态有关。现在无蔽状态似乎动摇了。

在第一阶段跟无蔽状态相关的是：捆缚、光、存在。但是现在这个无蔽状态动摇了，初步表明了被捆缚跟光的关系以及光跟无蔽状态的关系是什么。[①]

第 14 节　在第一次试图解放的失败中扩展了的无蔽状态的规定性

最引人注目的是无蔽状态的比较级这种说法。无蔽状态可以

---

* 一个词不可解读。——编者

① W. Hallwachs 注：囚徒的内在关系以及他们进一步的相互联结的事实？

是更多或更少的无蔽状态。这不是指无蔽状态的一种数量上的区别。不再是阴影，而是另外一种无蔽者。无蔽状态的样式和方法显然已经改变了。囚徒之前所看到的和现在所注视的，即阴影和之前在背后的东西，现在被区分开了。两者都有可以通达的基本特征，两者都是无蔽的。

现在二者区分开了；并且现在二者被分别评判，因为设定了现在被展示的东西似乎更加存在，μᾶλλον ὄντα。不仅真实的和无蔽的有等级和层次，而且存在者也有。某物可以是更多或者更少地存 138
在着的，甚至人也会更多或更少地存在着。

无蔽状态自身的提升，也许只是人对存在者非常确定的接近的结果。这种接近依赖于人当下的存在样式。

第一点很清楚：真理和是-真（Wahrsein）不是某种漠然的、普遍的东西，不是对每个人都不变的、保持相同的东西。也并非每个人对每个真理有同等的权利和同等的力量。每个真理都有其时间。特定的真理、特定的人在特定的时间到时（Verzeitigt）。并非对所有人都可以说一切事。真理有其等级、层次和贵贱，且恰恰根据人自身配得上站在存在者近处和远处的方式。

接近或者远离在一定意义上改变了无蔽者。第二点是对两种真理构型——作为无蔽状态的真理和作为正确性的真理的关系的首次洞见。在柏拉图那里，这两种构型相互碰撞了。

谁转向了那更存在者，转向了比其他东西更存在着的（seiender）东西，他就看得更正确，ὀρθότερον。正确性在和无蔽状态的关联中显现出来。看和注视的正确性奠基于当下向存在的转向和接近，在于存在者敞开和无蔽的样式和方法。如果没有作为无蔽状态的

真理，真理作为正确性就是不可能的。

当人们把握到这一点，就会奇怪，将真理的概念唯一地确定为正确性或价值是如何可能的。为了任何话语和规定能够指向什么，存在者必须首先是无蔽的。正确性的概念自身已包含着无蔽状态。

这样，层级秩序问题就已经被决定了。更为源始的和更高的概
139 念是作为无蔽状态的真理。作为正确性的真理**奠基**在它上面。对于什么是更加真的、更存在着的，并没有统一的判断。

我们必须问：现在被释放者如果重新转向阴影，并且将阴影看作更无蔽者，如果他转向阴影并且安于此处，这样他的眼前再也没有火光闪耀，眼睛再也不痛苦，那么他根据什么来进行估量呢？他根据他**力所能及**的、不给他**制造麻烦**的东西、自行进行的东西；他根据那些不需要任何努力的东西、司空见惯的东西。他估量的标准是，对任何要求和任何必然性都保持不受打扰的无动于衷。那么现在什么要求他转向事物自身呢？这个人对阴影的执着追求，毕竟是令人惊异的。

因此仅仅拿去枷锁是不够的，他必须被转向。这个如此被解放的人**锁闭**了自己，并恰恰因为这个去掉枷锁意义上的解放是**突然**发生的。突然地去掉枷锁提供不了治愈。他还不能将之前看到的东西当作阴影来认识。

现在他被置于事物的光（闪耀）前，而非阴影前。他没有进行其他比较的可能性。一方面是尚可忍受的对阴影的注视，另一方面是令人痛苦的闪光。他会试图从混乱中脱离，争取重新回到安静的状态。

去掉枷锁**不是真实的解放**。这只是一种外在的解放。它没有在其**本己存在**中触及人。它没有改变他内在的状况和他的意愿。

他的意愿是一个非意愿(Nichtwollen)。他躲回去,并躲开任何要求。所以他也远远不能明白,一个人总是在他有能力要求自己的时候才存在。

第二阶段看起来就像是一个解放,但是失败了。我们经验到,通过第二阶段——超出第一阶段——关于真理的本质说了什么,现 140
在变得清楚的是:人的解放和人对存在者以及事物之存在的转向,在人尚未将无蔽者当作无蔽者来知晓时,是不能达到的。他不能进行区分,因为他没有对无蔽状态的洞识:阴影、事物、自身、光、存在、存在者。

如果我们要把握真理自身的内在本质建构,那么必须以何种方式来思考人的自由以及他们与光、遮蔽和无蔽状态的关系的本质关联?

C. 第三阶段(515e5—516e2)

第15节　人向着源始的光的真正解放①

我们上次解释了第二个阶段,同时经验到,通过解放的尝试,第一次划分开了之前所看到的我们称为阴影的东西和现在被显示出来的东西。这个划分同时展示出一个区分,一个等级区分,据此,洞穴中的事物自身和火被说成是更加真的、更加敞开的,是更存在者。

在转向更加存在的东西的时候,注视和陈述也必须更正确地被

① 因为即使是第二阶段也曾是向着光的一个解放——但又不是。

构造。这是我们遇到的关于**真理概念的双重性**的第一段文本。这一段文本同时展示给我们，**作为正确性的真理是奠基在作为无蔽状态的真理上面的**。

有人也许认为，被解放者是自愿地转向更真实的存在的。但这
141 完全不是事实。毋宁说我们经验到，脱离枷锁的人想**回到**阴影，因为他将阴影作为更加真实的。我们看到，对他来说具有决定性的是没有任何强迫和痛苦；之前看到的东西（阴影）被看作是更加舒适的。

为什么会这样？解放突然发生。随着解放，通过光亮和光的闪耀还带来了混乱。显然，这样一种**转变**需要慢慢**习惯**，而在后者到来之前，是不能谈论一种**真正的**解放的。这种在纯粹解除枷锁意义上的解放尝试在第三阶段不会再被采用。

> 苏格拉底：但是如果现在一个人强力拖着他 <那解除枷锁的人> 经过崎岖不平并且陡峭的洞穴坡道，不让他走开，直到将他拉进阳光中，那被拖拽者难道不感到疼痛并且抗拒，难道一旦进入光明，他不是眼前光芒闪烁，甚至不能看到一个他现在称为无蔽者的东西吗？
>
> 格劳孔：不能，至少不能马上看到。
>
> 苏格拉底：我认为，这需要一个习惯的过程，他才能看到上面的东西。当然他首先最容易可以看到阴影，其后是人和其他东西在水中的倒影，这之后才看到这些 <东西本身>。对于这些东西 <对于事物本身而非阴影和倒影>，他更容易在夜晚观察那在天空中的东西和天穹，眺望星星和月亮发出的光。比起白天的太阳和阳光，他能够更容易地注视这些东西。

格劳孔：当然。

苏格拉底：最终，我认为，他会到达这个状态，即不仅能 142
够凝视太阳在水中和其他地方的影子，而且能够直接凝望在其自身的位置的太阳自身，并且观察它是怎样的。

格劳孔：必然的。

苏格拉底：然后他甚至已经就它<太阳>得出这样的结论：太阳赋予了四季，掌管着年岁和一切有其可见的位置的东西，所以太阳也是他们<在洞穴中>以某种方式看到的东西的根据<因此也是洞穴中的阴影可能的根据>。

格劳孔：显然他会在那个结论之后<依次>达到这个结论。<这种习惯同时也区分了不同的领域。>

苏格拉底：当他回忆起第一个居所以及那里的智慧和那时跟他一起被困缚的人的时候，会怎样呢？难道你不相信，他会庆幸这一发生在他身上的转折，并怜悯那些人吗？

格劳孔：完全相信。

苏格拉底：如果他们那时<在洞穴中>商议将一些荣誉、表彰和嘉奖颁给那些最敏锐地看到经过的阴影，并且最多地记住什么更早、什么更晚、什么同时经过，在此基础上能够立刻预测到在阴影领域中什么会到来的人。你相信他会期望那些荣誉，并羡慕那些在下面的人中享有名望和权力的人吗？还是他不那么愿意忍受那些东西，就像荷马说的："为了挣钱服役于另一个不名一文的人。"* 难道他不会宁愿承受一切，而非把这些东

* 《奥德赛》(*Odyssee*)，Ⅺ，489f.。——编者

西<阴影>当成真的、无蔽者，过那种生活<囚徒的生活>。

143 格劳孔：是的，我认为是这样。他会更愿意忍受别的东西，而不是过这种生活。

你们已经非常粗略地看到，第三阶段实现了真正的解放。

在第三阶段出现了第二次解放的尝试，那去除了枷锁的人被拖拽出来，从洞穴中被拉出来进入日光中，在那里可以经验到确定的显象、阴影、水中的倒影等，并最终看到日光和太阳。

在第三阶段我们看到了整个故事的核心，因为我们把握了诸种联系：阴影和光的联系，在阴影中的遮蔽状态和在光中的无蔽状态的联系；所有这一切又跟困缚和自由的对立联系起来。有关第三阶段的问题是，在这个故事中真理的本质如何显露出来。

第16节　解放和无蔽状态。对它们的关系的四个问题。

从这些粗略的内容中我们已经看到，解放已经不再是消极的了，解放在于攀爬出来进入日光中，也在于离开人造的光，即洞穴中的火。不过，即使是在这里目标也指向真理：τὰ νῦν λεγόμενα ἀλήθεια，即现在在这个解放中被称为无蔽状态的东西。

我们来观察一下人的处境，无论是作为被困缚者，还是作为被解放者。在每个处境中，在每个阶段，都有自己特别的无蔽状态和真理的样式。真理的样式和种类取决于人的样式和种类。这并不是说，真理是主观的，取决于人的任意喜好。情况完全不是这样。

1. 向现在的无蔽者的过渡 βίᾳ[通过强迫]发生。处在洞穴中 144
的人必须被拖拽出来。**解放是暴力的**。为此需要暴力行为，所以遭到人们**抵抗**；他们完全不想离开旧的处境。向上攀登是艰难的，路是崎岖不平的。解放需要努力。在这里，**希腊人**的此在之特性被凸显出来。

希腊人的此在并不像是大多数高中老师所描绘的那样，躺在阳光下，拥有灿烂辉煌的幸福，快活开朗，相反它们跟最阴森、最幽暗的力量进行伟大的、可怕的**战斗**，就像在埃斯库罗斯的悲剧中所显现的那样。这条崎岖不平的路是对此最后的记忆。解放不是闲庭信步。

2. 为了成功达到解放的目标，无论是解除枷锁还是单纯走出洞穴都是不够的。只有在洞穴**外面**，通过人逐渐习惯，συνήθεια——一种缓慢的、持续的习惯，缓慢地同**外面的东西**熟悉，解放才**真正地**发生。这意味着，同外面的**光明**、光，而非同个别事物熟悉。

这种再教育从这个方向上开始：人的目光（即行为）首先被引向洞穴外面那些跟洞穴中的东西有某种关联的东西。因此，他首先理解的不是光和太阳，相反他的眼睛盯着影子，盯着镜像和倒影。所以他晚上看星星和月亮看得最好。他最先习惯于昏暗的光。

3. 只有在慢慢适应了看之后，眼睛才习惯了白天和白天的一切，最后习惯了光的**源头**，即**太阳**——它不但是**光**，而且还支配着**时间**，作为时间的来源。在那个时候，就像今天一样，时间还是根据太阳来估测的。太阳告诉人们是什么时间了；时间跟太阳联系在一起。

145 时间和展示自身的一切东西，都依赖于太阳和太阳光。太阳是存在的根据，也是人在此所遇到的一切东西的根据，甚至是那些破旧的东西[？]* 和人造的火，甚至洞穴中的火的根据。所有这些东西都只有通过太阳才能被理解。太阳自身是**一切存在的基础**。

4. **真正的**解放不仅仅需要暴力，而且需要**坚持不懈**，需要一种长久的**勇气**，足以能够承担起穿过整个洞穴的各个阶段以及忍受住退步。只有这种对按必然秩序嵌合起来的各个阶段的熟悉，才能保证成功。

当我们弄清楚了整个处境和整个的事件的时候，根据这个解释，似乎一切都显而易见和清楚明白了。只还剩下一个困难：这整个事件意味着什么？整体而言这只是个比喻。

其出发点恰恰是对人的生活的象征，就如人在洞穴**外面**所过的生活一样。但是，人在洞穴外面所过的生活意味着什么呢？

柏拉图自己在 517b 以下有一个解释：洞穴是在地面之上和天穹之下生活的人的画面。我们在某种意义上生活在一个洞穴中。这个洞穴的火是太阳。阴影是我们打交道的物品。那么洞穴**外面**的阶段又象征着什么呢？这个“外面”意味着人居留在**超出**天穹的地方，这是**理念**的位置（ὑπερουράνιος τόπος）。太阳不是别的，而就是**最高的**理念、**善的理念**。

* 此处问号为编者所加。“破旧的东西”德文原文为“abgängig”，可能是对“依附的东西”（abhängig）的误写。——编者

我们现在还不知道，**理念是什么**。洞穴中的火是太阳，火光是太阳的光，阴影是我们日常所看到的东西。我们在某种意义上是囚徒，只要我们被束缚于自明的东西、那司空见惯的东西。

当我们从洞穴中走出后，所遇到的东西是什么呢？我们还能从洞穴走出去吗？这意味着什么？

我们看到，第三阶段所谈的是关于对光的习惯。这是真正的 146
解放过程，由此外面的事物才以恰当的方式被看到。即使是在这里也展示出光和自由、无蔽和存在之间的关系，一种起先晦暗的关系。

一个新的世界浮现出来。理念世界，通过天空之上的天空展示出来。这产生了**四个问题**：

1. 理念和光之间有何关联？

2. 光和自由之间有何关联？

3. 自由和存在者之间有何关联？

4. 那由这三个方面的关联被照亮的、作为无蔽状态的真理的本质又是什么？

我先将善的理念放在一边。此前柏拉图在第六卷中已经详尽地处理过了。我们将在故事的结尾，在整体的关联中回到善和理念的关联问题。只有从那里我们才能进入同柏拉图概念的对峙，而这个概念规定了后来的两千年。

第 17 节　关于理念的概念

a. 理念学说的精神史意义绪论 *

理念和光之间的关系是什么？ 理念是什么？

随着这个问题，我们触及了西方历史此在的一个基本的部分，
147 甚至是**基本建构**（*Grundverfassung*）。得益于柏拉图理念学说所提供的帮助，基督教上帝概念才得到把握。而后者变成了随后千年对真正现实的和非现实的东西而言的标准。理念学说成为一般事物的存在的观念的标准。

第二，近代伊始，柏拉图的理念论为构建近代的理性概念和理性自然科学而发展起来。甚至浪漫主义也依赖于理念的统治。

理性主义和上帝观念在西方思想的最高完成中，在黑格尔哲学中联合起来。并非偶然地，**黑格尔**称自己为西方哲学的完成者，因为他的哲学是用基督教改造过的希腊思想。

由此在 19 世纪发展出 1. **马克思主义**的意识形态学说，只有从黑格尔出发才能理解它，2. 另一方面，通过**克尔凯郭尔**进行的对基督教的新的解释。这些混杂和无害化处理构成了文化庸俗化的典型画面，并最终导致**尼采**的绝望。

尼采预见了将要到来的战争。尼采战斗在三个前线：1. 跟**人道主义**的战斗，2. 跟一种**无根基的基督教**的战斗，3. 跟**启蒙**的战斗。

* 参见 1931/1932 年冬季学期同名课程（GA34），附录 3 和 4，第 324 页及以下。——编者

他跟每个困境进行战斗的武器，都是他从这三个处境自身提取出来的。

自此以后，再也没有对人的任何清楚的、源始的精神史定位和态度，而只有大杂烩！今天，人们不再能够脚踏实地看待和经验自己在大地上的位置。只有从以下这一时刻起人才能重新经验之：当他已经经验到那种基本条件，即面对人之一般、此在自身的本质性力量作出决断的必要性，只要这种力量逼迫人，并强迫人作出选择。

国家社会主义被逼迫进入的这个阴森的时刻，就是大地的新精 148
神自身的生成。从这个视角出发必然会明确，弄清这一点以及许多其他的东西意味着什么。

理念论包含了那种甚至今天还在支配我们的活生生的力量，即使它已经是被敉平的和不能被辨识的了。我们系统地自问那样一些关联，对于柏拉图而言，诸如理念论的理念就是从这些关联产生出来的。

b. 知识向着“看”和看到的东西的基本指向

当我们对照着这个故事来看自己的处境时，我们可以说：因为我们的日常处境通过洞穴中人的状况被象征，我们人被交付给日常——通过那向我们呈现出的东西，通过墙上的影子。这就是说，在这种喧闹驰逐中，我们并没有处在真正的存在者中，也没有处在真正的真理之中。

还有其他东西超出这一切，通过白昼的光表达出来；或者不用图像进行说明，就是理念。理念来自 ἰδέα（εἰδεῖν），其词根是 vid-，拉丁语的 videre，看。ἰδέα 意思是，在看中被看到的东西。

问题只是：什么是在看中被看到的？什么是在看中所看的？现在意味着，什么是“看”？

如果我们从看的自然概念出发，那么看意味着一种**行为**，我们用**眼睛来感知**某物：凳子、书、门。——但真正而言我们是用什么来看的？如果我们更近地观察，是否我们事实上是用眼睛看书：我们是用眼睛看它的吗？我们用眼睛看什么？

如果我们将它跟那些我们**用耳朵听**的东西相比，就会清楚了。我们感知某物，听到嘈杂声。看：颜色、光辉、照明、明-暗。不过
149 我们并不仅仅看到颜色，而是还看到总体的构型、空间的形式。但是，在这里事情变得困难了，因为空间构型不仅仅是在看中被给予的。我还能够触摸它。运动不仅仅是通过看被给予的，我还能够听到它，比如：一辆汽车。

对空间构型的知觉就不再是某个感觉器官所特有的。我们用眼睛只知觉颜色和亮度。我们称用眼睛或者用一般而言的感官进行知觉为感知（Empfinden）。对颜色的看作为感知！但是我们看的是这本书：我们感知到了书了吗？没有！我们只是感知到了一定的色彩。没有对书的封面的感知。我们没有看到那本书，任何时候看到的都是一个特定的颜色，而非书。

而我们说：我看到了那本书！我们看到了又没看到。所以“看到”这个表达和术语是**含混不清的**。

问题是，用眼睛看是否为源始的看，还是用眼睛看是一种特定样式的看，是否在看中诸如眼睛这样的东西会共同参与进来？为什么看的器官恰恰是眼睛呢？

纯粹**形而上学地**看，感觉器官的器官构造是**偶然的**。换成任何

其他的器官组织不会改变看。器官作为器官并非本质性的，本质性的是器官参与其中的行为。并非眼睛在看。它只是一个通道，不是终点，它不是看者的看自身。眼睛不能看到一本书。

由此我们看到，“看”这个表达具有不寻常的广度，我们必须猜测，它跟希腊世界的词语联系在一起，跟 ἰδέα 的概念和意义联系在一起。

我们对认识自身以及科学的、理论的认识的描画，也是从与被看到的东西的关联中汲取出来的。“理论的”来自 θεωρεῖν；它的意思无非是注视、看。认识被朝向了理念和被看到的东西的基本显现 150
（*Grunderscheinung*）。

理念和光的关联并不是偶然的，毋宁说，光是经验到可见的东西之可能性的一个条件，无论这个东西是否有生命。通过何种途径以及经过何种环节，“看”的自然概念才获得了这种扩展，以至于被看到的东西意味着这样的东西：它作为理念构成了本真的存在和现实性？

第 18 节　理念和光

a. 关于柏拉图思想脉络中的理念。看的优先性及其扩展概念 *

我们曾试图对奠定真理本质之定义的方式和方法作一个决定，

* 1933 年 12 月 19 日课程一开始的复习。——编者

首先是在跟柏拉图哲学的对峙中，因为在他的哲学中真理概念第一次变得活生生的，它以这样的方式被提出：真理的正确性概念赢得优势，而另一个概念即真理的无蔽状态却退到幕后。

我们已经解释了在洞穴内部真实发生的事情以及人从洞穴的解放。现在我们试图剥离出其核心内容。在试着这样做时，我们遇到了这种情况：需要预先把握这个比喻整体。柏拉图表明了这个比喻作为人的此在的感觉图像象征的是什么。

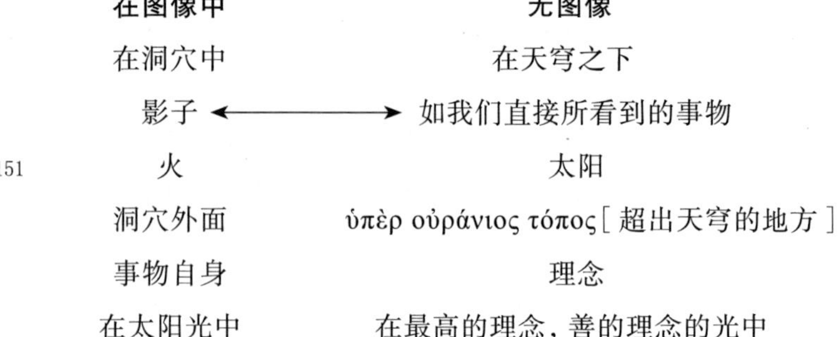

	在图像中		**无图像**
	在洞穴中		在天穹之下
	影子	⟷	如我们直接所看到的事物
151	火		太阳
	洞穴外面		ὑπὲρ οὐράνιος τόπος［超出天穹的地方］
	事物自身		理念
	在太阳光中		在最高的理念，善的理念的光中

现在柏拉图用 ὑπὲρ οὐράνιος τόπος［超出天穹的地方］意味着什么？理念意味着什么？善的理念意味着什么？从柏拉图思想的脉络中第一次产生出了我们称为理念的东西。从柏拉图提问的内在关联整体出发，理念的发现就是可以理解的了。

从这个理念论出发，西方整个的精神此在直到今天都被规定了。甚至上帝的概念也产生自理念；甚至自然科学也是以它定向的。基督教和理性的思想在黑格尔那里结合起来。黑格尔又是思想潮流和世界观潮流的基础，尤其是马克思主义的基础。如果没有理念论，那么就没有马克思主义。只有当我们事先分析理念论及其两千年的历史，马克思主义的问题才能最终被解决。

首先我们要将自己限制在洞穴之喻上。对于柏拉图而言，以及由此对整个精神史而言，理念这个词意味着什么？理念跟在图像中作为太阳、火、光被描述的东西处于何种关联中？光意味着什么？理念和光有何种关联？

Ἰδέα（ἰδεῖν，看）= 被看到的东西、在看中被知觉的东西。那么，“看”在这里意味着什么？看作为借助于眼睛的感知。比方说看书。但当我们更仔细地观察我们真正用眼睛去看的东西，以区别于我们用耳朵听到的东西时，我们就认识到，我们用眼睛看到的是诸如颜色、亮度和闪光的东西。

但是我们也说，我们看到某物运动。不过我们也听到运动。例 152
如，我们听到一辆汽车是接近了，还是远离了。对被运动的东西的知觉也不限于听和看的感觉。我也能够摸到。视觉的真正领域是颜色、明亮、亮度。我们由此不能说，我们看到了那本书。狗也没“看到”那本书，它从不能看到书；它看到有颜色的东西。

无论如何，当我们说，我们看到了那本书，这里所涉及的是比作为感性知觉的看更广的一个概念。这个更广的概念对 ἰδεῖν 和 ἰδέα 是决定性的。因此，严格地说，我不能看到那本书。

b. 对是-什么（Was-sein）的看。理念和存在：在场显现——在看中自身在场

但是我们可以说，我在盯着这个被给予的东西，可以触摸，可以听到，可以看到，可以把握的一个东西，它是一本书。我在这其中看到这本书。这个被给予的东西向我提供了一本书的景象

(*An*blick)。那**作为什么**提供出自身的东西(作为粉笔, 作为书, 作为灯), 在其中相关的物体在场展示出自身, 即展示它的自身在场(Selbstgegenwart)。

希腊人称一个事物的在场状态为**出现**(*Präsenz*)。在场状态对他们而言等同于: **存在**(*Sein*)。οὐσία= 当下在场, 一个事物作为什么是在场的。那是它的本质, 或简言之, 那是它的存在; 一个事物作为什么显示出来, 这个东西就是其存在。某物作为什么呈现自身, 事物的这个外观 =εἶδος。ἰδέα 只是 εἶδος 这个词的另外一个形式。ἰδεῖν : 对一个事物的看。ἰδέα : 某物所提供的外观、外貌; 某物在其中**如其所是地**展示出来; 如同看起来那样的某物, 某物的外观。

对希腊人而言, **理念**无非就是**存在**, 某物所是的东西: 关于它的存在。

153 当我们更切近地看, 并假设我们的理解只是局限于事物向我们给出来的样子的领域: 颜色、亮光, 以及诸如此类的东西, 如果我们只将这些作为被给予之物, 那么我们完全不会有**世界**。

我只有这样才能将我面前的东西确定为书: 我提前知道并理解什么是书。如果我们没有这种**理解**, 那么就不能有将这本书**看作**书的可能性。毋宁说人有对事物的一种特别的**预先认识**(*Vorauswissen*), 在此基础上, 个别的、实际的事物在其如此-和-如此-存在(So-und-so-Sein)中被给予, 并能够被通达。

在第一个阶段, 囚徒们只看到影子, 因为他们是被困缚的, 无法知道火和光, 因为他们只被分派了影子, 他们将影子作为唯一的被给予者。在日常的此在中, 我们已经被分派给了这样的**事物**, 我们在跟它们打交道的时候带着这样的看法: 只需要睁开眼睛, 我们就看到事物。在这样想法下我们完全不知道，从根本上来说我们在经验一个事物的时候必须已经预先知道事物的本质了。

c. 光和光亮的本质：预先被感知、被看到的透视状态

在洞穴中的被囚禁者必须被解放并被带出洞外，他必须到达一个领域，在那里看到光（理念即白昼的光）。光是理念的感性图像。

理念和光有什么共同的基本能力？光的本质是什么？

我们在前面已经指出，我们在语言上必须区分：

φῶς：光、光亮、lumen。

πῦρ：火、光源、lux。

我们的德语词“光”（Licht）有 φῶς 和 πῦρ 的双重含义。φωσφόρος（Phosphor）是一个自身带着光源的东西，一个照亮者、一个光亮承载者。

什么是光？什么是光的本质？在什么基础上理念的本质可以 154
用光来象征？

我们的认识概念是指向看和光的。理论认识、Theorie（θεωρία）是观看，最广意义上的感知。后来在基督教的沉思中（在奥古斯丁那里就已经如此了）上帝被作为 lumen 来把握，这并非偶然。与上帝相对，还有理性的自然之光（lumen naturale）。

光的本质是什么？颜色属于被看到的东西领域；显然光亮不是某个东西。我们不能将光亮把握为某物。光亮似乎是不可把握的——就像无，就像空。

无论如何，我们已经有上千年的光学理论了（牛顿；微粒理论、波理论、电磁理论，等等）。所有这些理论作为物理学理论都可能

是正确的，但是它们仍然可能是不真的，并且错过了现象。它们没有弄清光的本质。这里所涉及的不是周期性状态变化，不是把握一个运动过程，而是关于那种我们人在其中活动的光亮和光，关于光自身的本质。只有当我们确定了那种跟我们自然的看（*Sehen*）和视（*Blicken*）息息相关的现象，才能把握光。

视甚至既不能在生理学上也不能在心理学上被解释，因为在其最高的本真意义上，视是这样一个现象，它完全不能通过某种自然科学达到，比如说，一个人看进另一个人的眼里。

我们来看亮和暗的情况怎样。我们看到有颜色的东西、闪烁的东西、炫目的东西。如果我们进一步说，我们也看到了亮和暗，由此我们并没有达到事情的意义。我们总是首先看到亮和暗。当我
155 们从睡梦中醒来，我们不是首先看到事物，而是看到亮和暗。亮和暗不是也被看到，而是我们到底看得到或者看不到事物的条件。

光和暗具有一种特定的优先性，这种优先性在于，亮和暗使得某物被看到或不被看到得以可能。由此我们得出，光亮和黑暗总是我们预先看到的东西。——我们得出，我们总是同时看到事物和光，在黑暗中则不再能够看到。光、亮、暗是在所有的知觉中预先被看到的。事物必须首先在光中，才能是可见的。

那么什么是亮（Helle）？在人的看和对事物的把握中，光亮的真正作用是什么？Helle 来自 Hallen［回声］，最初不属于可见领域，而是属于声调、声音领域。一个声调可能是明亮的或沉闷的。光亮最初不是对可见物的本己规定，而是首先在语言中传渡到了可见的东西。我们说明亮的白昼。这种传渡（Übertragung）却不是偶然的，而是出自许多洞见。在这里语言的深刻真理又一次显露出来。

如果这里发生的是一个传渡，那么就要问，在亮(作为声调的一个基本属性)和光之间有什么共同之处？明亮的声调，即回荡的声调，可以增强为尖锐刺耳(gellende)的声调。夜莺(Nachti*gall*)是彻夜啼叫(*gellen*)的。沉闷之声被落在后面。

光亮和尖锐刺耳都有穿透的特征。这就是将光和声音联系起来的因素，光也是散播、穿透的；它使得看的穿透得以可能。光和亮是透视性的。亮和光的本质在于，使得透视可能，是透视性的。粉笔不是透视性的。玻璃和水是透视性的。

但是，亮是在跟玻璃不同的意义上是透视性的。对于玻璃是透 156
视性的这样一个事实，光是必须的，它要求光及其“透视性”。光和亮是透视性的东西的更加源始的形式，是使得透视可能的东西。

暗只是亮的临界状况，是不再让看透过的东西。一堵木头墙也是不让通过的，因为它没有让视通过的可能性。而暗具有让视通过的可能性。

光的特征是让通过(Durchlassende)，而暗的特征是阻挡视。两个特征一起把握，即，1. 光是预先被感知和被看到的东西，2. 作为这样的东西，光同时是让视和看通过的东西。

在这种双重特征基础上，就不难弄清，光是如何能够作为理念的感觉图像出现的了。ἰδέα=εἶδος，某物的外观、一个东西是–什么(Was-sein)，简言之：它的存在。书、门、窗户，我必须已经预先理解(看到)了一个事物是什么。这个被理解的本质(书、门、窗)就是让看通过，以便将它作为一物(比如书)被看到；那为了让一个存在者作为这个存在者被遭遇而必须预先知道的东西。

因此，对理念的看完全不意味着某种幻想，而是源始的东西。

直接把握这最简单的东西并付诸词语，就是预先理解事物的存在和本质，即存在理解。

如果人在他的本质之根据中没有这种存在理解，那么他也就不能跟存在者打交道，就不能对自己说“我”，对另外一个人说“你”。他不能说话。语言的本质以及对理念的看就是：作为人而生存。

157 这种对阴影的知觉、进入光中、对事物的知觉，是跟解除枷锁，以及从洞穴中解放联系在一起的。进一步的问题是：光和自由，理念和自由之间有什么关联？

什么是我们称为真理之本质东西的总体关联呢？

第 19 节　光和自由

a. 从看、听和说出发来规定人

构成柏拉图的故事的内在关联的环节如下：

1. 理念和光；

2. 光和自由；

3. 自由和存在者；

4. 对所有这些规定性同真理的关系的追问。

我们已经试图就其本质来澄清理念。ἰδέα 这个词跟希腊人的此在中（并由此也是总体的西方精神生活中）关于人的概念的基本事质（Grundsachverhalt）有关。在人的这个概念中，以看的方式进行把握，θεωρεῖν（Theorie 从这个词而来）起到了突出的作用。眼睛、看。与此对应，被看到的东西（*Gesichtete*）对于世界的总体把握有一种特别的优先性。

除此之外，后来，确切地说是在亚里士多德那里，出现了另外一种情况，它如此本质性地支配着希腊人的此在，如同理念和看一样。这就是听(*Hören*)。亚里士多德甚至问，听难道不是更高的感觉，从而为人更高的行为方式提供了条件？

听和看在这里不是被把握为局限于纯粹的感性知觉，而是更广义地被当作对说出的东西的倾听(Aufhorchen)，听其他人的词语。158
语言是人相互共在(Miteinandersein)的基本要素。对于希腊人而言，话语对于人的本质而言是一个决定性环节。人是一种 ζῷον λόγον ἔχον，即那种能够说话的生物，只要生存着，他就向他者进行诉说(ausspricht)。

这一个人听着另一个人，以及他们相互听，这不是单纯的声学现象，而是意味着听到要求、听到希望、听到命令和使命，等等。

在同一个上下文中，亚里士多德继续说，人是一个 ζῷον πολιτικόν。这个表达后来多被谬用了，就像人们翻译它为：人是社会动物(Wesen)。但其实这里没有这个意味，而是说人是一种这样的生物(Lebewesen)，他从开始就属于一种在城邦中的共同(*Miteinander im Staat*)存在。这种共同不是在这种基础上来理解的：有许多人，且必须将这些人保持在秩序中。而是，人作为共同属于城邦的人，以城邦为基础生存；并且这个生存是通过话语、λόγος 来实施和构建自身的。跟能言(Redenkönnen)相关的科学、修辞学，是人的基本科学、政治的科学。

从这个上下文出发，我们理解了，面对人作为看理念者(Ideen sehend)这个占优势的规定性，为何亚里士多德提出了这样的问题：

难道不是听占优先地位吗？只是这个问题还没有达到完全的决断。由此，这两个规定性后来都被误解和重新解释了：λόγος 被当成了理性。甚至理念自身也被误解了。（后面会回到这一点。）

理念的意义是什么？它是事物的外观，当我们看到诸多个别事物的时候，当我们要把握这个和那个东西的时候，我们已经预先看到了它。ἰδέα= 预先被看到的存在。

159 现在是关于光。

1. 光，当我们如我们直接经验的那样把握这个显像，它就如那种在亮和暗的感觉中总是已经预先被看到的东西那样给予我们，即使它不是对象性地被把握的。

2. 我们表明过，亮是透视性的东西、穿透性的东西，它寻求通道、提供通道、让通过（Durchlässige）。

由此我们获得了关于理念和光的共同规定，我们看到，理念如何通过光被象征。理念和光使得我们能够把握存在者，它们提供了跟个别事物的关联和通达个别事物之所是的通道。

b. 自由作为将自己联结到发光者

我们需要先行勾勒出自由（*Freiheit*）意味着什么，不是随意地从某个概念出发，而是通过把握住这个比喻自身中的故事向我们展示出来的东西。

第二阶段给出了解放的一个样式，而第三阶段给出了另外一个。第二阶段的解放无非是取下脖子和腿上的枷锁。在这里解放只是去掉什么，从什么变得自由，不再被什么困缚。从而第二阶段意味着不被困缚状态（*Ungebundenheit*），因此是某种消极的东西。

以这种方式被解放的人结果陷入了混乱；一旦他看到火，他就无助地想要回到枷锁中。他所寻求的其实是**立足点、确定性和稳定性**，而他在第一次所谓的解放中没有发现这些。

第三阶段就不是纯粹的去掉枷锁，而是将人从洞穴中向上引入光中。**自由**，现在不是从什么中解脱出来，而是被引导向什么。不是从什么变得自由，而是**为了什么**变得自由。为了光。

在此之际产生了一种逐步的对光的习惯。这种习惯无非是 160
一种不断增长的熟悉，将自己连到光和光源上去，一种**将自己系缚到**(*Sichbinden*)**自我约束**(*Selbstbinden*)**中并使自己跟光熟悉**，将自己置于对在光中的事物所要求的和意愿的东西的责任(Verbindlichkeit)中。

因此我们看到了**两种不同的解放样式**(或者自由样式)，后一种跟光关联在一起，是**积极意义的自由**。我们看到：变得自由在真正意义上意味着，使自己跟光系缚在一起，使自己习惯于光。

看-入-光-中和习惯-于-光，在何种意义上是对**自由的提升**？光和亮作为那照亮者。光还有另外一个特征，也在语言中表达了出来。比较席勒："黑夜被照亮，光明如白昼。"[①] 黑夜是可穿透的，就像没有树木的林中空地，它允许目光穿透。光造成自由，开启通道、过道和概观，它照亮。黑暗被照亮，进入光中。

自我约束(*Sich-binden*)**到光中，就是那造成自由的东西。这种自我约束是跟自由的最高关系**，**是自由存在**(*Freisein*)**自身**。

---

① [席勒：]《钟之歌》(*Lied von der Glocke*)，192 诗行。

第 20 节　自由和存在者(存在)

a. 自由作为联结到此在和事物的本质法则上去

自由，自由存在意味着：将自己联结到造成自由的和让穿透的东西上，联结到穿透性的东西上，或者不用比喻直接地说：联结到**理念**上去，理念是通过光被表征的。

161 理念给出了存在者的外观，即它的**存在**。对光变得自由意味着，努力达到一种真正的对事物是什么的理解，**将自己联结到事物的本质法则**上去，在此基础上，我们才对事物的如何-存在(So-und-so-Sein)有把握。

我们越是变得自由，越是源始地将自己联结到事物的本质法则上去，就越是接近存在者，我们也变得**更加存在**。人的**现实性**的每个等级和每个范围，都取决于他**自由**的等级和规模。自由不是无约束状态，而毋宁是人的这种联结越是源始、越是宽阔，人越多地在其行为中将存在放回到他此在的根基中，越多地进入他作为历史的本现(Wesen)而被抛进的根基领域中，这种自由就越大。

这是今天的人难以理解的主题和事物。一切科学认识，只有当它从人对此在的一种**历史性的**联结中产生出来，才能确保对存在者的**接近**。

(说这些并不是为了展示"步伐一致" Gleichschaltung。我甚至也不需要为自己辩护，……* 如果今天要求学者们联名呼吁一切科

* Wilhelm Hallwachs 的笔记中遗漏。——编者

学都要被奠基，……* 这一切只是表明我们今天的此在的迷惑混乱。我们的整体此在的转变是必要的，但只能逐步达到，而不能仅仅通过认识来解决。）

b. 作为存在筹划的率先的本质之看（以自然、历史、艺术和诗为例）

这里具有决定性的是，**自由意味着联结到人的本质法则上去**。**源始**的联结就是那种必须**先行**发生的联结。我们不是在对事实之最大可能的考察的基础上才把握本质，而是相反，只有当我们把握 162
了事物的本质的时候，我们才能够对事实进行规定。

这是**一切科学的基本条件**。我现在给出一些例子，表明任何行为，甚至是那些对存在者的认知行为，甚至是科学的行为，都奠基于**源始的本质之看**（*Wesensblick*），这种本质之看必然总是根据人的深度来发展的。

我们思考自然领域的特别的伟大发现（开普勒、牛顿、伽利略）。近代以来的这些令人钦佩的自然科学家的伟大成就奠基于何处呢？近代和古代的自然科学通过什么区分开呢？人们会说，近代自然科学引入了**实验**。但这是一个错误。近代自然科学的意义也不在于，跟以前的定性思考相对，现在一种定量思考占了上风，即“数学化”！

这两者在希腊人那里就有了，两者都不能作为近代的特征，因为这两者都有决定性的东西作为其**可能性的条件**，即伽利略利用古

* Wilhelm Hallwachs 的笔记中遗漏。——编者

代物理学的手段贯彻一种新的**对现实性的基本立场**，他在一切实验和一切数学**之前**，在一切追问和规定性**之前**就已经确立了，什么**应该属于自然的本质**：他设定的研究自然的入手点是，将自然看作质点的时空运动关系。他通过对现实性的**先行把握**（*Vorgriff*）确立了自然应该是什么。只有在这个入手点的基础上才有可能做实验，追问自然，监听自然，然后估测它。在这里有对“什么应当是存在着的自然”的一种完全**确定的先行理解**。

尽管有这样一个入手点，但是究竟是自然被看作在人直接的近处并在人的掌控之中，还是一些完全不同的领域插入了自然和人之
163 间，从而可能带来人的被抽空（Entleerung），人不再跟自然有关系，这是完全不同的问题。**技术**已经阻碍了这个关系。

这个距离已经有多大，自然科学自身完全不能决定。这是一个哲学事务。“自然科学的世界观”从开始就是无稽之谈（Unsinn）。

另外一个知识领域：关于人的工作和人的命运的**历史科学**。**布克哈特**（*Burckhardt*）是伟大的历史学家，不是因为他读了源始材料并公开出了源始材料，或者因为他发现了什么手稿，而是因为他在更深远的生存基础上，对这样的人类活动具有先行的本质之看：什么是人类的伟大，什么是人类的局限性，什么是人类的命运。他对这个领域的**存在理解**是真实的，他有一个**先行的理解**。只有这样他才在新的意义上对事实进行研究。

现在有人说，科学似乎已经取得了巨大的进步，人类已经发现了如此多的新材料，所以单个个人不再能够完成综合。当人说综合的时候，就已经证明了，他不知道所谈论的是什么。在一切综合**之前**，必须有对什么是历史的**基本理解**。而这才使得经验事实和把握

事实成为可能。

只是今天的人的无能导致了，现在只剩下了对事实的积累。似乎无限增加的材料是不再能看到历史的原因。人的内在的贫困和内在的无根基状态是毫无希望的，而人不断地被交付给这种无望。

同现实性的任何本质性的基本关系都取决于这种本质之看，这一点在**艺术**，首先是在**诗**上也是有效的。而人们恰恰就像对历史一样误解了艺术及其本质。人们在艺术和艺术品中看到了艺术家对他的精神生活的表达！艺术的本质也不在于描绘现实性。艺术也 164
没有这样的目标，即让人在艺术中获得一种娱乐和享受。一切艺术形式最为内在的意义在于，敞开那种可能性，即对人的存在而言可能的东西的自由的、创造性的筹划（Entwurf）。

只有这样人才能获得看到现实性的基础和指示，在诸种可能性之光中把握那作为如其所是的个别的现实。诗由此意味着比一切科学更多的东西。伟大的诗人如**但丁**、**莎士比亚**、**歌德**、**荷马**，比一切科学家拥有更高的成就。

这种将自己联结到事物在其本质中的所是，这种先行的筹划，才使得个别的存在者在日常的现实性意义上成为可见的。**自由**，即**联结到事物的本质法则状态上去**，是**存在者的基本条件**，**由此存在者作为存在者被显示出来**。

这种联结是由**个别**的人获得的。但这种获得不是取决于个体的任意，而是取决于人的历史性此在。

当理念、光和自由以这样的方式关联起来，就会清楚柏拉图在其比喻中关于**作为无蔽状态的真理的本质**要说的是什么。

下一次课我们将会试图将自由的本质和光的本质以及存在者，

带入跟真理的本质整体的关联中。

165

第 21 节　关于作为无蔽状态的真理的本质的问题

a. 理念论和真理问题 *

我们追问了真理的本质。在此之际我们不是寻找一个分离的、抽象的概念，这种概念越是普遍，就越是变得空洞和没有约束力。我们所寻求的真理的本质，是将我们的此在作为历史性的此在彻底进行统治并规定它的那种东西。这个本质不是在一瞬间从一个偶然的状况中发明出来的，而必定是在历史的对峙中从对未来的决断中析取出来的。

在这种对峙中我们遇到了关于真理的本质的两个基本方向：作为无蔽状态的真理和作为正确性的真理，就如它们在希腊人那里被经验到和概念性地被把握的那样。

我们看到，在希腊人那里，在公元前 6 世纪的时候，作为无蔽的真理已经被正确性概念所压制和支配。在柏拉图那里这两个基本方向再一次冲突，虽然柏拉图自己既不知道也不愿意这样。毋宁说这个冲突自身是受所提出的问题之逼迫而产生的。

我们执着于柏拉图哲学，不是因为它特别值得赞扬，而是因为它是希腊哲学的一个节点。人们将柏拉图哲学描述为*理念论*，这并

---

* 1934 年 1 月 8 日课程一开始的复习。——编者

非偶然。人们仅仅从这个方面来把握这个学说，这并非偶然，但是也并非必然。

对我们而言所关涉到的是，我们能否由此达到对真理的本质的本质性理解。当我们谈论理念论的时候，我们将基本问题放置到了 166
理念的标题下。当人们将理念解释为表象和思想——它们包含着价值、标准、法则、规则，由此理念被把握为标准，那么服从这个标准的主体就是人，不是历史性的人，而是一般性的人、自在的人，或者人性。人的概念由此就是一个**一般的理性动物**（*Vernunftwesen*）。在启蒙运动和自由主义中，这个概念获得了一个确定的形式。在这里有我们今天要与之斗争的那些力量的根源。

跟这个概念对立的是人的**有限性**、**时间性**和**历史性**。对峙（Auseinandersetzung）也是朝向未来的，这不是偶然的，而是因为我们的哲学问题不是今天而是自几十年来……*

在这个新入口的基础上，就如它在我们的思想中所产生的那样，这个［存在者和存在的］** 总体概念是全新的。**由此出发**我们追问真理的本质并在**这里**实现跟古代的对峙。

开端是决定性的。只有事物的**开端**才是**伟大的**、**强有力的**并在自身就是**富有成果的**东西。这个开端在柏拉图那里被记录在一个神话中（而**不是**在一个定义中），被记录在洞穴中的囚徒的故事中。这个故事发展为四个阶段。最初的三个阶段我们已经描述过了。

第三个阶段包含了人从洞穴出来到达太阳光中的真正的解放。

---

* Wilhelm Hallwachs 笔记中遗漏。——编者

** 此处为编者猜测；Wilhelm Hallwachs 的笔记中遗漏。——编者

它给了我们不同的事实：理念、光、自由、存在者、真理。需要思考理念和光、光和自由、自由和存在之间的关联，以及最终所有这一切跟真理的关联。

167 b. 无蔽状态的等级。理念作为源始的无蔽者（ἀληθινόν）以及真正意义上的存在者（ὄντως ὄν）

我们尝试统一地展示出前面的课所讲的内容，如同柏拉图一开始所确立的那样。对一首诗的任何解释都超出了被解释的东西，这种解释必定比作者自己对自己的理解更好。由此，我们通过解释为自己创造了积极的东西，尽管那个特定的作品不是我们创作的。我们的解释立足希腊哲学的方向，但超出了柏拉图。

在第三阶段关于真理直接地说了什么呢？τὰ νῦν λεγόμενα ἀληθῆ［现在被称为真的东西］(516a3)——关于从洞穴中解放出来的情况下，那被称为无蔽者的东西。ἀληθῆ［真］——所说的不是一个存在，而是多（许多理念），τὰ νῦν［现在的那些东西］。

甚至在第二阶段也说到了无蔽状态，以比较级的形式，在第二阶段中被看到的东西比第一阶段中被看到的东西更加无蔽（ἀληθέστερα，515d6 及以下）。这里有无蔽状态的升级。那么让我们设想，在第三阶段也有一个升级，并的确在第三阶段达到了最高的阶段，后面不再有其他等级了，在这里我们站立于真正意义上以及第一等的无蔽者中了。

现在在第三阶段中的无蔽者，是一切真理领域中的最无蔽者。柏拉图虽然在这里没有使用 ἀληθέστατα 这个表达，但是就像在另外一处中一样，当他说本真的无蔽者时，他用了 ἀληθινόν。这是一个完全特定的表达，可以用例子来进行说明。τὸ ξύλον= 木头，ξύλινον= 木质的。因此，ἀληθινόν= 那彻底无蔽的东西，那构成纯粹的无蔽状态的东西。

现在的问题是，是否柏拉图事实上将理念称为最无蔽者，是否他将最无蔽者叫作 ἀληθινόν、真的并存在着的。在无蔽状态意义上 168
的真就是存在的无蔽状态和敞开状态；存在者是被敞开者。据此，跟被敞开者的提升相对应的是存在的提升、μᾶλλον ὄν、更存在者。

在第二阶段被看到的东西是更-存在者（Mehr-Seiendes），在更本真的意义上的存在者。在第一阶段说过，囚徒将指派给他们的东西即影子，当作存在者。这里在第三阶段所说的是本真的被敞开者，本真的存在者也显现出来。

现在当柏拉图说这些时，他表达出了一个这样的特征，即 τὸ ὄντως ὄν= 那如此存在着的存在者，恰如它所能够是的那样。那彻底的存在者是无蔽者的最高提升。ὄντως ὄν 是 ὄν 的最高提升，就如 ἀληθινόν 是 ἀληθές 的最高提升一样。（两者都是理念。）

我们需要表明，理念事实上是作为被敞开者来述说的。我们要举出两处典型文本作为证明，以弄清理念和 τὸ ὄντως ὄν、本真的存在者这个表达的内在联系。

《理想国》Ⅵ，490a8 及以下：这里对那种被希腊人称为 φιλομαθής 的人有一个问题，这种人具有学习的渴望。那种真正意愿-知识（Wissen-Wollende）的人是什么样的呢？

…ὅτι πρὸς τὸ ὂν πεφυκὼς εἴη ἁμιλλᾶσθαι ὅ γε ὄντως φιλομαθής, καὶ οὐκ ἐπιμένοι ἐπὶ τοῖς δοξαζομένοις εἶναι πολλοῖς ἑκάστοις, ἀλλ' ἴοι καὶ οὐκ ἀμβλύνοιτο οὐδ' ἀπολήγοι τοῦ ἔρωτος, πρὶν αὐτοῦ ὃ ἐστιν* ἑκάστου τῆς φύσεως ἅψασθαι ᾧ προσήκει ψυχῆς ἐφάπτεσθαι τοῦ τοιούτου—προσήκει δὲ συγγενεῖ—ᾧ πλησιάσας καὶ μιγεὶς τῷ ὄντι ὄντως, γεννήσας νοῦν καὶ ἀλήθειαν, γνοίη τε καὶ ἀληθῶς ζῴη καὶ τρέφοιτο καὶ οὕτω λήγοι ὠδῖνος, πρὶν δ' οὔ;

169 那种真正意愿知识的人是这样的人，他从其本质出发对作为存在者的存在者充满热情，他不能停留在纷繁的个别事物那里，人们通常将这样的事物当作存在者 < 洞穴的第一和第二阶段 >，他宁可上路，他总是在路上，并且不让自己被恰恰在眼前的东西所迷惑，他不会停止 ἔρως［爱欲］，直到已经把握了那在存在整体中构成**是什么**（*Wassein*）、**事物的本质**的东西，他所用的就是适于把握这种是什么的能力，即爱欲。他用这个能力将自己带到跟 ὂν ὄντως 在一起的地方，跟本真意义上的存在者在一起。通过触发知觉和无蔽状态，他真实地认识和生活，营养自己，并且摆脱了痛苦。

那渴望知识的人追逐理念，他因为这渴望而有活力，将自己跟真正的存在者带到一起。理念在这里被把握为**本真的**存在者。

我们现在继续问：这种**最存在着**的存在也被柏拉图称为**最无蔽者**吗？

第二段文本：《**智者**》*240a7* **及以下**，这里所涉及的是，何谓

---

* 此处为海德格尔不同的读法；牛津版作：ὃ ἔστιν。——编者

εἴδωλον。我们在前三个阶段已经看到了，人没有能力马上看向光和太阳，他失明的双眼必须慢慢适应［光和太阳的闪光和明亮］*。

εἴδωλον 和 ἰδέα、εἶδος 之间的区别在柏拉图哲学中起了巨大的作用。εἶδος（ἰδέα）意味着一个事物自身的外观，比如那使一个房子成为它所是的东西的东西。εἴδωλον 则是图像、肖像；它也具有外观的某些特征；比如一张照片也可以给出一个外观，但它不是房子自身。εἶδος 被用到事物自身。房子的本质是 τὸ κοινόν，即是适用 170
于一切个别的房子的东西。个别的房子、桌子等，只要看起来像本质，那么它就是肖像、εἴδωλα。εἴδωλον 是对个别的存在者的术语。这个椅子是众多椅子的一个特定的外观。

—Τί δῆτα, ὦ ξένε, εἴδωλον ἂν φαῖμεν εἶναι πλήν γε τὸ πρὸς τἀληθινὸν ἀφωμοιωμένον ἕτερον τοιοῦτον;

—Ἕτερον δὲ λέγεις τοιοῦτον ἀληθινόν, ἢ ἐπὶ τίνι τὸ τοιοῦτον εἶπες;

—Οὐδαμῶς ἀληθινόν γε, ἀλλ᾽ ἐοικὸς μέν.

—Ἆρα τὸ ἀληθινόν ὄντως ὂν λέγων;

—Οὕτως.

——“我们就 εἴδωλον 应该理解为什么呢？就肖像或者临摹品，我们除了理解它为跟本真的无蔽者相应并由此是第二位的、异质的东西，还应该理解它为什么呢？”——在这里给出了事物的一个图像，它在一定意义上跟事物自身相应。在这个

* 此为编者猜测；Hallwachs 笔记中遗漏。——编者

意义上它是另一个原型所是的东西。在一定意义上这是正确的，但从另一方面来说又是错误的。

——“一个另外的这样的东西，也就是说，一个另外的本真的无蔽者，你的意思是这样吗？”——如果临摹品被说成是它所模仿的东西的另外一个，那么它也是一个 ἀληθινόν 吗？

——“不是，图像只是像存在者自身所是。”——临摹品虽然在一定意义上就像真正的对象那样，但是作为临摹品它永远不会是真正的对象自身（ἀληθινόν）。

——“那么你将 ἀληθινόν 理解为 ὄντως ὄν、本真意义上的无蔽者、本真意义上的存在者 <理念>？”

——“是的，就是这样。”

理念在柏拉图那里是本真意义上的存在者。在第三阶段所探讨的是理念意义上的无蔽者，也是探讨最高意义上的无蔽者，并且就是最高意义上的存在者。

171 **c. 理念作为在一个预先-构造的（筹划的）看中被看到的东西**

理念怎样能够被称为第一等的无蔽者呢？它们可以说是本真地真的东西的先驱，为去经验和先行构造一个特定的理念、构型准备道路；它们是对一个计划的实施。它使得这成为可能：展示出个别的事物看起来如何，并把握个别的事物。

它们（理念）提供那首要的东西，打开经验个别存在者的通道。它们是真实的东西，因为它们提供了最首要的东西。它们为存在提供了门径，就如光是我们看到个别事物的条件。它们作为先行的理解（*Vorverständnis*）开启了事物是什么的一个理解。它给出门径、光，是我们看到个别事物的可能性的条件。（存在者的敞开状态及其共属一体产生自存在和理念。）

因此，理念让存在者的敞开状态一起产生，从而它们自身就是那本真地真的东西。一起产生！它们自身单就自身不能提供这一点，因为我们不能谈论自为的理念。在理念的本质中，总是跟一个看（*Sehen*）联系着。跟一个看的关联属于理念。柏拉图叫作理念的东西的这个特征不是附加的；它总是属于那被看到的东西。（被看到的东西总是跟一个看相关。理念总是被看到的。）

一种特别的看，它跟对事物的经验不同。我们遭遇事物，事物向着我们而来，它们是被给予我们的。在对理念进行理解的时候，所关涉的不是发现某个现成的东西。理念完全在一个看见（*Erblicken*）中并通过看见才存在，这种看见才创造了可被看见的东西。这是一种特殊的创造性地看见。这种看见不是目不转睛地盯着看，而是去看见（*Er*blicken）、去创造（*Er*schaffen）。康德说，从这个方向上来说，人是具有创造性的。

d. 关于理念的存在特征问题 172

随着对理念的本质的确定，我们已经赢得了一个本质性的洞见，即理念不是在某处现成存在的价值，不是在某处悬浮着的规则，而是它们在人的看见行为中存在和被遭遇。

它们却也不仅仅是某个主观的东西、人的发明或幻想。它们既非客体，也非主体。主体和客体的区分是完全不适用的，不能将看见和理念自身的关系表达出来。

理念是什么，它们如何存在，它们是否能够被说成**存在**，目前还不能回答这一问题，不是因为这一问题作为问题还没有被充分检验，而是因为它完全还没有被提出。

跟很多将理念当作主观的，或者将理念奠基为客观的之努力相对，哲学上最有价值的和最真实的把握仍是：奥古斯丁将理念作为**神圣思维的相关物**；理念不是自在的、自由漂浮的，而是跟一个绝对的主体相关：上帝。这只是**对问题的移除**，然而直到**黑格尔**都坚持这个看法。自此以后是没落。不久以前有人曾经要告诉我们，在空的空间中有某种诸如理念的东西、自在的价值，文化在此基础上被构建。

那么在第三阶段中，给出了关于真理的本质的什么看法呢？本真地存在的东西的真理和敞开状态，不会**自在地**存在，正如没有自在的理念。而是这样：敞开状态在**生成**(*wird*)，并且是在跟**人**的内在的本质的关联中生成。只有当人在一个特定的历史中**生存**，才有存在者，才有真理。没有自在的真理，真理是人的**决断和命运**，是某种**人性的东西**(*Menschliches*)。

173 但是人们能在哪里发现这样的人，他能够确定地说出什么是真理？这个反驳似乎是正确的——因为就如我们现在所做的一样，真理被理解为一个人性的东西。人们说，这种理解会导致**相对主义**，并最终导致**怀疑论**。

我们提出反问！如果这里说，这种理解贬低了真理，那么我预先问：人们知道这里所说的**人**是什么，**人性的**东西是什么吗？或者这样问，人是谁？也许这是一个基本问题，并且是这样一个基本问题，即它跟我们这里所问的关于真理的问题，是有最内在的关联的。

我们问，人是什么，人性的是什么。由此出现了一个问题：真理的本质跟人的本质的内在关联是怎样的？真理的本质规定人的本质，还是相反？

第 22 节　真理的发生和人的本质

a. 洞穴之喻作为人的历史（发生）

我们在上一次课中* 试图把握第三阶段所描述的总体内容，以期经验到在这个阶段基础上怎样规定真理的本质。我们当时做的还是非常浅表的。那么，关于真实的东西，关于无蔽者，它直接地说了什么呢？

正在讨论的是现在的无蔽者是什么，现在即第三阶段。从整体的内容我们获悉，正在发生无蔽者的某种提升。（即使是在第 174
二阶段也已经发生了一种提升。）在第三阶段，说到了最无蔽者、ἀληθινόν、那彻头彻尾的无蔽者、那不再有遮蔽的残余的东西：作为最存在者的理念，它真正地构成了存在者。

这种本真的存在者从另一方面来说就是最无蔽者。我们已经从《理想国》和《智者》的两个段落出发进行了证明。φιλομαθής［爱学习者］就是那尽力去经验最存在者、本真的存在者的人，那被逼迫去追求最存在者的人。

* 1934 年 1 月 11 日课程一开始的复习。——编者

ἀληθινόν 是那最高意义上的无蔽的东西。理念是最真者、最无蔽者，这是什么意思呢？我们说过，理念似乎是在任何无蔽状态中总是先行的东西。理解和经验理念为那先行的东西，为了理解个别事物而必须被把握的东西。对理念的看见打开了对个别的存在的看见。

理念照亮，将光照到个别事物。只要诸理念源始地参与进个别存在者的实现，它们就是无蔽的本源（*Ursprung*）。它们本质性地共同参与了进去，因为理念作为被看到的东西提供出了面貌（*Gesicht*）。它们共同参与，然而从来不是自在的真理和价值。

而只有在看中才有被看到的东西；但看并不是作为简单地盯着看，而是筹划着的、创造着的看，在创造性地看的意义上的看见。看在眼中并由此才完成那被看见的东西。

理念既非客观的现成存在，也非主观地被意指的东西。这两个方向（作为两个极端），都同样偏离且弄错了在柏拉图那里发端但没有发展起来的东西。

但是，真正意义上的真理（无蔽状态）不是理念，而是对理念的看、对理念之看见，或者对事物的本质的创造性筹划。

175 由此，真理不是一个偶然的事件，而是一个发生（事物的创造性的筹划）。我们迄今已经展示出了其本质性的环节，并且已经作为关于光-自由、自由-存在者、真理-存在者（存在）的问题提出来了，这个发生现在被分解为对事物的创造性地看见的发生。

这个看见是一种自我-约束。这个自我约束是解放的真正本质。这种解放是通往存在者的通道。

b. 去蔽状态作为人的生-存的基本特征

就这个发生事件，在语言上我们可以从一对反义词出发来表述。我们说 ἀλήθεια（无蔽状态）；对立的概念是*遮蔽状态*（*Verborgenheit*）。由此我们可以说，对立的发生是*去蔽*（*Entbergen*）。这种去蔽通过对本质和本质法则的创造性筹划发生。这个发生是*随着人自身一起发生的*。使事物在*人的历史中敞开*是某种*人性的东西*。

由此才产生了这样的反驳：这样真理的本质就被贬低到了个人的喜好和特权中去了。真理就被人化了。这个反对乍一看显得有道理。为了反驳，我们期望提出异议者告诉我们何谓人，给出关于人的本质的定义。什么是人？这个问题不可被任意地回答。

如果迄今所思考的是洞穴之喻［作为人向着本真的无蔽者的解放的发生］*，我们必须从这个故事中经验到什么是人，因为我们由此才能经验到什么是真理和无蔽状态。

我们并非将真理的本质进行人化，而是相反，我们*从真理来规* 176
定人的本质。人被放进真理的不同等级中。真理不是超出人，也不是在人中，而是*人在真理中*。人在真理中，只要真理是在创造性的筹划基础上的事物的无蔽状态的发生，这个筹划并不是每个个体有意识地实施的，而是人已经被生在一个*共同体*中了；他已经在一个完全*特定的*真理中成长，他多多少少在跟这个真理对峙。

人是这样一种东西，他的*历史*描述了*真理的发生*。

我们还经验到一件事。通过洞穴之喻，我们获得了对人的本质的阐明，只要他就其自身而言是人所是的东西。我们在这个上下

* 此处为编者猜测；Wilhelm Hallwachs 笔记中遗漏。——编者

文中经验到人是什么，经验到关于人是谁这个问题，如果我们随便听取和随便询问地球上任意的一个人，是得不到回答的。这个问题只有这样才能得到回答：当它被恰当地提出的时候。必须总是首先问，我们是谁？

c. 关于人的本质规定。真理作为在人的本质中的基本的发生

人是什么，（现在从洞穴之喻来看）还不能决定。只有当我们共同参与了解放的整个“历史”，才能决定。解放的发生并非没有暴力（βία）。当人要知道他是谁的时候，他必须自身进入这个问题，并产生动摇。只有在人就自身以及他同那逼迫他的力量的关系进
177 行决断的时候，这个问题才被提出。因此，人是谁这个问题是一个独特的问题，不能与其他问题相比较，诸如桌子是什么？或者房子是什么？

我们首先仅仅坚持洞穴之喻给出的回答。就是说，人是这样的：只要他存在，就跟作为一个被敞开者的存在者打交道，在这种存在中自身也变成敞开的。

人是这样的，他跟作为可敞开者的存在者打交道，因为基本的发生就是对事物的本质的先行的创造性的看见。我们用专门的术语来说：人的存在（*zu sein*）样式是生存（*Existenz*）。

只有人在生存（*existiert*）。在这个说法中，我们在这样的意义上用生存和在生存这两个词，唯有这个意义能表达出人的存在：Existenz 指人是 ex-sistierender，即某种从自身出离的东西。他在其存在中，在存在期间总是外在于自己的存在。他总是在别的存在

者那里，并从那里才有了跟自己的本质关联，向存在者整体暴露出来。

人的这个基本样式，作为生存着的、出离自身的，出离了并进入跟存在的对峙中，人的这种样式我们可以通过跟植物的存在对比加以说明，植物跟人有一个共同之处：它存活着（lebt）。但是植物在其存活中完全困缚于自身，迟钝麻木，跟其他的我们称为“可敞开”的东西没有关系。

动物在一定程度上也是困缚于自身的，没有关于“自我”的意识，而是跟环境有另外的一种关系，它跟环境是以本能的方式打交道的，所以被环境弄得麻木。但是环境是某种属于动物的本质性的东西。动物困缚于自身同时又是麻木的。而有机体的本质恰恰是跟环境的这种联系性，但是动物在这种联系性中变成了麻木的。

在人那里，跟环境的这种关系被照亮了。人将环境理解为环境；他能够由此支配环境和塑造环境。

这跟石头的情况不同。石头不困缚在自身里面，因为它没有以 178
存活的方式被敞开。它只是出现了。

在人的存在样式中其基本的行动是这样的，人先行地理解事物的存在和本质，也就是说，理解真理的发生。如果人没有被置入这个发生中，那么他就不能生存，不能作为人存在。

我们必须从这里出发，将自己从一个几百年的古老错误中解放出来。我们说，人是一个动物，在这上面再附加上了理性。毋宁说我们必须从上而下地对人进行规定，这样人作为生命的特征才被确定。不应该将理性搭建在人的身体上面，而是必须将具身性

(*Leiblichkeit*)放进人的**生存**中。

因此，甚至就连婴儿也不是某种动物，而是他**即刻**就是人。决不能从动物的生物学角度来把握一个小孩的任何表达；种族和性别要据此来理解，而不能从陈旧的自由主义生物学来描述。

真理的本质向我们开启自身，不是在某个认识中，或在某个属性中，而是作为**人的本质的基本发生**。由此才开始了问题，但绝非达到了答案。需要说的是，所有诸如此类的命题：人生存着，生存的基本发生是真理，理念具有真理的特征，这些都是**哲学命题**。

哲学命题跟日常的真理是不同的种类。**科学的各个真理**让自己并必须让自己在两种意义上被**证明**。在科学命题中被述说的东西必须能够通过事实来**证明**，或者必须在形式上逻辑地**可推演的**。

哲学命题在这两个方面都不可被证明。但是，这**并非缺陷**。因为一切事物的本质性的东西都是完全**不可证明的**，这恰恰是一个优势：通达每个哲学的通路都在自身内包含着人的基本姿态和基本决
179 定。**不含任何立场的哲学**——人们通过它的帮助发现真理——是不存在的。这种哲学是一个错误和一种伪造。

我们**首先**把握真理的本质为无蔽状态，**现在**我们发现，它是这样意义上的一个发生：在**去蔽**意义上一个事物从遮蔽状态中被取出来。这个发生是人的**基本发生**。它由完全特定的**条件**和**过程形式**(*Verlaufsform*)所决定。

D. 第四阶段(516e3—517a6)

第 23 节　被解放者返回洞穴

随着这个回答，我们的问题，即**柏拉图**怎样规定了 ἀλήθεια，似乎达到了目的。(攀升与解放，引导向跟理念的联结。)但是显然柏拉图的比喻还有第四个阶段。攀升入解放中，这个攀升在洞穴中就已经开始了，并已经引导进了光中。现在在第四阶段不再前进，而是这个历史返回了。第四阶段所描述的是：**被解放者返回洞穴中**。

下面对整个故事进行描述。

苏格拉底：现在思考一下，如果以这种方式变得自由的人再次下降<到洞穴中>，坐到同样的位置上去，难道他不会因为离开了太阳而突然双眼昏暗吗？

格劳孔：的确如此。

苏格拉底：如果他现在必须跟那些一直被囚禁的人竞赛，说出关于影子的看法，而他眼睛还很笨拙，在他重新将眼睛调整到黑暗之前——这种适应需要不短的时间——难道他不会 180
付出被讥笑的代价吗？难道人们不会说，他上去又回来仅仅为了把眼睛毁坏，完全不值得上去？难道他们<被囚禁者>不会将**现在**要向他们伸出援手，为了将他们从枷锁中松开并将他们带领上去的人真的杀死吗，如果他们能够抓住并杀死他的话？

格劳孔：确定无疑。

在第四阶段发生了什么？

表面上看，我们回到了我们一开始曾经在的地方，回到我们已经知道的东西。如此，则第四阶段就没有带来新的东西。

这个部分所说的不再是我们一直追问的东西：ἀληθές。因为无蔽状态的所有等级都已经描述过了。这里所说的也不只是光、自由、存在者、理念。

如果我们这样想，我们就会首先怀疑，是否最后这个部分还应该作为最后的阶段来把握，是否柏拉图只是给出了一个没有实质性内容的结局。对外在的思考而言看起来是这样，如果我们忘了整个故事是为了探讨**人的历史**的话。

而如果我们注意到这一点，就会开始感到惊疑。这个故事结束于对**死亡**的展望。迄今还没有谈论过死亡。这种瞥见死亡之命运的可能性并非生命的随意性。死亡涉及所有人，是突出意义上的**结局**（*Ausgang*）。因此，这一部分是本质性的、规定整体的部分。我们必须试图就像在其他阶段一样，找出本质性的特征。

整个故事结束于对被杀死之命运的展望，这是将人从人类社会
181 中排除出去的最极端的方式。它所关涉的是**谁的**死亡？是那种打算将洞穴中的囚徒解放出去的人的死亡。

目前为止还没有探讨过这个解放者。而现在这个故事明确地谈论这个解放者。以前我们听说，解放者是实施暴力者，他也理应被对立的暴力所制服。

决定性的问题是，**谁**是这个解放者？如何把握他的生存？对他

的这种更切近的规定，告诉了我们关于解放、关于存在之被敞开的总体命运的什么？

第24节　作为解放者的哲学家。他在敞开和遮蔽的发生中的命运

柏拉图在第四部分所说的，那个人重新下到洞穴，他也许会抓住这个人或者那个人并把他带领出去。那个人不是别人，而就是**哲学家**。

我们知道，柏拉图在另外一个地方这样定义哲学家："哲学家是这样的人，他最内在的愿望是将存在者自身尽收眼底。它位于哲学家所处位置之光亮的本质中，他从来不能很容易地看到它；因为大众的目光不能超出日常的东西去看。"*

我们可以从希腊的"哲学"这个词提取出来这里所说的东西。σοφός 不是"贤人"，而是擅长做什么，他从根本上知道一件事，所以能够进行决定性的决断。（σοφός 这个表达并不直接跟希腊哲学
一起产生，而是后来才产生。）φίλος 即朋友，他有一种冲动，他最 182
内在的"必须"（Müssen）是决定性的。

哲学跟科学无关。所有科学都只是在有限的领域内、以有限的提问方式对事物的研究。人们不能从一个科学——语文学、数学、生物学等——出发决定性地对哲学进行规定。做哲学毋宁是**人的存在的一个基本样式**，它是先于一切科学的。

* 柏拉图，《智者篇》，254a8—b1。（海德格尔对此贴近文本的翻译在1931/1932年冬季同名课程（GA34）中，第82页："……因为大众灵魂的目光不能够坚持朝着神性的东西观看。"）——编者

这样的一个哲学家是从洞穴走出且习惯光明的人，然后他作为囚徒的解放者重新下到洞穴中。**这个**哲学家将自己暴露给了死亡的命运，洞穴中的死亡，源自洞穴中强大和权威的洞穴居住者。

柏拉图要在这里提醒大家**苏格拉底**的死亡。人们会说，这个案件是一次性的，一般而言喝下毒芹酒不属于哲学家的命运。整体而言，哲学家在表面上过得很好。“他们坐在他们的寓所里，忙于他们的思想。”但这是一种肤浅的想法。

我们在这里所处理的是一个比喻。杀害并不必须通过递一杯毒酒。这里所指的不是肉体的死亡。肉体死亡也不是最难的，在睡眠中和昏迷状态中，死亡也能够生物学地起作用。真正困难的死亡毋宁是，死亡在一个人的存在期间完全无情地矗立在他眼前。一种内在生命的虚无化和无力化。

没有哲学家能逃脱这种命运。这个命运甚至在今天也是不可避免的，只要今天还有哲学家。对他们的**杀害**在于，哲学家和他的追问突然被变换成了洞穴居民的语言，他在他们面前变得可笑，他落入公开的滑稽可笑状态。

183 所以，属于哲学家之本质的是：他是**孤独的**，孤独处于他存在的样式中，处于他所具有的世界身份中。因为在洞穴中他不能撤退，所以就越加孤独。基于这种孤独状态，他在决定性的瞬间说话。他说话时带着这样的危险：他所说的东西突然被转换成了相反的东西。

虽然哲学家**必须**回到洞穴，但并不是为了在那里跟洞穴居民进行争辩，而只是为了将他相信他已经识别的这个人或那个人抓住，并通过陡峭的路将他带到上面来，不是通过一次性的行为，而是通过历史自身的发生。

当我们试图把握最后一个部分的时候，我们看到，这个**结尾**不可能是平淡无奇的。但是以下这个问题尚未决定：这个结尾跟目前为止所进行的人从洞穴中解放的整个故事的内在关联是什么？

我们看到了，那标志出这个故事的诸个别阶段的东西，就是真理和无蔽怎样从一个阶段到另一个阶段的改变和提升。在第四阶段我们已经不再经验到真理。但是，我们能否从这一事实，即第四阶段没有明确地讨论 ἀλήθεια、光、存在者，就得出结论认为 ἀλήθεια 不再是在这里所发生的事情的中心？

在第四阶段发生了什么？已经自由的人回到洞穴，他应当自己待在洞穴中，为了解放哪怕只是**一个**他人。那充满光之目光（Licht-blick）的人应当回到洞穴居民那里，跟他们进行谈话。只有他留在那里才能做到。从这个立场出发，他会说出他用新的眼睛看到的那些东西。

他所瞥见的东西，从一开始就跟洞穴居民看到的不同。他知道并看到，什么是光，什么是阴影，什么是真正的现实性，什么是假象。他从开始就能确定，被洞穴居民当作存在者的东西，是一种什么样 184
的现实性。

他处在跟洞穴居民不同的处境中，洞穴居民不能将阴影**作为**阴影来认识。由此他认识到，有这样一些人，对他们而言虽然有诸如他认识为影子的东西是敞开的，但是这些被敞开的东西却并不展示真正的现实性。他认识到，只要人们依赖那些阴影，那么，虽然在洞穴中有某种无蔽状态，但是囚徒的这种无蔽状态，即阴影自身，同时**遮盖了**（真正的）无蔽状态。

（洞穴中的）ἀλήθεια 虽然也是现实的，但是遮蔽了外面的现实性自身。在外面，无蔽状态跟阴影的现实性一起发生。随着被解放者返回洞穴，他首先把握到，跟无蔽状态一起还发生着且必然发生着遮蔽状态、假象和欺骗。据此他现在才洞察到解放的必要性；这个解放不能导向某种在洞穴外面的安静的享受和占有，相反他意识到无蔽状态是在历史中发生的，在恒常地跟错误和假象的对峙中发生的。

由此给出了基本的洞见：没有自为的真理，真理发生在跟伪装和遮盖意义上的遮蔽状态的内在对峙中。

由此我们说：人，只要生存着，就被置入诸种联系中，在此基础上存在者和世界向他敞开。人，只要生存着，就在真理中存在。但是这显示为，人作为历史性的民族在共同体中生存着。

185 人同时在真理和非真理、遮蔽状态和无蔽状态中生存着。这不是两个分离的领域，而是在真理中的任何站立都是对峙、都是一个战斗。固守在非真理中就是在战斗中松懈。人作为历史性的人和一个民族越是尖锐地被抓住和被逼迫，那么为了真理的斗争即跟非真理的对峙就越是必然的。

前提是，斗争的人首先为现实性如此作出决断：此在真正的决定性力量照亮一个民族的现实性并将其承载在历史中。现实性不能给一个民族提供某个位置，而是一个民族的精神和精神世界在历史中成长。这个过程并不是在1934年或1935年前的这个时期完成，而是也许直到1960年才完成。

第二章　善的理念与无蔽状态 186

第 25 节　自由状态：在同真理和非真理的历史性的对-峙中共同行动*

a. 哲学家的自由状态：成为过渡中的解放者

我们在上次课试图对**第四阶段**提供清晰的说明。它包含了什么？它在整体之中占据什么位置？我们已经表明了，第四阶段不是纯粹的附加，也不是重复，我们现在所讨论的那个人，跟其他的洞穴居民有根本的不同。他经历了一个变化；他的命运也变得不同了。

柏拉图将他称为**哲学家**。通过这个故事他要表明什么是哲学家。哲学家是一个解放者，并且只作为一个这样的人而**存在**。真正的自由不在于，一个洞穴居民被拉出来进入光中，并被放在那里舒舒服服地晒太阳。真正的自由状态不是安静地享受，相反，成为自由的意味着：成为**解放者**。

哲学家不是安全无虞的，而是作为解放者跟那些人在其历史中

---

* 1934 年 1 月 18 日课程开头的复习。——编者

共同行动：根据其存在，这些人跟他共属同一个共同体。根据前面所说的，必须所有人都成为哲学家，如果他们要本真地生存的话。这是真的，只要在众多的生存可能性中，是-哲学家（Philosophsein）
187 意味着那种基本方式：人在这种方式中听命于存在者整体以及人的历史。

我们从比喻中提取出哲学存在的基本特征。我们看到：人不是这样的存在，即当他在洞穴中被困缚的时候，会感觉舒适并废话连篇；人也不是这样的存在，即在洞穴外面时以相反的姿态存在；人是从洞穴出来到光中并重返洞穴的过渡。这个过渡是人本真的历史，是人不能通过宣称对哲学没有兴趣就可摆脱的命运。人们只能克服这个命运，或者不知不觉地在这个命运中消亡。

b. 真理和非真理。非真理作为被遮蔽状态的方式

这个故事应该向我们说出什么是真理。现在从对第四阶段的说明，我们已经赢获了对这个问题令人瞩目的充实，因为它展示出了，只有返回者才能够把握在下面的人看到的是什么，即阴影。唯有现在，在返回的基础上，才能区分存在和假象。唯有现在，无蔽状态和理念同被遮蔽者之对立的区分才敞开自身。

但是，如果这个过渡属于人的历史，如果人不能从这个历史脱离，那么就意味着：没有纯粹的无蔽状态，毋宁说同时属于这个无蔽状态的有事物的假象、伪装、遮盖，或者如同我们也说的，非真理。

这是一个具有决定性的回答：非真理属于真理的本质。非真理并非简单地是真理的对立面，而是作为无蔽状态的真理，只有作为对峙被抛进并塌陷入非真理中。

在此之际出现了非真理的双重概念。在希腊语中，真理在无蔽状态这个表达中是一个否定、剥夺。现在我们理解为什么希腊人不是以肯定的方式表达真理了。存在者必须首先从被遮蔽状态被拉出而进入历史，必须从被遮蔽状态被夺取。真理不是财产（Besitz）。 188

真理意义上的无蔽状态的相反概念，在语言形式上首先是**被遮蔽状态**；但是我们现在看到，对我们而言这个相反概念似乎是非真理。而当某物被遮蔽的时候，这还不意味着，我们因此知道了某个错误的东西，而是，就是简单的**不-知道**（*Nicht-wissen*）。被遮蔽的东西有双重意义：1. 我们对其不了解，2. 我们与其没有可能的关联。

被遮蔽状态是被我们称为**秘密**（*Geheimnis*）的东西的特征。但它不是**错误**（*Falschheit*）意义上的非真理。毋宁说被遮蔽状态是这种意义上的被遮蔽者：某物对我们遮盖着、伪装着，仅仅是**假象**。

属于**假象**之本质的是，它向我们显现、展示自身。一个事物之所是，是它的 εἶδος、外观。假象则是，某个东西只是如此显示（看起来）**就像什么**，比如一座房子的模型。

由此给出了这样的景象：我们通常称为非真理的东西，被构建进了整体的本质性联系中。**第一**，**被遮蔽状态**是那尚未被经验的、不可被经验的东西的秘密；**第二**，在遮盖、伪装、假象意义上的被遮蔽状态。相应地，如果**哲学**就是人的这个**原始历史**（*Urgeschichte*），在这个历史中，人在其历史性的存在中，……* 这种做哲学的活动不是关于任意事物的某种离群索居的、随意的沉思，毋宁说哲学和做哲学是一个人和一个民族在历史中的**本真历程**。

---

* Hallwachs 笔记中遗漏。——编者

相应地，**哲学家**是那样的人，他创造了这个发生所忙于并驱使
189 而入的那种前瞻和景观。哲学家不是那种事后将他的时代带入哲学概念的人，而是他被提前抛向他的时代，并预先获知其命运。对于哲学家而言，作为高高在上者退隐不能成为一个借口，他毋宁必须最高程度地承担起（leiden）这个命运，就如同人承受（tragen）自己命运一样。

第 26 节　善的理念作为最高的理念：存在和无蔽状态的赋能

当概览了故事的全貌之后，我们想起，在一个重要的点上我们还没有完成对这个故事的解释，因为我们曾经问：那个作为解放者的人的命运看起来是怎样的？

已经清楚的是，他具有这样的能力，他看向太阳，看见那最高的理念、ἡ τοῦ ἀγαθοῦ ἰδέα、**善的理念**。我们已经说过，我们要把对柏拉图把握为最高理念的东西的解释放在最后。现在我们要在思考整个故事之际追问，这个**最高的善的理念**意味着什么？我们也要在此之际赢获对柏拉图式哲学的一些洞见。

理念在一个超出天穹的地方（ὑπὲρ οὐράνιος τόπος），超出天空之外（在比喻中指在洞穴外面）。攀升到洞穴外面，不用比喻来说，就是指转变到另一个地方，这是一条向上的路，灵魂艰难走过这条路并到达了一个地方，柏拉图将之描述为 τόπος νοητός。νοητός= 可感知到的（Vernehmenbare）；νοεῖν= 感知；νοῦς= 感知能力、理性；τὰ νοητά= 理念。

柏拉图说，在对人而言最终可以感知到的东西的领域，最后被看到的是善的理念；并且它很少被看到，只有费劲和努力才能将它带入视线。上升以及由此获得解放的故事，只有当人的感知到达了这个最后才被感知的东西、τελευταῖα ἰδέα［最终的理念］的时候才 190
结束。善的理念是那在一定意义上矗立于最后的东西。

τέλος（τελευταῖος）、终点（Ende），并不意味着目标（Zweck）。它也不是一个消极的概念。终点是划界，是限制意义上的铸造构型（Gestalt），并由此是真正地决定一切的，是真正包含一切、规定一切的界限。

a. 理念的理念。从理念的一般本质把握最高的理念

柏拉图谈论善的理念的主要文本：《理想国》第七卷开头和第六卷 506—511。我们现在要弄清楚，善的理念在这里真正意味着什么。

首先，关于对这个理念的把握：只有很费力才能看到它，所以要言说甚至把握它就更加困难了。柏拉图在两个地方都只是间接地以感性图像（*Sinnbild*）的形式说到了这个理念，这我们已经知道了。太阳作为这个最高理念的感性图像。

如果事实是，这个理念很少被看到，那么我们必须明白，一切都依赖于我们要在正确的方向上提问，我们不能简单地冲上去，仿佛马上就能易如反掌地获得一个家常适用的回答。我们不应该将我们日常的生活和意见的标准放在这里，以试图把握柏拉图在这里表达的意味是什么。

另一方面，我们必须清楚，柏拉图没有思考某个充满神秘的东

西、某个生僻的东西，人们只有通过技巧才能发现这种东西，或者在一种谜一样的能力基础上用一种不寻常的看才能获知这种东西。柏拉图完全清醒地强调，要挺进到在理念中发生的东西，必须严肃
191 地、逐步地、以做哲学的方式透彻地追问自己。只有做哲学工作，而非所谓的直觉，才导向柏拉图所说的东西。

即使这样，我们要把握的那个东西也是不可说的，即不像其他可学和可知的东西那样可说。哲学上要知道的东西以跟所有科学知识不一样的方式可知和可说，或者不可说。

但是严格地说，不可说的东西又是我所遭遇的那种东西，即我正费力地要达到或者已经费力地达到了的最高意义上的可说的东西。它并非任何头脑混乱的家伙都能说出的东西，而是那种可说的东西，即它是随着我们以最高的严格性奋力钻研而越来越逼迫着我们的东西。

有两条路可能通达柏拉图的观点：1. 对第六卷进行详尽解释。但是，这会超出我们迄今所做工作的框架和脉络。2. 我们试图从前面弄清的关于理念的本质的特征出发，通过一个提升过程，来弄清这里的最高的理念意味着什么。我们之后要看看，如此赢获的东西，是否就是柏拉图在另外的地方关于最高的理念所说的东西。

1. 从理念的一般本质发展出最高的理念。

2. 探询这个结果跟柏拉图所说的是否一致。

我们必须重新试图描述理念的本质，必须看到理念是什么。理念是那最无蔽者和最存在者。它们是最无蔽者，只要它们使得个别存在者在其如此-和-如此-存在中的无蔽状态可能。它们是最存在者，因为从[它们出发，存在才可以被理解，“在它们的光中”，就像

我们今天还在说的那样，个别的存在者才是存在者，是它所是的那个存在者。]* 由此表明，在对理念的本质的描画中，就已经包含了最高的提升。理念自身已经是被提升至最高的东西：最无蔽者和最存在者。 192

现在需要问：更高的提升还是可能的吗？应该还有超出其上的一个最高的理念，它让无蔽状态和存在真正地产生并使之可能。

我们进而看到：理念具有让存在者在其所是中变得可见的职责，并由此让真理产生。最高的理念具有这样的任务，即使得无蔽状态毕竟（*überhaupt*）可能、赋予存在者能力、使它本真地作为那个存在者存在。这意味着理念的理念的形式上的发展。

当我们就内容追问，什么是最高理念，善意味着什么的时候，我们必须丢开任何情感的（sentimentalen）观念，也丢开那种通过基督教道德，以及随后在其世俗化的伦理学中所变成的那些司空见惯的观点。ἀγαθός、善，源始地并没有道德的含义。

对于希腊人而言，善不是恶的反义词，也完全不是"有罪"的反义词。罪只有在有基督教信仰的地方才存在。善却也不是在被削弱的意义上所理解的诸如"他是一个好人"（但是一个坏的音乐家）中的"好"，不是在一种无害的、婆婆妈妈的含义上。

ἀγαθός，是在诸如一个对峙之后，我们说：善哉，事情（在一个决断之后）被解决了。善是那种成功、坚定、耐受、某物对什么有用。一副好的雪橇、滑雪板，能耐受住什么。它是那要求此在的最高的决断和最高的严肃性、尖锐性的东西。

---

* Wilhelm Hallwachs 笔记中遗漏。编者根据 1931/1932 年冬季同名课程（GA34）第 99 页内容猜测。——编者

想要从基督教的概念来把握善的本质是没有希望的；基督教概念对我们在内容上把握善所言说的东西完全无能为力。

善的理念的含义有完全不同的意义。现在我们要在柏拉图自己那里寻找和追问，他如何从他那方面来描述善作为最高理念的。
193 下次课我们要进入第六卷的最后一段，以便弄清楚，在什么意义上真理的本质跟最高的理念以及跟善的本质汇合了起来。

b. 接近作为最高理念的善的理念的完全的规定性

我们问，我们就善的理念所理解的是什么？此外，最高的理念的本质规定对于规定真理的本质给予了我们什么呢？

我们已经引用了柏拉图《理想国》中两个主要段落（Ⅵ，506—511；Ⅶ，517a—e）。柏拉图没有直接说明最高的理念的本质；这已经说明，最高的理念很难把握，而且更难说出。**太阳这一感性图像**，是对柏拉图所理解的最高理念进行解释的**道路**。

我们现在要选择**这样一条**解释路径，从以前所解释的理念的本质出发，通过一个提升过程来预先表明什么是最高的理念。然后我们要检查，柏拉图自己的说明，跟我们先前所表明为最高理念的本质的东西，在多大程度上相符。

理念曾是 ὄντως ὄν 和 ἀληθινόν，那构成最存在者的东西和最敞开者。ἀληθινόν 是那必须首先——先于所有事物——向我们敞开的东西，以便我们理解一个存在者自身。我们必须预先理解一本书是什么。在每个东西中，理念都是那**最本真**的存在和**最无蔽者**。

对理念的这种描述指示出一种提升的特征。这个提升的特征表明，**这一**最高者，只要它**统治**隶属于它的事物，那么它就也是这些事物的**本源**，即是那些作为存在者对我们敞开的东西的本源。理念如此就具有这样的一般功效：它**使得**这个统治特征，即使得存在者作为存在者在其敞开状态中**成为可能**。**使得存在者可能**，是理念的本质。 194

最高的理念是**善**。ἀγαθός 对于希腊人意味着贯彻自身的东西、坚持住的东西。是-善（Gutsein）的意思是：贯彻自身，坚持并由此取得位置、给出位置。与此相应的是理念的本质，那使得存在者和可敞开者可能的东西。理念作为令可能者，必须是真正的自我贯彻者、设置入位置者。由此**最高的**理念是**善**。**形式上的**解释就到这里。

我们现在问，柏拉图从他那方面是怎样由感性图像出发来解释善这个最高的理念的。

关于一般的国家的本质——国家、πόλις——对柏拉图而言有这样一个基本法则在起作用：国家中人的共同存在（Miteinandersein）的**统治**，本质上必须由统治的人的一个特定种类以及统治自身的特定形式来规定。

在通俗的意义上，国家中的统治者必须是**哲学家**。这当然不是说，哲学教授应当成为德国总理，那从一开始就会是一个灾难。而是意味着，那承担起国家统治的人，必须是做哲学的人。哲学家作为做哲学的人，具有 φύλακες、守卫者的使命和任务。他们需要去守护，以确保国家的统治和统治秩序被哲学通盘管理；但这种哲学不是某个体系，而一种知识，一种关于人以及人的存在的最深刻和最广阔的知识。

从这种知识出发设定标准和规则，每一个本真的决断和标准设立都在这种知识之内实施。柏拉图说，在一个国家中，只能有**很少的**这种护卫者。

柏拉图的整个作品[Πολιτεία]都是关于这个问题的：以何种方式、用何种手段、以何种形式，一个国家才能够从自身中培养出
195 这样的护卫者？在这个上下文中，柏拉图问（在洞穴之喻中也是这样）知识是什么。

柏拉图提出知识的本质问题，不是因为这个问题属于学院的认识论概念，而是因为知识构成了国家存在自身的最内在内容，只要国家是一个自由的，也就是说同时还约束人民的力量。这就是为什么关于知识本质的追问是基本问题。

第27节　善的理念作为看和可见事物的光之轭——真理和存在

柏拉图说，最高意义上的知者必须在知识上统一；这种知识总是从词语知识出发、从一般的闲谈出发被学会的，但是它从洞穴中沿着陡峭的路上升，到达对理念的理解和把握。

a. 看(ὁρᾶν)和感知理解(νοεῖν)

现在为了充分地说明这种关于理念的知识和理解，柏拉图区分了认识的两种基本样式：

1. 用眼睛看、ὁρᾶν；

2.νοεῖν、对理念的觉知理解。

后一种对事物的真正本质的认识意义上的知识，要通过自然感知和理解的感性图像来说明。在这里，柏拉图从对自然的看和其从属物的描述出发，在图式对应中，通过理念呈现了真正的理解的本

质；从而同时突出了属于理解的东西。

在这个上下文中，柏拉图重新展现了善的理念。在下面的图式(Schema)中一个方面是我们作为出发点的显像、看、ὁρᾶν、用眼睛 196
看；相对的另一方面是通过这种看要象征的东西：νοεῖν 作为对理念的看和理解。

属于看的是：

1. 行动实施、看的行为、ὁρᾶν；

2. 那在这个看的行为中被看到的东西、被看到者（被看到的东西）、ὁρώμενα。

相应地，我们就知识所理解的是：

1. 对事物的本质的看、νοεῖν；

2. 在其中所理解到和把握到的东西、νοούμενα。

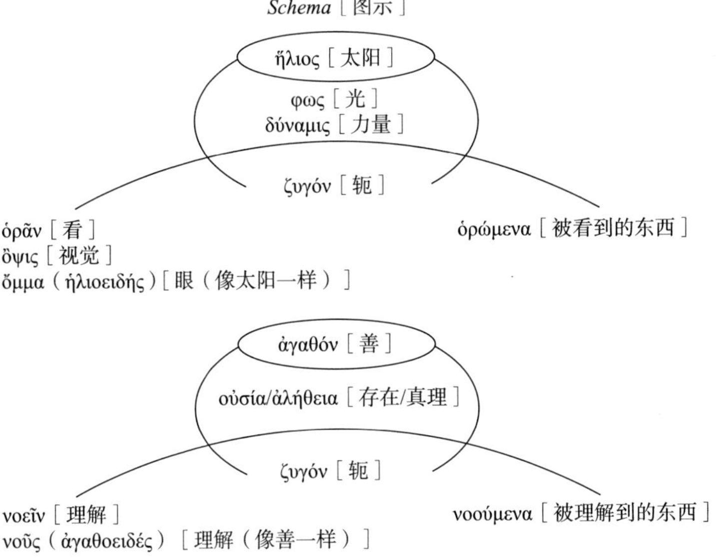

柏拉图说，从通常的看出发：对于看的行为来说，为了看能够实施，必须有一个可能性和能力。必须有某个东西使得这个行动的实施可能。同时必须有某个东西，它使得存在者能够变成一个可见者，成为一个发生。

197 对于看和被看这一事实，总是需要一个使之可能的力量、δύναμις。这种力量、δυνάμεις，必须是同一个，它使得看的实施和被看的事实得以可能。作为行动的看和被看，这二者必须被绷紧到同一个力量的轭(ζυγόν)中。

现在如果我们停留在这个事实上，并将它形式地过渡到对事物的更高的看，我们可以从自然的经验出发说：某物能够变成可见的，所经由的这个东西必定是光明。这个使之可能的力量——光亮、光，进而是太阳，属于可见状态。

前此所称的将二者(ὁρᾶν 和 ὁρώμενα)拉到一起的轭，在某种意义上是光，以及光源 = 太阳(φῶς、ἥλιος)。就如我们前面所说的，看和被看的这两种能力是并列的，跟这个基本想法对应，必须还有光、太阳，它们对于看自身而言是令之可能的力量。(看和被看不可能隶属于不同的力量。)

我们从前面知道，希腊人在所有感性知觉中，给予外观和看以优先地位。Ὄψις[视觉]是最优先的感觉，因为视觉根据其经验，从其此在出发，使得事物在其直接的在场中，在其构型和结构中可以通达。直接的印象对于希腊人而言就是存在。

Ὄψις[视觉]是那种感觉，它使得存在者可以通达。对看而言光和太阳必定是令之可能的力量。(这对构建一个更高的看是出发点。)

用希腊人的话来说，外观或者眼睛必定是 ἡλιοειδής。用歌德的话说，像太阳一样的。眼睛必须用光来规定。看的行动是**被照亮的**。当我们明白了什么，当我们理解了某个真正新颖而创造性的东西，我们也这样说：我看到了光，灵光一现（Lichtblick）。这指示出，观看自身是作为处在光和太阳的力量下被把握的。 198

这个看、ὄψις、ὁρᾶν，是那种最完善的（πολυτελεστάτη αἴσθησις）直接感知的方式；它成为解释对理念的本质理解的方式。

由于理念作为 νοούμενον［被理解］来理解，那么这里必须**也**有一个**轭**，就像**光**。这个光必须有一个**光源**。

光是那使得对存在者的理解可能的东西，是存在、οὐσία，同时是 ἀλήθεια、可敞开状态。柏拉图以真正希腊的方式（有别于我们今天的概念）说：真理不是思想和理解的可能性的条件，而是被把握者的可能存在的条件，即存在者自身的条件（可敞开状态对应于可理解状态）。

恰恰就像眼睛显然必定是 ἡλιοειδής［像太阳一样］，那么对理念的理解（νοεῖν）也必定有这样的特征，同那规定这轭为轭，并使之可能的东西（ἀγαθόν）相应，必定是 ἀγαθοειδής［像善一样］。就像眼睛像太阳一样，对理念的理解必定也是 ἀγαθοειδές［像善一样］。

b. 善作为存在和真理在其共属一体的本质中的更高的赋能者

这只是对感性的看和非感性的对理念之理解的一个初步说明。我们获悉，那连接起轭上的曲木的东西——光、存在和真理，似乎还被某个更高者所规定。“那提供给被认识的存在者以无蔽的，以

及那给予认识者以认识的能力的，是善的理念。”（Ⅵ，508e1 及以下）

199 需要注意的是，对理念的认识和对理念之敞开状态的赋能有同一个基础，**善**。**存在**和**无蔽状态**或者**真理**，虽然本质地**共同参与**了令真正的知识可能的活动，但是还有某个**更高的东西**。“还有某个更高的东西需要考虑进来，它超出存在和真理，它超出它们的能力，并且只是因为这个超出真理的东西，知识才真正地是可能的。”（Ⅵ，509a3 及以下）最后一句：“不过，请再次以这种方式看关于最高的理念的图像，即太阳！太阳还能更深更远地被利用，以抽出更进一步的相似性。”（509a9 及以下）

太阳作为善的感性图像的另一个特征被发展出来。“我认为你会说，太阳不仅为可见事物提供了被看到的能力，而且还使之产生、生长和被滋养，虽然太阳自身不是生成。”“它如何可以如此呢！”“现在必须说，不仅被认识 <ἀλήθεια> 是在善的基础上属于可认识的事物，而且这一个 < 即，它一向有怎样怎样的状况，简言之，存在 >，甚至存在也只有在善的基础上才属于它们，虽然善自身不是一个存在，而是超出存在，在能力和尊荣上胜过存在。”（Ⅵ，509b2 及以下）

在柏拉图整个作品中这当然是决定性的思想，在此柏拉图表述了善。

善是**超出**存在的（*jenseits* des Seins）、ἐπέκεινα τῆς οὐσίας（Ⅵ，509b9），即 = 无（从形式上说）。这意味着，如果我们就像问一个善的东西一样问什么是善，那么我们就不会发现它，我们只会总是碰见**无**。在存在者和存在中，完全不能发现善。我们需要以另外的方式追问善。

ἀγαθόν 不仅超出存在，而且在其超出中，恰恰跟存在关联，跟真理（ἀλήθεια）关联，即作为二者是其所是的赋能者。在尊荣 200
（Würde）上、δύναμις 上和力量上，善都超过所有其他的东西；善自身还是力量，是赋能者。善是最高的力量，因为它为 ὄντως ὄν 和 ἀληθινόν 赋能，而这二者就其自身已经是最有力量的了。善是最有力量者，它先于所有其他的，并为了所有其他的东西贯彻自身和坚持自身。

在探讨善的本质时，所处理的不是内容上的东西，也不是关于价值，而是关于一个如何，一个贯彻力量的样式和方法。不是当我将它（善的理念）作为一个东西，而是当我将自己置于这个力量之下，为我的行动指向，打开我的行动，如此我将自己放进这个力量中，从而让力量作为力量起作用，它才可以被知觉到。通过“健康的人类理解”是不能把握这里所探讨的东西的。

在洞穴之喻末尾恰恰出现了同样的特征（Ⅶ，517c3）。柏拉图说，在 νοεῖν、真正可知的领域，善自身（αὐτόν）是主人。这种统治被解释为：它提供、它给出。παρέχειν 不仅仅是提供，而且也是一种保持的提供；给出（以及释放），并在给出中保持。也就是说，善给出并联结。

由此发现了善（太阳）的对应。善联结起 1. ἀλήθεια、那归于被看到的东西的、可敞开状态，和 2. νοῦς、把握和理解的能力、存在理解（*Seinverständnisses*）。

善是将存在和无蔽状态赋能到其共属一体的本质中去。（这并不是说，仅仅对它进行定义而不从我们的行为上来把握它。）

在这幅画面中，善是那从自身给出轭的，存在和真理在这个意义上被轭约束住：如此，那由历史性的自由之人实现的东西就是可能的。

201 # 第 28 节 真理的本质开展为人的历史

a. 复习：追问真理的本质的内在秩序 *

我们正迫近一个本质性思考的结论。现在需要再一次展示我们的问题的内在秩序并跟随这个秩序。

我们问过自己：什么是真理？我们有两个回答：1. 真理作为无蔽状态、ἀλήθεια；2. 真理作为正确性、adaequatio。两者对彼此都有一个特定的关系。首先外在地说，真理作为无蔽状态是比较古老的，而真理作为正确性是较新的。现今“正确性”一家独大。

我们问过，是否这个开端性的理解(作为无蔽状态)，仅仅在时间上是在开端上的，还是这个开端同时也是在事质上的，是在本源意义上的，如果是这样，那么正确性就是从无蔽状态产生出来的，它如此产生出来，取得了优势并变成了独一具有支配性的理解。

这些不是关于某个“哲学史”的问题，而是关于本质的一些问题，其存在出自我们的此在自身的瞬间。这两个回答：正确性和无蔽状态，不仅仅是给出一个内容、两个定义，而是此在在存在者整

---

* 1934 年 1 月 25 日课程开始的复习。——编者

体中并向着自身行动中所具有的两个解释的法则性的总括。普遍有效的规定为什么变成了统治性的?

这两个理解奠基在一些基本定位(*Grundstellungen*)上。这里所探讨的并不是两个不同的定义,而是在人的历史上两个基本立场的对立。关于真理的问题不是飘浮在空中的,而是历史性的。这里
所关涉的不是不同的人类时代在理解上的区别,而是关于人最内在 202
的存在的区别。

这两个不同的概念有一种并列关系,即使这一点没有被说出来。我们已经试图通过一个文本理解了这两个真理概念的并列,就是在柏拉图那里,这两种规定性源始地被遇见了。

通过洞穴之喻的四个阶段,柏拉图回答了这个问题:什么是真理?第三阶段给出了要旨。第四阶段才给出真正的解放和它的规定性;这个阶段并不是一个纯粹的附加。

在对第三阶段进行描述的时候,我们跳过了对整个发生的顶点更切近地进行定义——由这个顶点出发才总揽了全体——即定义最高的善的理念。

我们分两步来解释善这个最高的理念。

1. 我们似乎曾试图在一个自由的建构中来弄清,什么是最高的理念。最高的理念是那使得存在以及无蔽状态可能的东西。善、ἀγαθόν,是一个来自日常语言的词语,它所意味的无非是这个令可能者,先于其他事物的自我贯彻者和规定者。ἀγαθόν 意思不是指一个内容,而是一个“怎样”,一个突出的存在方式。

2. 我们试图展示,柏拉图自己怎样限定最高的理念。他用了一个感性图像来描述。最高理念的感性图像是太阳,跟太阳相关,对

它的把握是用眼睛来感性地知觉。

在对应的过程中展示出，**善**如何就像另一个领域中的太阳一样。这个基本事实似乎就是基础，以表明 ἀγαθόν、善如何在理念的
203 领域就像是太阳一样，以此来弄清楚，在对 ἀγαθόν 的规定中什么问题是决定性的。

在用眼睛感知这一事实中，一方面是看的实施，另一方面是被看到。在看和事物的可见性之间有一个内在关联。两者都需要一个 δύναμις、一个令可能。这在两者中是共同的。桥梁似乎是光。眼睛必须是像太阳一样的，可见的存在者也必须是这样的。

像太阳一样的看，无论其属于眼睛还是可见的存在者，都与对理念的善意和对理念的理解相应。两者必定出自同样的来源，由此桥梁才是可能的。

b. 善作为真理和存在在其共属一体状态中的赋能

现在，对我们而言重要的是，看到柏拉图从最高理念的这个感性图像的规定中获得了怎样的规定性。用标语式的语言简要概括第六卷的文本，它表明了最高的理念、ἀγαθόν，是 ἐπέκεινα τῆς οὐσίας、超过存在、超出存在、胜过它；不是在不确定的意义上或者空间意义上（更高的层级）的胜过，而是在两个完全确定的方面胜过存在：πρεσβείᾳ καὶ δυνάμει（Ⅵ，509b9）；1. **年龄**，更古老的来源，从而更高的**等级**；2. **力量**。

善在**等级**和**力量**上胜过存在。由此得出，ἀγαθόν 一般只在这两个方面被看到：它具有一个等级，它是有力量的。

这是来自第六卷的一个规定性。第七卷跟它有直接的关系（洞

穴之喻)。善的理念在这里是 κυρία παρασχομένη ἀλήθεια καὶ νοῦν [真理和理智的提供者，统治者](Ⅶ，517c4)。我们由此(κυρία[统治者])看到善的统治特征。进一步，它是 παρασχομένη、**提供者**；
提供某物并通过提供来**联结**。善作为统治者，提供：1. 真理，使得 204
真理可能；和 2. 存在以及对存在的理解、νοῦς。

善的理念，**作为最高的理念**，**是卓越者**、**提供统治者和联结者**。我们可以将这些规定性：卓越者、提供者、联结者一起把握为**赋能**(*Ermächtigung*)这个基本活动(赋能者)。这种规定无非是我们认识为**令可能者**(δύναμις)的东西。

第一个概念曾是形式上的。第二个概念曾指示向统治、力量、等级。必须保留这些东西。当我们问，柏拉图在善的理念之下所理解的是什么，我们必须坚持这种基本的特征，以便不陷入几乎所有人都陷入的错误：将某个个别事物当作善。**善是赋能**。

人们在解释柏拉图哲学中经常说，柏拉图在后期已经放弃了善的理念。这种思考方式对哲学教授而言很典型，他们每年都改变观点，并以为这样是在发展自身。

一个哲学中的本质性的东西，是这个哲学自始至终一以贯之的东西。柏拉图从来没有放弃他的学说。这从《第七封信》* 很容易看出。在这里我们遇到善的未曾减少的统治。

从对整个故事提供的东西的讨论中我们可提取出什么，以回答我们的问题，即什么是**真理**？我们从对**最高的理念**的规定中，为真

---

* 柏拉图《第七封信》。在这个文本中，晚年的柏拉图写信给朋友，回顾自己的一生，依然坚持善的理念。——译者

理的本质获得了什么？

1. 我们得出，真理、ἀλήθεια，自身不是最终的，而是隶属于一个更高的赋能活动。在此已经有这样的方法上的指示，对真理的问题的阐明必须弄清一个基本事实：真理绝非最终的东西。

205 2. 我们得出，诸如真理这样的东西属于怎样的基本关联。我们不应在其他的概念中穿凿，以发现什么是真理，而是必须指向对这样的空间和境域的发现：通过它们并在其中真理被超越，并且真理在其本质中被赋能，处于一个更有力量的构型之下。

3. 这不仅适用于真理及其本质，也适用于存在。存在也不是最终的，而是在存在之上还有另外一个东西。它是什么，这是问题所在。

4. 我们得出，不仅一般的真理和存在自身二者隶属于一个更高的东西，它们来源于它，而且这两者在这种隶属中同时是相互关联的。真理作为存在者的被敞开状态，存在作为把握存在者的可能性，二者处于同一个轭(ζυγόν)下，其方式是轭自身拉紧二者，并由此才使得它们的本质关联得以可能。ἀγαθόν 具有轭的特征，构成了连接经验事物的存在以及经验事物的敞开状态的曲木。

5. 我们从善的本质中汲取出：它是那为真理和存在向其内在关联和本己本质赋能者，由是它跟人有这样的本质联系：它解放人，并由此联结人，并且在这种联结中将本真的必然性带入人的此在，作为自由的前提。

6. 人跟真正地解放他的东西的这种基本关系，就是他的解放自身，同时是他的历史。他的历史是柏拉图在图像中所描绘过的历史，它告诉我们，解放是自己努力向上进入事物的无蔽状态。这说明，人在其此在中的本质的转变，不是人外在境况的改变，而是人的存在的内在的变化。

c. 哲学作为人为其存在的内在改变的 παιδεία。通过人的历史而展开的真理的本质 206

柏拉图自己对此有一个完全明确的概念。在第七卷 521c5 的描述之后，他说：整个故事——在人身上发生的一切以及在过渡过程中所展示出来的东西，也就是整个转变的发生——并非单纯地转动手中的陶片，尽管看上去像是如此，而是引领人的本质并将其带出（ψυχῆς περιαγωγή）。通过被带领离开某种黑夜之昼（nächtlichen Tag）而到达真正的白昼的方式，人的全部本质被重塑。柏拉图称在洞穴中的此在为黑夜之昼：它不是绝对的黑暗，人在其中也处于某种敞开状态中。

这种将人引领和带出（περιαγωγή）一个处境而进入另外一个，就是提升到存在者自身，对这个发生，我们说，这就是真正的哲学活动（*Philosophieren*）。这是提升到存在者自身的真正的哲学活动。总结一下：对真理本质的追问，是通过哲学并在哲学中对人的第一个本质历史和本质转变的追问。

由此对真理本质的追问和真理自身在人的本质规定性内获得了一个根本位置。柏拉图同样知道这个基本位置，他曾在《斐德罗》249b5 表述：“灵魂（人的本质）如何能够进入人的形体，如果它未曾见过事物的无蔽者的话？”

人就如其所是的那样，只要生存着，就是这样被规定的：他好像已经看到了那无蔽者，从而带着对事物的本质的光明之看，并且 207
他只有发展这个光明之看才会这样。对真理本质的追问是人的首要问题。

在第七卷开头故事的导言部分(514a1 及以下)说：Μετὰ ταῦτα……“在此之后，你为自己制作一个关于我们的本质的图像，不是在任意的规定性基础上来理解(将目光调整向)它，而是根据它的 παιδεία 以及 ἀπαιδευσία 来理解”。这里已经给出了指示，在倾听这个故事的时候，我们的目光会按照 παιδεία 和 ἀπαιδευσία 被调整到我们的自然，我们的最内在的本质和存在上，并且不是仅仅分别参照两者，而是同时看向两者。

在我们德语中没有一个词来表达希腊人用 παιδεία 所指的东西。παιδεία 通常被翻译为教育(Erziehung)或者教养(Bildung)，最近被(耶格尔)翻译为“希腊人的塑造(Formung)”*。但这是一个学院观念；此处所涉及的不是这样的人文主义的(humanistisch)东西。παιδεία 意译是：从坚定地经受住命运所要求的东西而来的人的此在的内在保持。相反，ἀπαιδευσία 意味着失败、软弱、不坚定。

在后来的后柏拉图时代，它的意义已经转变到了教育和教养方向上去了。

对于我们的上下文而言，它意味着，在这个故事中所涉及的恰恰是人的本质和存在——根据他在根本上是怎样的。在这个基本的发生中，真理的本质通过人的历史展开，在人的这个历史中，人获得了内在的支撑，这个基本的发生就是哲学。

但是即使柏拉图的这个基本思想，即历史的基本发生是哲学，

---

* 参见 Werner Jaeger, *Paideia: Die Formung des griechischen Menschen*, Berlin: de Gruyter, 1933。——编者

也没有被人把握，如果人只生活在流俗的观念中的话。因此有必要 208
首先打发掉人们谈论哲学时的所有那些惯用思路。

1. 哲学**不是**一种**文化现象**，即某个所谓的精神创造的领域，在这个领域中那种为后世景仰的作品被制作出来。人们可以这样看待哲学，但却无法由此理解哲学。

2. 哲学也**不是**那种发展个体**人格**的素质，并通过哲学作品来表达自己的机会和形式。

3. 哲学也**不是**一个**学术领域**，即在**科学**的意义上展开研究，并且在其中产生进步。在哲学中没有进步。它不是那种可以被体系化地教和学的领域。

4. 哲学也**不是**对事物的观点的结论和完善意义上的**世界观**，就像是对科学成果和人的经验的总结。

5. 哲学也**不是**个别的人（或许从传统的宗教中脱离了出来）为自己创造一个**立足点**的特定的形式。

毋宁说哲学是在人自身（不是随便一个人）的历史中的一个基本的发生，它具有一个非常特别的追问的特征，**在这个追问中并通过这个追问，人的本质得到转变**。这个基本的发生不取决于我们对一个时代和一个民族的偏爱，相反它比我们古老，并且超出了我们。对我们而言，问题是我们是否能够把握这个必然性，或者是否我们相信能够摆脱它。

209

[关于1933年1月30日*，**科尔本海伊尔***的讲演]

每个时代、每个民族都有其洞穴以及所属的洞穴居民。我们今天也有。我们今天洞穴居民的典型例子以及从属于他的为他鼓掌的随从，举例来说，就是通俗哲学家和文化政治家科尔本海伊尔，他昨天在这里做了讲演。我所说的不是诗人科尔本海伊尔，他的《帕拉塞尔苏斯》(*Paracelsus*)**** 为我们所景仰。

他被困缚在影子上，将影子作为唯一决定性的现实性和世界；也就是说，他在一个生物学框架中思想和言说，而这个生物学是他30年前所学到的，在那个年代编造生物学的世界观是流行的模式，

* 海德格尔在封面上写的备忘："在[1943]年1月30日课程中。"在手写稿第一页，科尔本海伊尔的标题旁边写着"在讲演后一天的课上"。科尔本海伊尔于1934年1月29日在弗莱堡做了一个讲演《诗艺在一个民族中的生命价值和生命效果》。这篇写于1932年并在1933年多次在德国较大城市做讲演的讲演稿发表在 E. G. Kolbenheyer, *Gesammelte Werke*, vol. 8, Munich: Langen & Müller, 1941, S. 63–86。——编者

** Wilhelm Hallwachs 没有一起记下海德格尔讲话的说明。这篇讲话根据所保存海德格尔手写笔记誊出，这里用了斜体[中译用仿宋体]，以便把它跟出自 Wilhelm Hallwachs 笔记的其他文本区分开。Hallwachs 在课堂笔记中仅仅以这样的形式提及了这篇讲话："在几乎迟到一个小时之后，海德格尔出现了，首先做了一个讲话，纪念国家社会主义革命周年，在讲话结尾他提到了大学的诸多使命，他视之为唤醒并在精神上为未来做准备。然后他回到了主题。"——编者

*** Erwin Guido Kolbenheyer，1878年生于布达佩斯，喀尔巴阡德国人的儿子，1962年去世于慕尼黑。在第三帝国时期他是阅读广泛的作家，国家社会主义政权的倡议者。自1933年在普鲁士艺术学院任职文化主管；于1940年加入纳粹。——编者

**** 科尔本海伊尔的小说三部曲：*Die Kindheit des Paracelsus*(1917)，*Das Gestirn des Paracelsus*(1921)，*Das dritte Reich des Paracelsus*(1926)。其他作品包括 *Karlsbader Novellen 1786*(1935)和 *Das gottgelobte Herz*(1938)。——编者

参波尔舍*和相关宇宙论书籍。

科尔本海伊尔没有看到，他也不能且不愿看到： 210

1. 1900年的那个生物学是奠基在达尔文主义的基本出发点上的，而这种达尔文式生命学说不是某个绝对的东西，甚至不是**生物学的**，而是历史地、**精神地**被关于人性以及人类社会的自由观点所规定的，就像19世纪这种观点在英国实证主义中占统治地位一样。

2. 科尔本海伊尔没有看到也不能看到，他的原生浆、细胞结构和有机体生物学，已经从根本上过时了，如今已经形成了一种关于“生命”的全新的、本质上更深的问题。——有机体概念已经遭到摧毁，它只是“唯心论”、个别化主体、“自我”以及生物学主体的一个分支。基本建构：同环境的联系，但这不是适应的结果，而是适应的可能性条件。

3. 科尔本海伊尔没有看到也不愿看到，即使对生命的本质规定比19世纪更加源始、更加恰当，即便这样，**生命**（植物和动物的存在样式）也**不**构成现实性的**支配性整体**。

4. 科尔本海伊尔没有看到也不能看到，即使肉体生命以某种方式是人的存在及其种族世代传承的**基底**，这也并不意味着，这个**基底**必定是或者能够是**决定性基础**。

5. 科尔本海伊尔没有看到也不能看到，人作为民族是一个**历史性**存在物，而属于这个历史性的存在的是向着一个决定性的**存在意愿**（*Seinwollen*）和**命运**的决断——采取行动、在忍受和坚持中的责

* 波尔舍（Wilhelm Bölsche，1861—1939），普及性博物学作家。——编者

任、勇气、信心、信念、牺牲的力量。

历史性的人的所有这些基本行为都是只有在自由的基础上才有可能。

但是，仅仅为了将其伪造成生物学的功能能力(Funktions*fähigkeiten*)，而承认人的存在的这些现象是不够的(当然也很难否
211 认这些现象)。人们由此将决断——投入——自由——牺牲的勇气颠倒为一个过程，这个过程被当成是被外在地承担起来的，并被构建进预设的唯一起决定作用的生物学现实性中，而没有看到和把握到，在投入和坚持以及牺牲中，有一个根本不同的存在样式变得强大，完全不同于所谓的胃液、性别细胞、哺育功能。这种存在样式不是身体性存在产生的，虽然它跟身体联结在一起；这种存在不是在其他事物中“也”表现出身体组织，而是恰恰身体性的投入和战斗是被真正历史性地负责任的存在所支配和把握(高贵！)。普鲁士的高贵只是像树上的苹果那样长成，还是来自弗里德里希大帝世界的精神-政治现实性中的历史经验？

根本上这种思考方式跟弗洛伊德和他同僚的精神分析没有区别。根本上跟马克思主义也没有区别，它将精神性的东西看作经济生产过程的功能；我是否采取这个思路，还是采取生物学的或者任何其他的思考方式，对于历史性民族的存在样式的决定性问题都毫不相关。

6. 基于这种生物主义对人以及一个民族的历史性生存的基本现实性的盲目，科尔本海伊尔不能够真正看到和把握到今天历史性-政治性的德国现实性；这个现实性也完全没有在讲演中出现——相反，革命仅仅被伪造成一个有机体活动(*Organisationsbetrieb*)。

7. 这里所展现出来的是一个反动的、民族主义的和小市民的典型姿态。根据这种姿态，“政治”是一个非精神的、令人烦恼的领域，人们将它托付给某些人，这些人然后，比如说，就进行了革命。小市民等待着，直到这个过程结束，以便获得时机；现在在这里就带着这样的任务：将精神交给革命。

对这个战术，人们自然地引用元首的话：革命结束了，进化开始了。是的，但我们不想伪造。进化——当然了，但恰恰在革命结 212
束的地方。但是在诸如精神事务中，例如在教育系统中，革命非但没有结束，也许还没有开始——在这些领域又如何？

我们为这种生活状况而感谢那些精神性的创造者，因为他们对最陈腐的反应提供了始料未及的辩护。事实证明，对这个讲演最严重的异议以及它的成问题性的最明显的标志，是声嘶力竭的赞美，我对此并不羡慕科尔本海伊尔先生。

8. 谁对德国当前的现实性哪怕有一丁点经验和把握，就必定在科尔本海伊尔的第一句话之后，就知道了他的立场是什么。他将“职责”(Beruf)看作纯粹的经济现象，在市民时代就已经是这样了。他没有看到，恰恰需要从根本上在其本质中重新经验和把握(不是从所谓的精神)职责，即在其政治的基本特征中，并从劳动的本质出发来经验和把握。

9. 科尔本海伊尔是一个民族主义者、一个国家主义者；他谈到等级并且反对阶级幻觉——但他并不站在新的政治现实中，而是站在某个超出它的地方。另外，他从一种30年前在知识分子中流行的精神世界来思考和说话；他将这个世界作为唯一真实的，并且认为自己有权对任何不假思索的提问给出无可指摘的回答，就像报纸的答读者问专栏作家一样。

10. 向诗人科尔本海伊尔致以全部的敬意和景仰，但是昨天的演讲是政治性的，这意味着精神上的失败，他将这个失败最完美地展示了出来。

如果诗人科尔本海伊尔对我们说，艺术如何以改变了的方式从新的现实性成长出来，并且预先塑造现实性，构造世界，那么——好的；但是我们所听到的只是一个坏的通俗哲学。

洞穴中的人坐在他们的居所中，对暴力解放以及最高的关联的
213 历史一无所知。他用他的尺度测量一切，并相信：在 1933 年发生的是革命，在 1934 年及以后就只是精神的补充。

进化——当然了！发展、团结和极端追问的义务＝对革命性现实的澄清。——但是革命并非作为一个完成了的事情，从此以后就是所谓精神性的民族所认为的那些东西的发展。这是完全肤浅的。剩下的具有决定性的事情是，在此在所有的领域如此彻底地帮助提高历史性-政治性的现实性，使得**存在的新的必然性不加伪装地产生效果以及成型**。

d. 对人的本质问题探讨的正确进路 214

我们可以完全概括地说，我们追问的是**人**。这是主导问题，我们必须在我们所有的思考中提出这个问题，这个问题是关于**历史性的**人的。在这个问题中，一切取决于以正确的方式来提问。以正确的方式去提问，这是未来哲学的任务。这个追问**是**基本的发生，**是哲学活动**。

当我们现在追问人的时候，我们看到，这个问题迄今总是以这种形式被提出：人是**什么**？在这个**问题形式**中，已经有了一个完全特定的**预先决定**：即其中已经决定了，人是某物，它有怎样怎样的属性，有这样那样的构成部分。人们将他把握为一个生物，由身体、灵魂、精神构成。这些组成部分中的每一个都可以以特定的追问形式单独地被思考。生物学追问人、植物和动物的身体，心理学追问灵魂，伦理学追问人的精神。所有这些可以总体把握为一个人类学。

所有这些学科都积累了大量的关于人的知识。尽管如此，它们却必定不能回答关于人的问题。因为它们**完全不再问**这个问题。

这个问题中真正的变革必然是，这个问题**作为问题**必须已经以另外的方式被提出来了。我们不问，人是**什么**？而是问，人是**谁**？

伴随这个问题，有一个完全不同的问题方向被确定了下来。由此确定了，人是一个**自我**、一个存在者，其存在的样式、方法和可能性对他不是无所谓的，毋宁说他的存在就是这个存在者**在其存在中所关涉的**东西。

人是一个自我，不是有某种精神装备的生物，毋宁他是一个这 215
样的存在物：他**预先决定自己的存在**，是这样或者那样。这是从人的存在可能性和必然性出发的一个完全不同的立场。

只是因为人是一个自我(*Selbst*),他才能是一个我或你或我们。是-自我(Selbstsein)这个事实不是是-我(Ichsein)的结果。人的这个自我特征恰恰是他有历史的基础。

我认为,关于人的问题必须进行革命。历史性是其存在的一个基本环节。这要求人同其历史,以及同在这个问题中和从这个问题出发追求其存在的人,有一个全新的关系。

我已经将人的这个突出之处在术语上表示为操心(*Sorge*)这个词。这个词不是作为某个精神病患者的焦虑烦躁,而是人的基本样式,在此基础上才有诸如坚定、准备好服务,战争、统治、作为本质可能性行动。唯当人下定决心同意或者反对这种独特性……* 只有在那种准备好服务的地方,才有统治。

从关于人的本质的问题出发,人的存在就发生了革命,人跟历史性的传统以及历史性的使命的关系的样式和方法也发生革命。

* Willhelm Hallwachs 笔记中遗漏。——编者

第三章　非真理的本质问题 216

第 29 节　ἀλήθεια 基本经验的消失和对真理问题的变化了的重演的必要性

a. 真理本质的问题作为人的本质的历史问题 *

我们要对上一次课的思考进行简要总结。通过对最高的善的理念的澄清，我们想要得出，关于真理的本质要把握什么，什么规定性属于整体的真理本质。

1. 真理并非某个最终的东西，而是隶属于某个更高的东西、善的理念。

2. 这同时对存在也有效。

3. 真理作为无蔽状态、客体的特性，同样存在作为主体、被看到的东西，这两者处在一个轭之下。这个将存在和真理作为客体和主体约束在一起的轭，就是善。

而这个善跟人的本质有内在的联系，我们上次课已经就此说明

* 1934 年 2 月 1 日课程开始的复习。——编者

了。将人的本质解放到最高的理念上去，是人的本真的本质历史，而人的此在是在哲学支配下的。

在洞穴之喻中人的本质历史表明：各个阶段的转变并不像转
217 一个手中的陶片那样易如反掌，而是从黑夜之昼走出进入真正的白
昼；这就是哲学活动。

第七卷开头对洞穴之喻整体的描述也是与此相应的。这里的这个故事所涉及的是人的历史，是就 παιδεία 和 ἀπαιδευσία 而言的我们的自然（Physis）。παιδεία 所说的既非教育也非教养，而是人保持（Gehaltenheit）在此在中，只要他坚持住对他的要求。这个故事所涉及的是作为人的规定性的生存，并且这是最高的规定性。人的这个基本发生就是哲学。

问题是，什么是哲学。这个问题和真理问题取决于一个基本问题：人是什么？

对这个基本问题的回答，我们今天通常从诸如生物学、心理学、人类学、社会学、分类学等科学获取。这些科学虽然总体给出了关于人的多种多样的信息，但是没有给出对这个问题的回答，因为它们都不再追问人，因为它们都已经建立在了一个完全确定的回答上，即人是其他事物中的一个，由身体、灵魂、精神、人格等构成。这些说法被广泛传播和阐述。这些说法都是正确的，但在最深刻的意义上又是非真的。

在这些学科中，提问的特定方式已经预先被规定了。通过这个提问样式，答案已经预先被给出了，即可能回答的一个特定范围已经被标划出来了。即使这些学科还在如此广阔地被扩展，它们却不会超出它们预先已经作出的关于人的决定。

作为这些学科基础的提问方式，必定是这样的：人是什么？对这个问题的决断已经包含在问题中了：人是有如此如此属性的某个东西。人们或许会认为，这个问题完全不能以另外的方式提出。

但这仍然是可能的。我们不问：人是什么？而是问人是谁？在 218
这个提问中也已经有了一个决断，即人是一个自我，不是一个现成的东西，而是一个在其存在中被托付给自身的存在者。自我不可被分类到现成东西的领域，而是被托付给了恒常的选择和决断，它必须承担起这些。

决定性的不是自我知道自身，而是在这种自我意识意义上的认识只是这件事的结果：这个存在者总是关涉他自己的存在。

这个基本特征，即人总是关涉他的存在，自身属于他的存在。我们将这个存在标画为操心。这个操心跟某个焦躁状态无关，而是描述自我的基本特征，它关涉自己的存在。至于如何关涉，这留给了人的选择和使命。

唯有当存在是操心，一种在坚定、劳动、英勇等意义上的存在方式才是可能的。但是因为人具有这些可能性，他在另一方面也有无害性、忙碌、懦弱、奴性、唯利是图等的可能性。这些不是某种令人遗憾的附加物。哪里有忙碌，哪里才有劳动。只有在这种存在（作为操心）基础上，人才是历史性的生物。操心是人能够是政治动物的可能性条件。

b. 人的存在的生存论规定以及人的真理问题

我们将这种存在样式标画为操心，只要我们把它作为生存（*Existenz*）跟另外的存在样式（就像石头、动物）区别开来。虽然传统上生存这个表达被简单地用于表示现实性的存在，而我们则要在生存之下理解一种**操心意义上的存在样式**，并由此理解在操心中的存在关联，即关涉存在自身这个事实。

219 由此我们不能说“动物生存”，或者“石头生存”。针对不同领域的存在样式的根本区别，我们作出一个区分。所有不具有生存特征的存在者，所有它自己的存在对它闭锁着的存在者，所有这些我们只是以某种形式看到的存在者，我们跟它的关系就只是遭遇到并经验到，这种存在者及其存在，我们称为**范畴的**(*kategoriale*)。

κατηγορεύειν= 表述，某物在其所是中被提及。范畴是我给这样的存在者的规定：对我而言，它作为一个他者被遭遇。有机物、生育、繁殖，都是**范畴规定**。

相反，传统、决断、斗争、洞见是涉及生存的规定性：**生存论**概念。

由于**操心刻画出作为自我的自我**(*Selbst als Selbst*)的**特征**，并且我们在其中看到了人的基本规定性，我们必须说，人，就如我们所发现的那样，也就如我们所经验到的那样，作为你、我、我们，是奠基于人是一个自我。**自我存在**的特征是人是一个我(ein Ich)的条件，而非相反。自我是那源初的东西，使得我和你可能的东西。只有在自我的基础上才有我和你以及我们之间为了优先性的斗争。

人是谁，只能以做哲学的方式来言说。我们必须提防滑入一种错误的要求，即进行一种定义式的规定。我们只有更多地经验**哲学**的本质，如此才能在人是谁的问题领域走得更远。

人到底能否从自身出发，就自我的本质知道和发现什么？我们从何处知道这件事，即我们知道并且能够知道，我们自己是谁？

随着这个问题，我们进入下一个问题：我们从哪里获得关于人自身的真理？只有带着这个问题，哲学才进入对它来说终极的东西。

如果人是在生存意义上特殊的存在者，那么关于他的真理也具 220
有一种独特的特征。这种真理是什么样式的？根据柏拉图，我们从人的本质历史（洞穴之喻）中经验到了真理是什么。

c. 对作为轭的善的存在以及对无蔽状态自身的问题的缺失

我们重新进入这样的循环，重新进入这个领域。在这里清楚的是，我们在做哲学，即在真理是什么这个问题中坚持着。这个循环必须作为循环被经历完。在问题中坚持指的是：不中止追问。

恰恰是那最高点，那对善的理念的探究，现在对我们必须变为成问题的。ἀγαθόν 没有什么内容，而是意味着某物如何是的一个方式——它是贯彻自身的、坚持的、能忍受的、正直的、有用的。

柏拉图将在人的此在中的这个 ἀγαθόν 描述为轭，它约束着：一方面是作为对理念的看的存在理解意义上的存在，另一方面是作为存在者的无蔽状态的希腊意义上的真理。在现代哲学语言中的表达是：一方面是主体，另一方面是客体。ἀγαθόν 是完成这个拱形的 ζυγόν［轭］。

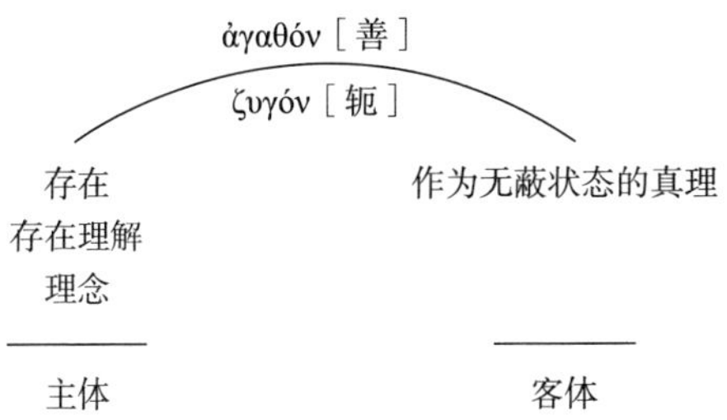

伴随着对这个**轭的特征**(*Jochcharakter*)的追问，我们遇到了
221 成问题的东西，因为柏拉图没有解释，这个轭本真地是怎样的。之所以没有给出解释，是因为这个问题没有再被提出，因为在轭之下的东西预先被设定为两个**并列的东西**，事后再问它们有什么关系。

这种捆绑并不能探询到轭的特征，而是将处于轭之下的东西改变其含义为主体和客体、现成的东西。关于轭的问题不再被提出。

然后柏拉图规定了存在的本质，规定了存在的本质和样式作为理念，在这种标画中，存在者是被看到的东西，我在一个事物上预先看到的东西。这个特征是**含混的**。一方面，理念是被看到的东西，由此总是和看联系在一起。而被看到的东西总是一个如此如此的东西，故而可以作双重理解：作为什么(als Was)，和根据其被看到的方面作为如此的(als solchen)。

理念的特征，退到当下在内容上作为个别被看到的东西而凸显出来的事物之后。理念仅仅具有这个内容(如桌子、房子、山)，从而这个如此被看到的东西被当作现成的存在者，在这个意义上，我们一方面看见个别的事物，另一方面看见理念，个别的、感性的山和山的理念。中间是一个 χωρισμός[分离]。

由此诸理念的整体关系被把握为一个包含不同领域的客观层面。这样，柏拉图所设定的入手点——看到联结看与被看的东西之间的曲木，就立刻被放弃了。

这是主体问题以及主观性和客观性问题被带离正轨的起因；作为无蔽状态的真理的规定没有被了结，也就是说，在这个源始的事情中被看到的东西没有被耗尽。

ἀλήθεια 作为真理(无蔽状态)不是陈述、命题的规定性，而是

存在着的事物的特征；它发生在一个事物上，并随这个事物发生，但它自身没有改变。存在者会以如它所是的样子展示出来。

在此，无蔽状态和敞开状态就退到了后面。**无蔽状态自身不再** 222
被真正地询问，而是转去思考，在无蔽状态中的东西是什么。无蔽状态变成那无蔽的东西的名称。

亚里士多德的哲学寻求和追问 ἀλήθεια。(亚里士多德说，他的哲学追问真理)。这种哲学追问无蔽者自身，即追问在其存在中的存在者。ἀλήθεια=ὄν、οὐσία、εἶναι［真理＝存在、是其所是、是］。这对希腊人意味着：虽然他们已经经验到了它(？)，但是没有将它(？)* 放到它可被询问的那个位置。

与此相连，本质自身被设定为现成事物，并被确定为原型。于是事物就是影像。由此走向了 ὁμοίωσις［相似］、adaequatio［一致］。个别事物，人的思维与它们相似。

由此希腊人的真理有两个含义。首先出现的是作为敞开状态的真理，但是出于本质性的根据，作为思维和看之符合一致的真理获得了优先性。

在柏拉图那里我们再一次体验到了两种真理闪耀出的光芒。自柏拉图之后，真理作为命题的特性的规定性赢得优势。今天它已经如此自明，以至于谁也不敢冒着风险去提别的了。

d. 一个变化了的重演的必要性

那么我们为什么不想保留在这个概念中？概念的这种自明性

---

* Hallwachs 的笔记中，这个句子用这两个问号标出。——编者

通常已经是致命的，并且是一个这样的标志：这个问题已经沦为不
223 言自明的。为何我们不停留在那里？我前面已经指出了其内在的困难。

首先，“这支粉笔是白色的”，这是一个命题。命题的意义（Sinn）、含义关联（Bedeutungszusammenhang），是与粉笔自身完全不同的东西，而意义应与粉笔自身符合。意义是成问题的。我们的思想跟事物的符合只有这样才可能：在其给予我们的方式中，事物是预先向我们敞开的。假设命题（与事物）的符合是真理的特征，那么事物必定已经具有了真理，由此陈述才能被估量。也就是说，陈述已经以事物的敞开状态为前提了。

更为本质性的是，这个真理概念不能帮我们达到**人的真理**的规定。我们不能由此理解信念、内在的决断，也不能理解艺术作品的真理。

我们甚至不能在流俗的真理概念基础上提出这些本真的真理问题。由此才有重新提出真理问题的必要性，不跟传统脱离，但也不盲目地追溯到哲学的开端。

根据真理概念的这两个基本的可能性，即无蔽状态和正确性，从**我们**自己出发，在我们的此在的历史处境中，重新接过真理的本质问题，并将之推到更远。恰恰是在希腊人那里第一次被照亮但没有完成的东西，要从我们的概念出发被引向更远。

当我们把握了形式的东西时，我们获得两点：

1. **真理**是一个**发生**，它是跟人自身一起发生的，没有**人的本质的发生**，它是不可能的。真理是对存在者的发生，而人的整体存在是这个发生的基础。

224 2. **作为无蔽状态的真理是跟遮蔽状态**本质地联系着的：从洞穴

中强行带出，对遮蔽者的克服，将存在者从被遮蔽状态强行带出来。

当我们沿着希腊经验的方向前行时，我们必定会问，无蔽状态所克服的东西，真正来说是什么呢？遮蔽状态意味着什么？

我们历史性地问，希腊人在其哲学中在多大程度上知道事物的被遮蔽状态，即那在真理的发生中必须被战胜的东西？

我们会看到，非真理（Unwahrheit）或者不真（Nichtwahrheit）如何跟作为无蔽状态的真理对立。不真是含混的。被遮蔽者首先可以在两个方向上被把握。

1. 那尚未从遮蔽状态被取出的东西。

2. 那曾经从遮蔽状态被取出，而又重新陷入遮蔽状态的被遮蔽者。

第一个是纯粹的被遮蔽者。第二个经过了一次解蔽，是被掩盖者、被遮盖者、伪装者。在这两个方向上，我们还会遇到进一步的区别。只有这样我们才会发现那种表现了与希腊的真理概念相反的概念的做哲学的样式。

第 30 节　无蔽能够从被遮蔽状态被夺取，对被遮蔽状态的本质追问的缺失

a. 将对真理的本质的追问转变为对非真理的本质的追问 *

洞穴之喻向我们展示出，真理在多大程度上跟*人的存在*关联 225

* 1934 年 2 月 15 日课程开始的复习。——编者

着，由此我们已经将真理的本质问题带到一个相对的结论。真理是无蔽状态。**无蔽状态**不是在哪里自在地存在的，而是只有**作为人的历史的发生**存在。

只要人的历史发生，存在者整体中的事物就进入了敞开状态。人的这个历史不是理论思考和意见的历史，而是一个民族的总体历史，就像在希腊人那里在一定程度上早已发生的那样。

这个历史在自身中有**将人解放到其存在的本质去**的驱动力。这个解放从**荷马**开始，在希腊建立城邦活动中实现，连同祭祀、悲剧、建筑等，并伴随着**哲学**的觉醒。

这个总体的发生实现了一个世界**筹划**，希腊民族就在这个世界筹划中生存。这个世界筹划是人在我们今天称为世界观的东西中活动的前提。世界观不是一个附加的上层建筑，而是一个民族所实施的世界筹划。

今天当元首一再说向着国家社会主义的世界观进行再教育，这不是指灌输某些口号，而是带来**总体的转变**，在这个**世界筹划**基础上，他教育整个民族。国家社会主义不是某个学说，而是德国世界根本的转变，并且就如我们相信的那样，还是欧洲世界的转变。

一个民族伟大历史的开始，就如我们在希腊人那里看到的那样，向人类创造的所有维度伸展。事物随之进入敞开状态和真理。但是在同一时刻人也步入了**非真理**。非真理只有这个时候才开始。

敞开状态总是被限定的、被规定的。一个敞开状态的界限总是那没有敞开的，遮蔽着的东西。这就是**非真理**的真正意义。这样理
226 解这个概念绝没有任何贬低、轻视，而是，非真理仅仅是作为**不敞开者**（*Nichtoffenbares*）。

非真理这个表达是含混的；它可以表达：1. 不-敞开状态（Nicht-Offenbarkeit）= 被遮蔽状态，和 2. 遮蔽的而同时以某种方式是敞开的。这是假象的本质；某物看起来如何；正因为它看起来怎样，从而遮蔽了某些东西。这后一个特征是在**我们的**意义上作为非真理所表达的东西。我们在希腊人的本质中看到，他们的真理概念直接地、深深地跟非真理的本质联系在一起。对希腊人而言，真理无异于**对非真理的进攻**。这一点已经通过 ἀ-λήθεια 这个构词表达了出来。这个否定性的、剥夺性的表达表明，真理就是那必须从非真理被夺取的东西。而在我们这里，真理这个词是一个肯定的表达。

在什么方向上真理的本质可以**更源始地**展示为无蔽状态，作为对遮蔽状态的进攻？这关涉到**真理和非真理内在的本质关联**。

b. 对一些基本概念的先行解释：ψεῦδος、λήθη 和 ἀ-λήθεια

在这里我们想要再次在**词语**概念上稍作驻留。希腊人如何表达**我们**称为非真理的东西？表达狭义上的非真理即错误的希腊词语是 ψεῦδος。对希腊人而言，真理的对立概念不是通过在同一个词根基础上的反义词表达的。我们进一步看到，在希腊人那里，非真理是以肯定的方式表达的，而真理是否定的（ἀ-λήθεια）。

如果表达非真理的词语被希腊人肯定地理解，如果这个词语有不同的词根，那么是怎样的经验为这个词提供了基础呢？当我们想要弄清楚这个**原始词语**（*Urwort*）时，我们所研究的并不单纯是词语的历史，而是我们坚信，语言总是一个民族的此在的阐明，词语 227
特征是对完全本质性的基本经验的表达。

对希腊人而言，ψεῦδος 意味着什么？我们要通过一个外来词“笔名”（pseudonym）来说明。这个词是由 ψεῦδος（错误的）和 ὄνομα（名字）组成的。但是笔名不意味着错误的名字。它是什么？它的意思是什么？当我们说粉笔是海绵的时候，我们对它作了一个错误的描述。笔名不是错误的名字，而是这样的名称，作者隐藏在它后面，用一个化名将他掩盖起来。这个名字跟作者并不相符。这部作品呈现给读者一个名称，在这个名称后面另有其人，而不是书上所署的那个名字。作者的情况被遮盖住了，并被扭曲了。

这就是希腊的 ψεῦδος 的基本意义：将事物如此翻转，使得人看不到它真正的样子。ψεῦδος 是那歪曲者和颠倒者。

希腊人对 ψεῦδος 还有一个相反概念和反义词。比如出现在德谟克利特那里：ἀτρεκής（词根是 τρέπω，即翻转），即那没有被翻转、没有被歪曲的东西。相反的概念 ψεῦδος 不是简单地“错误的”，而是“被歪曲的”。决定性的环节是扭曲的。

ψεῦδος 的这个含义成为含义史进一步发展的基础。ψεῦδος 意味着：那被转向人及其感知的东西，其方式恰恰是，不仅仅那被隐藏在后面的东西被遮盖了，而且产生了这样的假象，似乎有东西隐藏在后面，而后面根本什么也没有。

由此我们不仅具有了歪曲的含义，而且还有了无物（Nichtigen）的含义，无（Nichts）就隐藏在它的后面。这也是这个词的中动态（ψεύδεσθαι）的意思：将某物归为无，作为无来解释。

228 λόγος 的一个规定是，那种所言为虚的话语，不包含任何内容，而是伪装为跟它所意味的不同的东西，这就是谎言。

这就是 ψεῦδος 这个语言表达的主要方向。

我们现在问，希腊人难道没有发现真理 ἀλήθεια 这个词有相应的肯定的词形？确实有，但是这个词形跟真理的概念却不一致。指向肯定的相反概念这一点应该表明了，真理和无蔽对希腊人而言不是一个命题的属性，不是认识的属性，而是事物自身进入的一个客观的发生。

这从 ἀλήθεια 的反义词来看很清楚：λήθη、λάθω、λανθάνω=我是被遮蔽的、我保持被遮蔽。保持为被遮蔽的这个规定对现实性，对存在着的事物也有效。

一种特定样式的“我保持被遮蔽”的例子，我们通常译为遗忘，可以在**修昔底德**那里看到。在书的第二卷第 49 章结尾。在伯罗奔尼撒战争过程中，在雅典爆发了一场大瘟疫，这里描述了其过程和后果。“好些人在挺过了疾病之后丧失了四肢；有些人丧失了眼睛，另外一些人在痊愈后，却立刻被涉及一切存在者的被遮蔽状态所袭击 < 被侵扰 >。所发生的情况是，他们既不知道关于自己也不知道关于亲人的任何事情。”

这里关涉的是一切事物以同样方式被遮蔽；这发生了对人的一个命运性的袭击。这个(后退)有这样的后果：人作为个体既不能知道自己，也不能知道另外的人。ἄγνοια[无知]=λήθη 的结果。(……)*

我们简单地说，他们丧失了记忆。这是一个纯粹主观的构词，229
这对希腊的现实性而言是不公正的。ἔλαβε：袭击、降临到他们。λήθη 是客观的力量；它就像 φόβος[害怕]、ἄλγος[疼痛]、ὕπνος

* 在 Hallwachs 的笔记中这里跟着两个残句，用问号标识出来，其意义不可辨识，甚至也无法猜测。——编者

[睡眠]一样侵袭人。(一种完全特定的敞开方式。)

通过一种非常特别的主观化过程，λήθη 获得了主观的遗忘的含义。问题是，遗忘到底能否被主观地解释。因为 λανθάνω(我被遮蔽)这个词在希腊语中也要求一个完全特别的结构，比如，λανθάνω ἥκων= 我作为一个到来者保持为并且是被遮蔽的。被遮蔽状态是我的存在的一个特征，而非基于别人的角度的那种未被把握的属性。

敞开状态就像被遮蔽状态一样，对希腊人而言都是客观的发生。由此，在希腊思维方式中，真的东西可以代替存在。无蔽者就是存在者自身。真-是(*Wahrsein*)和存在在柏拉图的语言中通常是具有同等意义的。一方面，存在对希腊人而言意味着：是在场的、并非不在场的、不被遮蔽的；另一方面，真理意味着：无蔽状态。

这种等同在西方思想中保持着，即使在今天我们还这样教学——只是以另外的意义。现在人们说：存在者，是作为存在着的被放进命题中的。

这个阐释应该足以使得我们为事质性的问题做好准备。

第二部分

就非真理的本质的问题对柏拉图的《泰阿泰德》的一个解释

第一章　对希腊知识-概念的初步思考

第 31 节　关于 ἐπιστήμη 的本质的问题

为了弄清错误意义上的非真理，我们将追随柏拉图的比喻。他在所有问题的本质性领域都会使用到比喻。这是两个出自《泰阿泰德》的比喻。我们由此来估量，非真理概念如何被忽视了，以及如何由此导致了，关于非真理和错误的本质的整个问题被当成了次要的问题。

我们没有关于**谬误**（*Irrtum*）的逻辑，没有对它的本质的真正说明，因为我们总是将谬误当成**否定性的**。恰恰是这个基本错误统治着真理概念的全部历史。

《泰阿泰德》被当作关于所谓的认识理论的最重要对话。有人引用这篇对话以证明，甚至连希腊人都已经做认识论研究了。由于这个观念，对这篇对话的解释被逼着走上了一条完全错误的道路。

希腊人的问题：τί ἐστιν ἐπιστήμη? 怎么翻译？对对话内容的把握就取决于这个翻译。

232 ἐπίσταμαι= 我将自己放置在某物之前，走近一个东西，处理它，以便支配它、胜任它和匹配它。擅长某事，无论是制作一个器具，还是发动战争，或进行教学活动。所有这一切都在某种意义上要求：一种精通，希腊人用 ἐπίσταμαι 来标画它。

这个词不表示科学。科学，比如几何学、数学，虽然是这种精通的**一种**方式，但不是**这种**精通方式自身。在 ἐπίσταμαι 中实现了人类此在在所有领域中的所有问题上和层级上的完全多样的精通。

所以，由于这个概念有如此广泛的含义，就产生了这样的问题，即什么是对人而言的 ἐπιστήμη 的内在的、共有的核心？这个问题无关乎认识论，而是要阐明，在所有的这些精通的行为方式中，什么是其真正的本质。

如果人们从开始就弄清问题的方向，那么也就会确定地将这个对话从科学领域移走。科学只是知识的**一种形式**，即使从某个角度来看它大概是最高的知识形式。

对话里的这个问题似乎指向阐明归属于各种知识形式的规定性和属性。这是关于**知识的本质**的一个问题。

当这里问知识的**本质**的时候，那么这个关于知识的本质的问题是关于**人的存在**（人的本质）的问题。这里隐藏着与诸如“一个房子、一个桌子、一本书是什么？”那样的问题**完全不同的方法论特征**，这些东西都是对象性地现成存在的，我对此发问是问某个现成存在者。与此相对的是这样的问题：知识是什么？这个问题是关于作为一个存在者、行动者、历史性的人自身的。由此，这个问题所指向的答案不能在某个论断中被找到。这个关于人的问题，同时也是人 233
作为一个认知者向自己提出的关于标准、法则、规则的问题。

在“知识是什么？”这个问题之后，隐藏着一个完全不同的要求，这是提问者对被提问者的一个非常特定的进攻，后者坚持流俗的意见和看法。这种对人的进攻无非就是哲学的本质。

据此，在方法论上预设了，对这个问题的回答不在于对各种因素的列举，而是只有在一个对峙、一个斗争中答案才能得到阐明，在这种斗争和对峙中，给出了人的诸种完全确定的根本立场。

因此，这个对话恰恰有特别的争斗的特征。这不是纯粹的确保正确意义上的自我估测，而是有这样的特征：对立双方越相互追问，则越臻于提问之最高可能的尖锐性。

对话最后没有给出答案。答案其实恰恰就在对峙之中；而不是在某个直截了当地最后给出的命题中。回答是如此阴森神秘，以至于直到今天哲学家们都没有汲取尽其本质性的内容，甚至没有抓住这个问题。

这预设了，就像所有历史性的解释一样，解释自身就经验着并澄清了它所追问的事物的本质。大概只有这时一个人的眼睛才会张开。

现在我们试图阐明柏拉图处理非真理的本质时的主要特征，完成了这个工作，我们就掌握了问题整体。

第 32 节 对希腊知识-概念而言基本性的东西

a. 关于迂回至希腊哲学的理由 *

我们在上次课通过提出非真理的本质问题，已经从根本上扩

* 1934 年 2 月 20 日课程开头的复习。——编者

展了真理的本质问题。如果人们已经弄清了这个源始的希腊概念(ἀ-λήθεια)，这个问题就是不可回避的，因为无蔽状态自身跟遮蔽状态相关。

希腊词 ψεῦδος 具有伪装、遮盖、假象、错误的含义。这样从一开始对非真理的本质的追问就跟真理问题一起出现了。而到人们看到并提出真理和非真理的内在关联的问题，又用了好几百年的时间。

我们要沿着跟真理问题相同的方向来回答非真理的问题；我们要以**希腊**提问的方式，尤其是以柏拉图的方式来看待这个问题。我们已经用希腊哲学贯彻了我们的主导问题。

那么为什么要迂回至希腊人？为什么我们不能直接从今天的困境出发来回答这个问题？我们做这样的迂回，是因为回答取决于提问的样式自身。**回答**总是跟**提问**的范围和深度相应。其范围则取决于提出问题的民族的源始性和本质性。

因为今天这个问题完全不再作为一个**本质性**的问题被提出，而是停滞为学者的业务，它已经丧失了它的伟大。因此重新将这个问题带入其恰当的伟大和尖锐中，并由此为这个问题所意味的是什么获取标准，具有根本意义。如果我们有这些标准，那么我们就不会 235
遭遇今天已经交付给了闲谈和粗制滥造之文字的那些科学问题，对这样的问题，每个报纸作者都能掺和进来。如果我们有这些标准，这样的粗野就是不可能的了。

我们要以一种真正的严肃对自己进行重新教育。所以我们才做这个**迂回**。我们要这样考虑非真理的本质问题，就恰如我们考虑真理的本质问题的方式一样。

希腊对非真理的词语表达是 ψεῦδος。我们注意到：1. 这个词的一个完全不同的词根与一种完全不同的基本经验相应：隐藏、歪曲（排挤）；2. 我们的真理概念有一种肯定的特征，而希腊人的是否定的（ἀ-λήθεια）。

尽管如此，这两个词在希腊人那里作为反义词彼此对立。只有这两个词的含义都即刻被削弱了，这才是可能的。

ψεῦδος（通过外来词 Pseudonym［笔名］为我们所知）意味着错误，但是不仅作为不正确的，就如我们通常理解的那样，还在我们说“错误的人”这个意义上。我们的意思不是“不正确的人”、行为不符合规则的人；并不需要是一个错误的人。我们的意思是扭曲事实状况，扭转到事实这样的一个方面，在它后面事实状况是另外的样子，这是 ψεῦδος 的本质。这个含义被如此极端化：所扭转向的那一面、那个外貌，在它后面其实什么也没有。这样 ψεῦδος 获得了空无、空洞的含义。

ψεύδεσθαι：1. 不充分［？］，2. 以这样的方式说话，即虽然说了什么，但是通过说出来的东西恰恰遮盖住了其所意味的东西。

这个基本含义已经如此扩展了，以至于它最终作为 ἀλήθεια 的对立概念，变成了 ψεῦδος 的高高在上的主人。而 ἀλήθεια 则完全从西方经验领域消失了。

236
b. 希腊知识-概念的基本含义和范围以及非真理问题的源头

转向我们要讨论的事情。我们也想把现在的这个非真理问题在柏拉图的文本，即《泰阿泰德》中的提问基础上发展出来；不是为了跟我们前面的做法达成一致，而是因为柏拉图在《泰阿泰德》

中确实第一次在根本意义上提出了 ψεῦδος 的本质的问题。

在这里需要注意的是，在前柏拉图时代就已经本质性地为这个问题做了准备。真理的问题自身带着非真理的问题，但是这个耦合还不意味着本质洞见。相反，在希腊哲学的开端还存在着一个基本困难，即把握假象、无物、错误的本质。这个困难奠基于这个基本法则：存在者是，非存在者不是。

如果谬误（Irrtum）作为错误（Falsche）和无物是一个否定的东西，并且非存在者不能存在，那么就不会有谬误和错误。但是事实与此相反，错误、谎言是人的此在的一个力量。非真理的力量和无物的非-存在相对立，后者完全不是。

这是进入哲学的本质性的一步，即把握这个问题并阐明如何理解：那自身是无的东西，就如错误的东西、迷误，怎样无论如何能够存在并且可以开展其力量。

这个问题导向了，对存在的本质的追问服从于一个本质性的转变。甚至非存在者、无物也被认为是，这一点已经被认识到了。但是必须也说明，如何是。这要求存在的本质的一个转变，这个转变只在这第一次发动中实施。直到今天还保留在那里。

非真理问题不是一个随意的问题。它所涉及的也不仅仅是真 237
理的对立概念。它将我们放进了一切哲学和一切认识的基本问题中。我们要看，柏拉图以何种途径提出这个问题并阐明它。

我们可以这样问以将这个问题拉得更近：是因为人进入迷误（Irre），并因为这种迷误似乎在某处自在存在，所以有谬误（Irrtum），还是说因为人迷误，并且只是因为人在其存在的基础中就是一个迷误者，所以他会迷误？然而在希腊人那里，问题还没有达到这个程度。

我们首先沿着柏拉图的方向追问：作为非存在者和无物的错误属于何方，这到底是如何可能的？为此必须弄清对话的基本特征，在此对话过程中柏拉图达到了这个问题，所以，必须对这篇对话的主导问题进行限定，然后追随他的提问过程以及进展，直到在这个 ἐπιστήμη 问题内部，ψεῦδος 问题显现出来。

由此我们确定，希腊人是在什么基础上以及在什么空间中提出的这个问题。1. 我们将这个主导问题发展到 ψεῦδος 问题出现的地方；2. 我们需要更加接近 ψεῦδος 问题以及对它的处理的基本特征。

这个主导问题是：τί ἐστιν ἐπιστήμη? 知识是什么？这个问题并不意味着：科学是什么？它也跟科学学说和科学理论无关，而是关于一个广义的、源始意义上（即在希腊意义上）的知识的本质的问题。

ἐπιστασθαι 意味着：主管一个事物，在一个事物前站立，超出它，跟它匹敌，精通于它。跟 ἐπιστήμη 一起用的同时还有 τέχνη 这个词，这是技术（Technik）这个词的词源，被错误地翻译为艺术
238 （Kunst）。τέχνη 不是制作的方式和方法，而是一个知识概念，认识、知识、精通的概念，能够构造、生产什么。

对希腊人而言，艺术也是一种知识，是真理的一种实现、存在者自身的一个敞开，这种存在者迄今尚未被认识。艺术是揭示现实性的基本方式。只有通过塑形（Gestallung），人才认识存在的伟大。

在希腊人那里，知识这个词具有非常宽泛的含义，包含各种精通的方式，而不仅仅是人们后来称为理论知识的知识。知识表示在事物及其发生的敞开状态中的立足之地和落脚点。

只有在亚里士多德这里才有了 ἐπιστήμη 和 τέχνη 的分离，但是即使在他这里，还保留着知识的基本含义。ἐπιστήμη 是一个特定事

情领域的知识和知道。τέχνη 是属于手工制造的和其他产品的知识。

在 τί ἐστιν ἐπιστήμη 这个问题中，所问的是这种（广义的）知识。τί ἐστιν，某物是什么，我们称之为本质问题。在“某物是什么”这个本质问题中，我们要经验，什么属于一个对象本身。一座房子是什么？即什么东西属于诸如一座房子这样的东西？其回答应该展现出，什么属于每一个事物，什么普遍地属于一个东西，进行限定的普遍概念，是普遍地属于一个事物的东西。

但是现在当我问弗里德里希大帝的本质，这个存在者只是一次性给出的，并且将来也只有这一个，他不可能是普遍概念。一个东西的本质不可能在普遍地属于他的事物中找到，普遍定义只是一个本质性内容的附加规定。我不是在它上面寻找普遍的规定性，而是寻找那使得这个东西可能的东西，一个东西的内在可能性。

我继续问这种内在可能性的根据，由此追问那真正的本质，追 239
问我们称为知识的东西的内在可能性。这个问题：知识是什么？今天参加对科学的本质的问题探讨的每个人都必须思考到底。

追问的进程有如下特征。一系列对这个问题的回答被给出，它们都作为不充分的而被拒绝。对话最终的结果是消极的，没有结果。但是成果并不是处于对话结尾的东西，而是追问的过程自身。这个过程总也是每个哲学的道路（本质）。

追问的实施以及在追问中的坚持，就是事物的本质得以敞开的东西；任何回答都毁坏了问题。只有在追问中那种有被认识可能的真理才是可能的，并在此。

所以我们必须作好准备，对话所关涉的是哲学，而不是讲故事。对回答的拒绝事实上嵌入了一个回答。

第二章　泰阿泰德对知识的本质问题的回答以及对它们的拒绝

第 33 节　第一个回答：ἐπιστήμη 是 αἴσθησις。对感知活动的本质的批判性限定

a. αἴσθησις 作为以知觉方式让事物同我们遭遇的基本方式。αἴσθησις 确定却有限的敞开状态

τί ἐστιν ἐπιστήμη？这是《泰阿泰德》这篇对话的主导问题。第一个回答是：ἐπιστήμη=αἴσθησις，知识是感知（Wahrnehmen）、感知活动（Wahrnehmung）。这个回答在后面将被否决。但是我们首先要问，为什么恰恰给出这样的回答，为何*这个*回答作为*第一个*回答被给出？

我们可以作这样的预设，对话不是随意的来回东拉西扯，而是以一个源始的理解为基础，在相互交谈中顺序展开。

*为什么*恰恰是*这个*回答？人们当然可以从心理学教科书中回

忆起点什么：跟高级的认知能力相比，感知活动（αἴσθησις）是低级的认知能力。但对话所关涉的并不是这一点，也不是关于柏拉图意欲反驳**普罗泰戈拉**和感觉主义。他并不是要反驳，而是要突出这件事情。

在柏拉图这里，其根据是更加本质性的和更深沉的，处于ἐπιστήμη事实上是什么和对希腊人而言αἴσθησις意味着什么之间的关联中。我们可以从这一点看出来，这个回答不是随意的：当亚里士多德要表明最高的认识方式即νοῦς的时候，他将这种知觉标划 241
为αἴσθησίς τις（某种感觉）。在这里他的意思当然不是，道德或者存在的所有历史性的本质关联可以用鼻子嗅到，或者用耳朵听到，而是在本真含义中的αἴσθησις、感知，之所以首先被要求拿来作为知识的本质，是因为感知和被感知行为（Wahrgenommenwerden）在希腊人那里所意味的就是φαίνεται：此物展示自身、某物展示自身，这就等于说：某物被感知。

"某物展示自身"，希腊人在这样的方向上理解这句话：它**显现**（*präsentiert*）自身，它在其**在场状态**给出自身，并在其中**敞开**。被感知行为，就是事物进入其经验领域，是这样的发生：事物呈现，进入敞开状态，显示、显现自身。我们不要将它的含义败坏为：我们用耳朵、鼻子来思考。它具有公开地突出的**自我展示**（*Sichzeigen*）的含义。

φαντασία同样具有**这种**含义，并非后来的幻觉、纯粹想象的含义，而是表示一个存在者变得如其所是地可见，自我展示。柏拉图说，φαντασία和感知活动是同一的，同样指被感知行为的发生。如果人们是在一个"认识论"的理解领域中说话，认为φαντασία是单纯的幻想，而不是诸如被感知者那样发生，这也没错。

在被感知中发生着事物的敞开状态，这是直接的日常经验。这导致了在知识是什么这个问题中，首先给出了这样的回答：知识是感知活动。

这一点跟知识的基本含义——擅长某事，主宰某事——如何相符呢？以这种方式：我胜任一个事情，它在我的把握中，它在我的支配中，对我敞开。这个回答根本上是合理的，虽然它会被
242 否决，但不是因为它是错误的，跟事实状态不符，而是因为它**不充分**。

认识所关涉的是诸如敞开状态的东西，这一点它是正确的，但是认识作为处于真理意义上的敞开状态中，所意味的比这**更多**。真理不仅仅是敞开状态，而是**存在者**的敞开状态和无蔽状态。

我们可以就一个例子来说明这个区别。一块石头躺在地上，当然它跟地面有空间关联，因为它在地上躺着；但是这块石头所躺的地面并不是为了它而被给出的。地面跟石头不会照面，对石头而言地面是不可通达的。这跟在地上跑的狗不同。对狗而言，地面是它的爪子可感觉到的。地面是被给予它的。但是给予它的东西是**什么**，对它而言并不是可以通达的（作为街道、热的平面等），不是敞开的。有某种东西是敞开的，狗和地面之间的关系，但不是作为一个存在者，一个如此如此存在并作为这个和那个被理解的存在者。有一个敞开状态，但不是**存在者**的敞开状态。

柏拉图试图表明，αἴσθησις 在某种意义上属于认识和可知者，但是仍然缺乏某个本质性的东西。

b.αἴσθησις 对于区分可被感知者的多重领域及其存在特征是不充分的

我们上次课*从 ψεῦδος 的词语含义出发过渡到这个问题:非真理是什么。在《泰阿泰德》这篇对话的什么地方插入了 ψεῦδος 问题?通过确定这个位置,我们预先确定提出这个问题的视域。

这篇对话的主导问题是:知识是什么?最广义上的知识,每个 243
人的行为方式都根据这种知识而被照亮、被提高、被承载和被引导。知识被经验到的多重方式恰恰唤起了其统一性问题。这里所关涉的并不是科学是什么这样专门的问题。这个问题只是顺带地被提出的。

在希腊人那里,有两个基本概念和基本词汇并行:ἐπιστήμη 和 τέχνη。这种并列证明了,知识不是被当作科学,而是作为精通(Sichauskennen)。科学只是知识的一种完全特定的样式,有着完全特定的范围。取消了哲学和科学之间的这个界限,对我们而言知识问题就被损毁了,并且如今已经完全丧失了。

这个主导问题,即知识是什么,通过不同的回答得到解释,但没有一个回答作为最终回答被确定。

为什么这个命题作为第一个回答被提出:知识(ἐπιστήμη)=感知活动(αἴσθησις)?知识意味着立足点(ἐπίστημι),立足于作为要被揭示的存在者的敞开状态内部。αἴσθησις 在多大程度上跟 ἐπιστήμη 这个基本概念相符呢?

αἴσθησις=感知是进入一种特定的敞开状态。ἐπιστήμη=αἴσθησις

* 1934年2月22日课程一开始的复习。——编者

这个回答是现成在手的，因为 αἴσθησις 跟我们直接遭遇，因为它是对我们而言事物首先在此的基本方式。从源始的经验和存在的基本特征出发，它必定是第一个回答。

在感知行为中有一种特定的敞开状态，柏拉图用 φαίνεται 来表达：显示自身、遭遇。随着感知被标划为敞开状态，尚没有明确知识是什么：站立在存在者的真理（ἐπίστασθαι）和非真理中。

我们解释和讨论了一块石头、一个动物和一个人与地面的关
244 系。对于石头而言，地面是没有敞开的；对于动物而言则已经敞开了，因为它踩压着地面，但是动物不能将地面作为地面来经验。而人能够直接地经验，我们站在哪里、如何站立、站在什么上。人对什么在那里承载着我们以及它的状态都有一种经验。

这第一个回答：知识是感知活动和被感知行为，被拒绝了，因为虽然感知行为实现了某种敞开状态，但是这种敞开状态尚不是在自身中作为存在者的存在者的敞开状态。在某种意义上，αἴσθησις 是必要的，我们由此遭遇什么。但是感知活动和被感知行为尚不足以使得敞开状态就是存在者的真理。

柏拉图现在表明，我们对事物的感知活动比纯粹的遭遇事物更多。当我在窗前向外望去，我听到了一只鸟的鸣唱，同时看到树叶的颜色。我能够在直接的经验中感知二者。我经验到树叶的颜色和鸟的鸣唱，能够直接将二者区分为不同的东西。

如果我将二者（鸣唱和叶子的颜色）经验为不同的，那就有这样一个问题：一个如此被给予的领域的经验在什么基础上是可能的？我能够看到色彩，我能够听到鸣唱，但是鸣唱跟色彩是有区别的，这个区别我既不能看到也不能听到。我既不能看到也不能听到，但

是却直接感知到了二者的不同。

由此表明，在对多重性的直接知觉（Vernehmen）中，一种经验样式进入了纯粹的被给予的存在，而它并没有融入 αἴσθησις 中。这是什么呢，是什么超出纯粹的知觉而参与进来，使得是-有区别的（*Verschiedensein*）一并被经验到？

c. 灵魂作为对存在者的统一和令敞开的关系 245

人们经常这样回答：思想（Denken）！但是这还不是回答，思想是什么还是个问题。柏拉图的确说过 διάνοια（源自 νοῦς 和 διά），人们习惯于用思想来翻译它。διάνοια= 历经某个预先被给予之物，穿越它、在它下面通过，由此在各个方向上就其如何是和是什么透彻感知它。

这首先是宣称，超出 αἴσθησις 之上，还有什么使得被给予之物对我们变得通达。柏拉图谨慎而明确地说：必定是在纯粹的某物让遭遇（Begegnenlassen）之上，发生了这样的事情，我们由此将这个被遭遇者作为一个存在者来感知：我们从我们自己出发理解那个被给予者。

灵魂、人的本质，必定自身为了自身、从自身而来并为了自身，在存在者范围内并在与存在者的联系中忙忙碌碌：ἡ ψυχή, ὅταν αὐτὴ καθ' αὑτὴν πραγματεύεται περὶ τὰ ὄντα（187a5 及以下）。并非仅仅通过感觉来接受；人忙碌（Sichzuschaffenmachen）于他遭遇的东西、被他接受的东西。

我们就有了两个东西：1. 感知，2. 忙碌。由此明显的是，显然必须把握二者，并且在其统一性中把握，以便对 ἐπιστήμη 的问题提供一个回答，通过这个回答，存在者作为存在者会被敞开。

第一个回答（ἐπιστήμη=αἴσθησις）并不是完全错误的；它给出了存在者的可能性的肯定的、确定的条件——但这是不充分的。

246 第 34 节　第二个回答：ἐπιστήμη 是 δόξα

a. δόξα 作为看法的双重意义：景象（Anblick）和意见（Meinung）

回顾了对“知识是什么”的第一个回答的展开，这个问题要被重新提出。第二个回答是：知识是 δοξάζειν、δόξα。我们可以把这个词首先翻译为意见。但是这个翻译是不完备的。

我们提出问题：为什么现在给出这样的一个回答？我们可以从希腊人就 δόξα 这个词从其源始的内容出发所思考的是什么，来获悉其原因。δόξα——δοκέω= 我向别人展示自己，我也向我自己展示自己；更好地说，就像我们在德语中的表达：我觉得（ich komme mir vor）*，某某对我以独特的方式出现（kommt mir vor）。我自己可以如此独特地对自己出现，提供一个特定的景象，看起来如何如何。

希腊语 δόξα 的这个基本意义很容易就能从任意数量的文本中看到。我们要从对话中的一个段落（143e4 及以下）对它进行说明。在对话开始，苏格拉底敦促塞奥多洛，让他告诉自己雅典青年中的一位大有前途的人，这样他可以将他带入哲学交谈。塞奥多洛对此

* “ich kommer mir vor”的字面意思是“我对自己出现”。在日常用法中表示，“我觉得”“我感觉”。——译者

回答道：我恰好认识这样一个人，如果他很漂亮，我倒会犹豫说出他，我不想在任何人那里引起(出现)这样的假象，似乎我对他怀有激情：μὴ καί τῳ δόξω ἐν ἐπιθυμίᾳ αὐτοῦ εἶναι(143e7)。对某人而言是如此如此或者以另外的样子出现，这件事发生，施莱尔马赫翻译为："这样没有人会认为我……"(WW Ⅱ,1,第三版，1836 年，第 132 页)。

在这里我们发现了语言和词语概念的同一个基本关系，我们曾在真理的相反概念 λανθάνω 中认识到过这一点。* 德国人总是从别人来把握(某人认为)，而希腊人从自己出发：δοκέω［我认为］、λανθάνω［我避开了注意］。

一个出自**荷马**《奥德赛》Ⅷ，93 的例子，在那里奥德修斯说： 247
他作为一个流下眼泪的人，在所有其他人面前是保持隐藏的。** 也就是说，一个人保持在某种遮蔽状态。我们不说：他对所有其他人保持遮蔽。我们说：他洒下了眼泪，却没有被任何其他人注意到。我们从进行理解的他人出发来言说。

这是对希腊的此在经验中的 ἀλήθεια 所具有的那种阴森可怖的力量的完全清楚的证明。在我们迈进跟希腊人的对峙之前，我们的基本任务是：对他们跟存在者如何关联有完全清晰的认识。

δόξα 这个词有这样一些基本含义：我走上前来，某物出现，即对他者如此如此展示自身，某物的景象(Anblick)，外观(Aussehen)，某物的**样貌**(*Ansehen*)，一个功绩、一个人所处身

---

* 参见［本书］第 229 页及以下。——编者

** ... ἔνθ᾽ ἄλλους μὲν πάντας ἐλάνθανε δάκρυα λείβων.——编者

其中的声誉(*Ansehen*)，也是名望。在《新约》中 δόξα θεοῦ= 上帝的荣耀。但是决定性的是 δόξα 的这个含义：如此如此的外观(*Aussehen*)，享有显著声望(*Angesehenheit*)。

现在，这个含义跟第二个含义联合起来。第二个含义我们在一定意义上用意指、意见来把握。这样显示出一种双重意义。当我们用看法(*Ansicht*)来翻译 δόξα 的时候，所认识的就是这种双重意义。明信片(Ansichtspostkarte)意指一个卡片，它展示一个图片、一个景观(Ansicht)，客观意义上的景观；它如这个风景所出现的那样展示其样貌。对象的多样性的客观意义上的景象。但我们还在这样的意义上用 Ansicht 这个词：我的看法是……卡片没有意见，而是提供一个景象。那么就有两个意义：1. 作为事物的特征、景象，2. 在意指的意义上，如此如此思考。这种双重特征从开始就一直在希腊人那里回荡，它奠基在这个词所意指的东西中。

248 从对 δόξα 和 δοξάζειν 基本意义的这个解释中，我们已经能够获悉，为什么第二个回答必定是这样的。

b. δόξα 作为 ἐπιστήμη 表面上的适合：它与 αἴσθησις 和 διάνοια 相应的双重特征

(在希腊人那里)属于对存在者的经验的包括：1. 存在者以某种方式出现，2. 由我们出发的经验的方式和方法。这两点似乎在 δόξα 中都满足了。1. 叶子的颜色、鸟的鸣唱，通过视觉和听觉给予我们。还有 2. 将二者把握为不同的；对它们如此如此思考，对此有一个看法。

对经验必须提出的这个要求——如果它将存在者作为存在者

给出的话——通过 δόξα 的双重特征被满足了。δόξα 的第一个含义跟 αἴσθησις(φαίνεται)相应，第二个含义跟 διάνοια 相应。

在其他地方柏拉图也表明，δόξα 是基本含义和人的基本认识，虽然柏拉图自己完全没有发展 δόξα 的这些含义及其特别的关联，他甚至完全没有在这些含义的相互比较中看待它，而是自身处在这种完全的含混性中并在其中运作。

c. δόξα 的多重含混。让-显现和扭曲的冲突：在知识的本质问题中 ψεῦδος 的出现

第二个回答刚刚给出，就出现了进一步的问题。那提供一个景象的东西以如此如此的方式显现，它恰恰会在显现的时候，唤起一个假象(*Anschein*)。(在这个假象中)有这样的可能性，即那自我展示的东西，把它后面的东西遮蔽起来了。

据此，作为信念的 δόξα 能够对与对象对应的东西有一个看法，但是它也能作为看法掩盖对象。这些模棱两可的含义中的每一个 249
都能够如此遭遇存在者：或者如其所是地遭遇存在者，或者扭曲它。

在我们的“看法”一词中，本质上对立的现象涉及一种含混：可以正确，也可以不正确；可以碰上，也可以错过。这里有一个游戏空间，包含一种特别的摇摆，然而与此相应的是一种坚定：我坚持一种观点，尽管不能证明我在这个观点中所意指的东西是真的。

这种双重特征造成了，这种摇摆可能就像它后面的坚决(Entschlossenheit)一样强大。这构成了一种本真的、真实的信念(*Glauben*)的意义。可能性：可能根本上是如此的，也可以是另外的样子。但是却坚持：它就是如此。这是信念的特征，完全不依赖

于一种被证实的认识意义上的意指。

由此我们站在了 ψεῦδος、非真的东西、扭曲、错误出现的地方；因为 δόξα 是**看法**，并且在自身内具有唤起**假象**的可能性，所以扭曲也包含其中。看法总是有一种危险，即仅仅是看法，仅仅是假象，被揭发为仅仅是假象的危险。在知识问题跟 δόξα 遭遇的时刻，就必然要进一步探讨 ψεῦδος。

现在我们必须特别追究 ψεῦδος 自身，因而要从这个对话岔开。只是我们必须指出一个引人注目之处：虽然柏拉图真正地、根本上所指向的目标是这个问题：知识是什么？但他的第二个回答却纠缠在**扭曲的看法**（ψευδὴς δόξα）上。

当看法（δόξα）跟知识相关的时候，它是**真的**意见——人们会如此认为——，然后我获悉了事情。我们面临着这样一个引人注目的事情：柏拉图只是非常仓促地处理了 δόξα ἀληθής（200b—201c），而在 187c—200 则深入地探讨了 ψεῦδος。

250 解释者已经一再对此感到惊奇，为什么柏拉图如此详尽地反复探讨错误。没有别的原因，只是因为柏拉图意识到他遇到了一个基本的哲学问题。

至此清楚的是，对 ψεῦδος 的追问将要在 δόξα 问题框架内被讨论。这个关于扭曲的看法（δόξα ψευδής）——意指某个被扭曲的东西——的总体研究，将要在 187d—191 的预先讨论和 192—200 的主体讨论中展开。

这个预先讨论是典型的柏拉图式的问题阐明。它不是直接进入“错误意见”现象，而是毋宁试图阐明“错误看法”问题中整体的困难和奇特性。必须先展开这种完全的奇特性、τέρας。只有到了主体讨论中，才试图以积极的方式寻找答案。

在漫长的发展过程中，源始问题的质朴和伟大对**我们**已经如此完全地被损毁了，我们完全不能重新经验，希腊人是如何与一种错误的观点遭遇的。我们不再能重新感受这个现象的奇特性。

错误现象对于希腊人而言之所以如此令人惊奇，是因为它起初不能被安顿到他们所熟知的领域中。

柏拉图现在试图用三个例子来表明，错误看法的现象是如此令人惊异，以至于我们必须说，不可能有错误看法。

而这跟有诸如**谬误**、扭曲、错误之物的**力量**这样的东西激烈地对抗。柏拉图迫使人决断。那么什么是真的？我们是否必须坚持**错误是不可能的**，还是必须坚持我们处于**错误这个事实的力量**之下？

251 # 第三章　ψευδὴς δόξα 的可能性问题

第 35 节　准备性的研究：ψευδὴς δόξα 现象的不可能性

a. 在对作为 ἐπιστήμη 的 δόξα 的探讨中 ψεῦδος 出现 *

对知识是什么问题的第二个回答是，知识是 δόξα、意见、看法。我们曾试图在其基本含义中阐明 δόξα 这个词，并且遭遇了一个特别的模棱两可状态。

我们在德语词“看法”（Ansicht）中把握了这种模棱两可。一方面它有类似在明信片（Ansichtskarte）这个词中的意义：某物所提供的一个景象；另一方面也意味着：我有这样的看法、意见。两个含义都包含在 δόξα 这一个词中，并且来回摇摆。

在这种模棱两可的基础上，进一步的含义划分成为可能。看法可以是一种积极的力量，它可以是贴切的，但也可能错失外观；它可以如事物所是的样子给出事物，但它也能够仅仅提供一种假象意

* 1934 年 2 月 27 日课程开始的复习。——编者

义上的纯粹外观，它可以仅仅是看法，仅仅是意见。

必须说明 δόξα 的这个基本含义，因为在柏拉图那里，在讨论 δόξα 是否构成了知识的本质时，关于 ψευδὴς δόξα、ψεῦδος、错误、非真理的问题出现了。在柏拉图那里 ψεῦδος 出现的位置似乎是确定的。我们的思考限定在 ψευδὴς δόξα 上。

虽然关于错误意见的这项研究真正来说并不直接属于对知识 252
的本质问题的思考，但是引人注目的是，与探讨真意见相比，柏拉图更为详尽地探讨了错误意见。这意味着，这后面隐藏着一个**基本问题**。

b. 初步考察的视野范围，作为关于这个现象的不可能性的先行决断

根据现在哲学追问的情况，对错误意见问题的**初步考察**应该表明诸如**错误意见**这样的东西是**不可能**的。这种不可能性是在一些古老命题基础上被说明的，这些命题直到当时对希腊哲学都是有效的。我们需要简要追溯一下。

我们要事先确定问题：诸如错误看法这样的东西**到底**是可能的吗？为了不使讨论陷入抽象，我们要引用一个在对话中说到的例子（188b6 及以下）：如果一个人在雅典将向他走来的一个人看作苏格拉底（而事实上这人是泰阿泰德），那么我对这个遇到的人所具有的错误看法并非偶然（人们注意到，比较而言，泰阿泰德跟苏格拉底一样，两人都有塌鼻子和凸眼睛）。我将泰阿泰德看作苏格拉底。我对那个所遇到的人有一个错误的看法。

但是在古代哲学公认的主导说法的基础上，这却是不可能的。

证明如下：

α）认识和不-认识的替代

假设我有这样一个错误的看法，那么我在此之际已经以某种方式认识了遇到的人：塌鼻子，凸眼睛；但是同时，由于我将泰阿泰德看成了苏格拉底，我就不认识所遇到的人。这就要求，我对同一个如此这般者（同一个人）既认识也不认识。但是关于一个对象没有另外的可能性：或者认识他，或者不认识。

253

因此我们必须就同一个对象而言既认识又不认识。但这是不可能的。由此从根本上证明了，诸如错误的看法这样的东西是不可能的。一个人认识某物，同时却又不认识这同一个东西，或者一个人不认识某物，却对同一个东西有一个认识，这从根本上是不可能的。

这虽然是从根本法则出发正确地发展出来的，但却和事实矛盾。**从根本法则出发进行的推论违背了事实**。

这个思考的真正意义是，它同时指示出和解释了，什么真正地属于这个引人注目的、被标划为奇异的现象，即我在此之际所看到的不是**一个**对象，而是两个，并且我同时既认识又不-认识；说明了诸如认识和不-认识同一个对象是可能的以及如何可能。

β）存在和非-存在的替代

关于错误的看法，即意指某个错误的东西、ψευδῆ δοξάζειν 不可能的**第二个**证明是，错误是**无物**（*Nichtige*）。而无物是**无**（*Nichts*）。意指某个错误的东西由此意味着：意指无。

会有人问，是否这类的事情也会发生在其他情况下。唯有在我看到某个东西基础上，我的行为才是一个看。如果我没有看到什么，我的行为也就不是看，如果我没有听到什么，也就没有听。

如果相应地我现在所意指的是无，那么就完全无所意指。意指 254
消解在自身中。或者某物**是**，或者**不是**。

一个错误的看法不仅仅表示我同时知道和不知道某物。隐藏在后面的问题是，是否**空无**的东西已经毫无疑问地是一个**无**了。柏拉图第一次找到了路径。

γ）ψευδὴς δόξα 作为 ἀλλοδοξία（替换而非混淆）

第三个证明以另外的方式进行。错误的看法被教条地看作 ἀλλοδοξία、一个意指，在其中我将我起先所意指的东西，**更换**为另外一个东西。就像我遇到泰阿泰德，将所遇到的人**替换**为苏格拉底。我将泰阿泰德替换为苏格拉底。

对话表明，这根本不会发生。“在梦中从来没有出现过，我们将牛当成马。”（参见 190c2 及以下）不存在一个替换。发生这样事情的错误看法是不可能的。

这里也指向一个事实上隐藏在错误看法中的现象：我将某个遇到的人替换为另一个人，我将某个看起来如此的东西，没有当作它自身，而是当成了另外一个东西。

所有这三个思考表明，在通行的指导原则基础上，诸如错误看法这样的东西是完全**不可能的**。但**现实的事实**与此相反，存在着**谬误**、**假象**、**错误**。哪个必须做出让步？**事实**、每天被经验的东西，还是几百年来都有效的**基本法则**？

255 第 36 节 对 ψευδὴς δόξα 现象的决断

a. 决断的范围和特征

决断支持事实，而反对那些基本法则（但仅仅反对这些特定的法则），支持现象，支持我们在进行推理前有必要睁开眼睛，以便看到错误意见所关涉的是什么。

放弃对当时的希腊人而言自明的事情，这个意义上的决断承载和决定了柏拉图的哲学活动。柏拉图在《智者篇》中就表达过，如果他放弃了某物或者是或者不是的法则，他就变成了这个法则真正的父亲（巴门尼德）的谋杀者。通过这句话柏拉图要宣布，这个决断达到了怎样的深度。通过这个决断，世界从根本上被重新看待。

我们今天，不是自过去一年以来，而是自好多年以来，自己站立于一个更加伟大的哲学决断中，这个决断的伟大、宽广和深远都远超那时的决断。这个决断在我的《存在与时间》这本书中表达了出来。一个根本的转变。

这里所涉及的是，对存在的理解是否从根本上发生了转变。这将会是这样的一个转变，它为我们民族的精神历史提供框架。这一点并不能被证明，但是这是一个信念，这个信念必定会被历史所证实。

随着这个思考，柏拉图表明需要完全撤销先前的那些法则。他循着思考达到了对 ψευδὴς δόξα 的积极刻画，由此来看错误是什么，虽然现在所关涉的是，抛开那些哲学的基本法则而坚持现象。

256 这并不能说明，就像人们迄今总是认为的那样，人们能够把握一个自在的事实、纯粹自为的事实这样的东西。每个事实都只是被我们所把握的，或者唯当我们将它放在一个特定的视角中，在特定的基本法则下看待它，它才是可把握的。这样的事情不会发生：人们能够纯粹地、无成见地看待事物。

我们所经验和询问的一切，都是在特定的视角中被看到和询问的。正因如此，我们在无成见地提出一个事实的时候，不仅要把眼睛睁开，而且必须同时知道，我是在什么视角下看这个对象的，这个事质是否从其自身被获得，理解是否跟对象符合。

这并不意味着，一切都取决于立场。人总是会有立场，而问题在于立场是否真实。需要进行决断的是，我进行追问的视角同对象自身是否符合。

柏拉图不是方法论地而是直接创造性地通过初步的研究设定了任务：我们必须将自己置入立场中，只有赢得这样的一个思考的立足点，由此出发熟悉或者不熟悉一个对象才是可能的。一个这样的认识，其中一个对象作为被把握了的，被替换为另一个对象。

b. 通过对灵魂的建构的深入追问而重新开始提问

提问接下来进入多个完全不同的纬度。诸如一个错误的看法这样的东西属于何处？一个错误的看法无论如何都是我们自己的一个状态、一个特定的行为。人的自我被希腊人用 ψυχή、灵魂来标划。πάθος ψυχῆς 是我们灵魂的一个状态，人的此在的一个特定的行为。

因此，如果不首先在这个方向上解释人，错误的看法就不能被 257
充分解释。由此发生的是，我们在阐明错误的时候遇到了人的灵魂是什么的问题。

柏拉图为此给出了两个比喻；在这两个比喻中，正如洞穴之喻中的过程，问题又回到了对人的问题的追问。在这里，关于非真理的追问也作为对灵魂的追问、对灵魂的建构、对人的此在的本质的追问出现。

我们要提出三个问题：

1. 柏拉图将错误看法设置进了何种关联之中？

2. 在这些行为方式的光照中，δόξα 的本质在多大程度上可以被把握？

3. 这对于 ψεῦδος、非真理的本质而言，又意味着什么呢？

柏拉图通过两个比喻处理了什么是错误看法的原始领域（*Ursprungsbereich*）的问题，在其中他将灵魂描述为

1. κήρινον ἐκμαγεῖον、蜡块；

2. περιστερεών、鸽舍，被把握为 ἀγγεῖον、笼子、容器。

不要在所有方面都强求这两个图像，它们只是在完全特定的视角中被塑造的。这些图像要使得灵魂的活动被理解。历史学家已经指出，柏拉图是从别处拿来的这些图像。事情或许如此，但是决定性的是柏拉图由此构造了什么。

第 37 节 通过两个比喻对灵魂进行深入的和扩展了的规定 258

a. 蜡块比喻。留神(在场化)

我们问:第一个画面(191c8 及以下)所说的是什么?灵魂作为蜡块。这个蜡块根据人的不同样式,有时纯粹,有时不纯粹,有时坚硬,有时柔软,对从世界而来到达灵魂的印迹有不同的接受力。

柏拉图说,灵魂的这个特征是 μνημοσύνη[记忆],缪斯的母亲给灵魂的陪嫁,是灵魂本质的源始才能,属于其本质建构。这个 μνημονεύειν 所说的是,对一个事情留神(eingedenk),即使对象不像在 αἴσθησις 中那样直接在场,也跟这个对象、这件事情有关系。

在这个画面中所描述的是灵魂使得某物在场(*vergegenwärtigen*)的能力,即使这个事物并不在这里;跟某个不在场的东西发生关系,但不离开我们所在的地方。我们跟某些地域,比如柏林、波罗的海,有一种直接的存在关系,虽然我们的身体不在那里在场。这个关系是在蜡板的画面中给出的。

现在所发生的是,人们在哲学史的发展过程中已经将这样一幅画面以及它对事情自身的解释方式当成了事情自身,人们这样看待事实:事实在某个地方,它们以某种方式进入了灵魂。但是以这种方式从开始就没有认识到一个基本事实:我能够跟不在场者有一种直接的存在联系,并总是有这种联系。

人的身体性自然是居间转换的;但是身体性具有怎样的作

259 用，这是进一步的问题，只有当基本关系被澄清后，这个问题才能被提出。

我们将这个关系标划为使在场化（*Vergegenwärtigung*），由于它，我恒常活动其中的存在者领域超出了我用眼睛看到的东西、用耳朵听到的东西。我们似乎保存住的东西的总体领域，我们称为记存（*Behalt*）。比起我们在行动中所把握的、直接的被感知物，这是我们更为牢固、更加直接生活其中的领域。

由于这个关联，从而有一种双重的发生：

1. 使在场化的联系能够从我们处脱落，松动，使事物在在场化中脱离我们，直至被遗忘。遗忘是使在场化的一个特定样态。

2. 或者，我们跟世界内容的联系是这样的，如果没有我们的作用，事物会变成另外的样子，事物从我们处撤离，这样我们的筹划就落空了。

从我们而来产生了某些关联，除了创造性的构型（筹划）之外，还有想象、幻想意义上的自由构型。柏拉图说：灵魂具有一种特别的广延性、εὐρυχωρία，它在纯粹用感性所把握的东西的狭窄范围中被突出出来。

b. 鸽舍比喻。保存的方式

关于鸽舍的第二个图像（197b8 及以下），就其象征意义而言，内在地跟第一个图像关联着。据此比喻，灵魂是一个鸽舍，人从少年起就有特定的鸽子飞进来。我们认识各式各样的存在者，在一定的表象中活动，这些表象被柏拉图区分为三个方向。有一些保持在

一个牢固的群体中，[分离出来的 = 有其特性和特质的东西]*，然后 260
是松散的鸟群 = 易变的事物和关系，最后是那些在所有其他事物中被遇到的鸽子 = 所有那些在每个关系中共同进行规定的表象和概念。例如：每个对象都是一个对象，而每一个又是一个他者（每个跟每个不同）。由此得出，同一性、他异性、差别、多。这是那些到处出现的鸽子。

谁拥有这样的一个鸽舍，就拥有了这个笼子中、这个容器中的鸽子，但是以不同的方式。有时是他坐在房子里、在房间中，拥有屋顶下的鸽子。他可以以这种方式拥有这些鸽子，并且积累这个财产。不过他也可以抓住容器内部的一个鸽子。有这样的基本可能性，从这个领域把某物抓出来，并在更强的概念上具有（*haben*）它，对它产生一种存在联系（*Seinsbezug*）。这就是某物能够是不在场的和在场的的那个区别。

第 38 节　澄清 δόξα 的双重意义。通过它们在在场化和使在场化中的分叉使得看错得以可能

通过这个阐释表明了什么？我们看到了 δόξα 作为正确看法的可能性。回到我们的例子：我们将我们遇到的这个人——他看起来就像泰阿泰德，而且确实是泰阿泰德——当作泰阿泰德。这意味着什么？

首先，给予我们的事物是我们遭遇到的事物，一个特定的人的

* 在 Hallwachs 的笔记中遗漏。此处为编者的推测，出自 1931/1932 年冬季学期的同名课程（GA34）第 305 页。——编者

特定的外观。我们将遇到的这个人同时看作泰阿泰德。在这里我们进入了一个引人注目的把握方式：

261 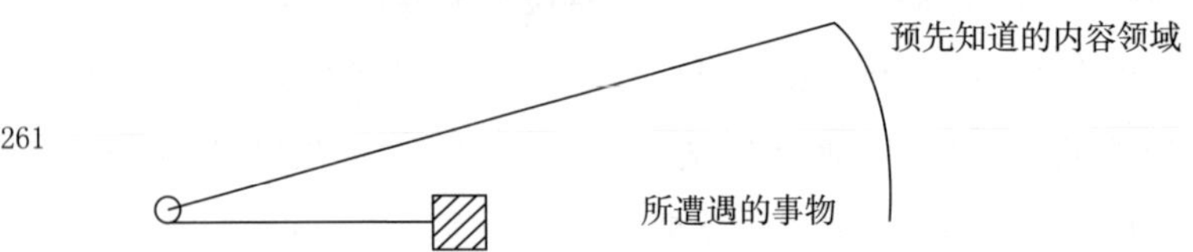

我们可以这样描述它：这个人迎面走来；我们将他看作泰阿泰德。我们以一种特定的方式从这样的表象——从对泰阿泰德的知识而来——把握他。在将遇到的人经验为泰阿泰德之际，我不仅仅采纳了被感知的东西，而且我将被感知到的东西当作再次把握中（*Wiederauffassung*）的泰阿泰德 = 以这样的方式和方法，我对他具有一种特定的看法。泰阿泰德是谁和是什么，我早已经知道了，这不取决于他是否遇到了我。我从一种知识出发把握遇到的人，因此我能够在任何时候将泰阿泰德对自己在场化。

人在直接遭遇到的事物方向上运作，但是同时他也在内容领域（*Gehaltsbereich*），即他以前已经经验的事物的领域中运作。每个认识都具有这种引人注目的双重特征。δόξα 是这两者。如果我对某物具有一个看法，那么我就在一个特定的视角中看这个遇到的事物。这种模棱两可并非偶然，而是，看法就其本质而言在自身中就是分叉了的（*gegabelt*）。由此对问题的解决在根本上被发现了。

现在我们转到错误意见，如果我们将遇到的人看作苏格拉底而非泰阿泰德，我们在先行的研究中看作不可能的事情，就迎刃而解了。

我对遇到的人有一个特定的看法，有某个特定的认识（塌鼻子的、凸眼睛的），一个特定的人的外观，但是由于我将他看作苏格拉底，我事实上对遇到的人没有认识。这里同时有认识和不认识在两个对象中移动。

第二个可能在于，在 δόξα（作为错误看法）中所遇到的，不是 262
空无，而是这样，真实地遇到的人被看作了另外一个人。这里有某个替换：我将之看作了苏格拉底而非泰阿泰德。这种更换是一个混淆。

如果我替换一个对象，我就为一个对象放弃了另一个对象；但如果我混淆了，这说明，我保留了这个对象并跟另一个对象在一起把握。两者在这个特别的把握中被聚合在一起。这个分叉就是 δόξα 的基本结构；它使得这一点在自身中可能：我能够或者把握或者错失所遭遇的现成之物。

使在场化的领域总是比现成之物的领域更宽广。所以我总是会从这个领域出发把握或者错失。由此得出，非真理、错误，是构建进人的此在的这种基本建构中的，人的此在总是同时活动在在场和使在场化中。

这个分叉同时使得真理和错误的东西可能。真理和错误处于同样的一些条件之下，也就是说，样式的范围比对象宽广。是否真理或者非真理被遇到，这总是一个决断的问题、斗争的问题。

第 39 节 真理的本质作为历史性的人与非真理的斗争。非真理与使真理本质可能并生

真理的本质是与非真理的斗争，在这里，非真理与使真理本质

可能(*Wesensermöglichung der Wahrheit*)**并生**。这个斗争作为斗争总是一个特定的斗争。真理总是**对我们而言**的真理。

对我们而言,真理在今天不那么是一个内容上的东西,而更多
263 是作为关于真理自身的本质的知识。如果我们把握这个**分叉**的意义,那么我们就会对此有更深的把握。

它所指的是,人只要生存着,就总是必定将自身保持在那些直接跟他联结在一起的东西上,并且只**生存**在他自己给自己筹划的并塑造的东西中,即**联结**到被给予之物,**筹划**到自由创造的东西上去。

在这里正式地作为人的内在建构被把握的东西,无非是这样一个区分:人,并且恰恰是作为**历史性的**人,在一个历史性的民族的交互性中生存,在特定的**历史使命中**,在他所联结其上的承载能力的保存中生存。δόξα 只是这个区分正式被把握的萌芽。这个基本建构是这样一个领域,在其中**必定进行着为了真理的斗争**。

当我们今天站在这个问题前面:一个民族是否曾把握它的全部本质,也就是说,这个民族是否足够强大,在自身内有对自己的意志,坚持这个向着它本己的本质的意志,我们是否为此争夺,我们是否将这个知识和对知识的欲求在其全部的尖锐和坚硬中作为任务拿过来,或者我们这样认为,文化和精神生活是一个从自身制作出自身的附加物,而我们将它视为游戏。

这就是**向着知识和精神的意志**,我们随着它站立或跌倒。今天关于"血统和土地"作为经常被诉诸的力量有许多谈论。有一些学者——今天仍然有这样的人——攫取了这些力量。血统和土地固然是强大的和必要的,但是对一个民族的此在而言并**不是充分**条件。

另外的那些条件是**知识和精神**,不是作为在并列的清单中的一

个附加，而是只有知识才能将鲜血的奔流带到一个方向，进入一个轨道，才能使土地孕育它能够收获的东西。知识使得土地上的贵族得以分派土地能够收获的东西。

是否我们能够在一种同样的源始性中，同等坚强地着手于这个 264
整体，这就是需要决断之处。我们是否能够给予我们的此在一种真实的重力和一种真实的重量；只有当我们成功地做到这一点，我们才为我们自己创造**伟大**的可能性。

伟大的事物只向伟大的人和伟大的民族敞开。渺小的人将渺小的东西看作庞然大物。

真的事物是需要我们去**争取**的，是对我们的使命的决断。只有通过对这个战争的决断，我们才为自己创造**命运**的可能性。只有一个人在**自由的决断**中，将自己暴露到**他的此在的危险**中的时候，才有命运。

265 # 附录I 1933年夏季课程笔记和草稿

267 ## 1. 哲学的基本问题

我们并不立即知道，对哲学而言究竟是否有这样的一个问题，以及它是怎样的；哲学究竟是否还可能和可以存在；我们是否出于对传统的尊重而应当保留哲学。究竟什么是基本问题呢！

所有这些问题也许都非常重要并显得极其具有批判性——但也许它们提出的地方不对，并且不是时候，所以是谬误的。

所以，从技术上来说，只有在导言之后才能提出，如果要提出的话。

2.［哲学的基本问题］

历史性的精神行为只出自一个关于民族的未来的知识。不要用措施和机构来代替这个行动——而是相反。

那从何而来？既非通过格言，也非通过突发奇想，也不是通过约定、喜好；而是出自我们的此在对追问的必要性有着真实的困境。这个追问出自其开端和起源。

3.［哲学的基本问题］

我们追问哲学的基本问题。这是什么样的问题？怎样找到它？不是以一则箴言的方式提出，而是这样：它[必定]作为最内在的——最极端的困境（Not）和必要性（Notwendigkeit）要求着我们。

通过哲学而来的基本问题；要求[？]思考：什么是哲学？但是这一点又只有当认识到哲学的任务，即通过它所设定的基本问题才被证明。循环？二者是同一个问题。哲学的本质问题是对哲学的 268
基本问题的追问，反之亦然。

谁以及什么对此进行决断？一个时代的任意、幼稚、偶然的需求？它已经被决断了。这是什么意思？只是我们还能否重新发现这个决断，即，我们是否胜任它，是否对我们而言它还是必要的和不可避免的……

对哲学的这个决断几时发生？当一个民族——它的希腊人——启程……（贝维I！）[1]。这个决断没有成为过去；也没有被完成，只是尚未兑现，尚未实现——只是因为时代不再胜任它。

这个决断——它如何保留下来以及如何作为遥远的命-令（*Verfügung*）而成长。我们是否愿意将自身暴露给它，将自己嵌合进它里面（不是完结，而是什么时候获得！），也就是说，我们是否要那种伟大，以及在诸民族中完成我们精神的使命的长久意志。那么，什么是哲学？再说一次：同样一些希腊人筑造了这个词。

φιλοσοφία⟶ ⟵秘密使命——漫游者[？]

① Helmut Berve, *Griechische Geschichte,* 2 Bde., Freiburg im Breisgau: Herder, 1931/1933. (*Geschichte der führenden Völker,* Hrsg. Heinrich Finke, Hermann Junker,Gustav Schnürer, Bd. 4/5.) Hälfte I: *Von den Anfängen bis Perikles* (1931).

划分：

(1)终结以及向着开端的唤醒者。存在问题！那么如何？

克尔凯郭尔：基督教的，个体在上帝面前的“生存”。

时间——永恒

尼采：古代。存在——生成，时间——永恒。

(2)着手于开端。

a)展开遥远的命令；开端和主要步骤。《思索Ⅱ》[①]*。

b)跟尼采的存在学说的对峙。

(3)开裂(*Zerklüftung*)。

(4)被暴露状态。德国人将自身投掷入……

269 ## 4. 哲学的基本问题

那么，什么是哲学？从它的概念中产生出怎样的基本问题？这条路是走不通的。最多是翻转过来——从基本问题获取哲学的本质。

但是基本-问题(Grund-Frage)是哪个呢？这到底是怎样的一个问题呢？奠基性的问题(*Gründende Frage*)！是那种进行奠基的追问，引导向基础并超出它；那源始的东西，第一个和最后一个，最深的和最远的问题；它是那种追问，在其中追问作为追问发生，以如它所是的以及如何是的方式发生：追问作为追问。追问的本质。追问作为获取性的构型(*erwirkendes Gestalten*)。

什么和是否问题(样式！)。不是为一个行动，更不是仅仅为了

① 《思索Ⅱ》，计划在《全集》第94卷《思索A》中发表。——编者

一个研究做“理论的”准备!

提问者。**站立**在开裂中,在其中**暴露**。生存和**存在理解**。

所有这一切的可能性的基础?那么我们去向何处?我们将自己带向何处?**追问和调音**(*Stimmen*)!现在逼迫最甚的基本情调。

5. 哲学的基本问题

哲学的基本问题是存在问题。(一个箴言!通过什么赋能?)但是基本-问题在这里不是被作为一系列追问中的主要问题,而是在问题的本质性意义上:它为所有哲学追问**奠基**,并由此为任何现实的追问**奠基**,这里的追问是在多重的意义上的。

这种奠基自身是**离开-基础**的(*ab-gründig*),并且以**这样的**方式是无基础的(grundlos)。它却总是只能当现成在手的哲学被逼迫到终结的时候才发生;这就是说,当这种哲学**作为**现成在手的恰恰在终结的时候,它才被经验到。

每个本真的哲学**预备工作**都旨在达到这个终结。这个预备-工作(Vor-arbeit)已经是展开着抢先进入那个东西,那到来者进入这 270
里面并在其中被塑形。在这个预备-工作中,遥远的命令已经在发挥作用,它同时是奠基着的跟第一个开端的对峙。

注意:这跟就一门现成的哲学而言滞后的认识理论无关。无关乎赢获一个有用的、普遍被承认的哲学“定义”。也完全无关乎为永不会是现实的东西空洞地“奠定基础”(Grundlegung)。

6. 哲学的基本问题

基本问题是对本质的询问,是开敞着的赋能,经过它,哲学就被重新放置进其使命中了——但这不是幻想攀升到一个自在之物（Ansich），似乎无论如何都必定有这个东西。哲学属于存在者的历史，在那里有其份额。（保持存在问题的值得追问性的敞开，保护概念的清晰性的强度，以及在存在者中的伟大情调的深度和宽广度。）

基本问题必然挤上前来，这是作为存在的失能（Entmächtigung）的存在问题（参见《思索Ⅱ》127 及以下）*。**对失能的首要阻止是通过对开裂的赋能进行的**。对此准备性的步骤是对诸样态在其开端的根基上（亚里士多德）的“解构”——被正确地理解的意义上的解构（《思索Ⅱ》，第 124 页）。

追溯样态问题到其本质中去。但是这里并没有跟存在和存在问题的内在的对立（《思索Ⅱ》，第 90 页及以下）。

这当然是**对这个问题的一个准备**，根据便签上的座右铭：基本问题（见后面各页）。

271

7. 哲学的基本问题

导论。注意：不再是对一种貌似的严格性之错误要求作出反应；所谓的导论性诸问题和其他各种问题——哲学的各种定义；我们应该如何定义，不能怎样定义。所有这些讨论都毫无成果，令人疲惫和失望；在经过这样的迷途之后——这样的道路只会走进传统的无根基的事业之窠臼中去——进行这种本质性的追问才是真正困难的。

但它也不是那种貌似充满活力的关于境域之谈；它不是一些规

* 参见［本书］第 268 页注 2。——编者（即关于《思索Ⅱ》的脚注。——译者）

划和允诺。

世界在改造。人正在向着他的本质的重新奠基而觉醒。

我们从哪里知道这个？不是在境域（Situation）中；错误的看法。我们究竟是否能够确定它，就像确定某个“事实”那样？如果不，那么我们从何而来言说？诸多宣称和保证？不！而是一个指示，它是我们给予“我们自己”的——出自一个理解，它不是巫术，但同样不是产生自纯粹觉察的洋洋自得。这种理解将显而易见的东西放置在另外的光照中，从而将它简化为本质性的东西。由此出发，只是理解青年人的政治激动的一个机会。参见《思索Ⅱ》，81 及以下。*

这不是“境域”的“标记”——不是为了黏着在那里或者就在上面建造，而是为了从这里指明，需要嵌入哪条要敞开的路途。这个路途自身是首要的和唯一的本质性的。

劳动营、战斗队、定居者、联盟、风景——存在者的自我把握，获取-土地。

同时，诸科学没有边界，技术毫无约束，自由经济没有界限。272
科学、技术、经济在其特别的涣散中被消耗。所有这些都离开了基础和前景——陈旧破败了。

也就是说，根本上落在后面——存在理解；这不是结合（Nichtein）或者追随（Nachrücken），也不是推进（Nichtvorrücken），

* 参见［本书］第 268 页注 2。——编者（即关于《思索Ⅱ》的脚注。——译者）

而是滞留(Nachhängen)——创造一个帷幕;它遮掩着存在者,并巩固伟大的非真理——谬误。

但是同时:躲避——甚至在,并恰恰在那些在基督教和信仰中分析地看待它的人中。对其行为没有追问也没有概念。

* * *

最切近的目标:我们通过把自己放置入存在的本质中(它落到我们头上并且是不可避免的),打开存在的完全的问题性。这种问题性保障了存在者的分派,带来并创造接受性。

存在的问题性就像在存在者之炉灶中熊熊燃烧的火焰。通向问题性的道路——这样的道路有很多,并且完全不能预先评估。毋宁沿着一条道路走下去。

为此首先是通往存在的道路;那么在哪里以及如何遇到这条路呢?在存在者"中",在存在着的事物中;这里仍然不是非常之物、不寻常的东西、纷繁混乱之物,而是切近的、简单的,并且以某种方式是不可避免之物。

现实的东西——首先是偶然-事物(Zu-fälligen)的展示。在这种偶然性中,有开裂的不确定显现。

所有这些都完全来自事情。无关乎假意批判"认识论",尤其是无关乎"样态"(Modalitäten)之类的东西,毋宁让道路进入开裂中。无关乎"主体"等,而是关于世界大火(*Weltbrand*)*,暴露在情调中。——独自-状态(Allein-heit)。

* "世界大火"(Weltbrand)是日耳曼神话中毁灭世界的灾难之一。——译者

首先所说的并非问题性，因为一方面已经有足够多有问题的东西了，另一方面却没有真实的追问——而是直接先行-追问（*vor-fragen*）。

8.［哲学的基本问题］ 273

A. 准备—B. 对基本问题的追问。

关于 A

（1）简单的思考：出自哲学的基本问题。什么是哲学？

（2）毁灭。出自题目及其思路的限制。遭遇到这样的情况，另外一个此在已经将自己抛掷进另外的存在。

a）必须有哲学吗？还只剩下假象？终止、终结的可能性和必要性。只是一个假象和多余的附加（命令、箴言、引证传统），因为迄今直观［？］，也许基本特征［？］，恰恰是颠倒的。真实的困境。

b）但是只有当我们知道哲学是什么，才能决定。从何得知？流传下来的概念。——不仅仅是今天的，而且也不是随意流传下来的过去的东西。或者来自困境状态？古老的东西。——名称和概念、激情、追问。什么是“不”？而什么保留下来？第二个困境。

c）遥远的命令？没有执行。

（3）投入我们的现实性。什么是存在？（参见 2b）

a）对历史没有准备；但是欲求它，我们的历史——肯定的以及值得追问的。

b)为此召唤(Berufung)——天职(Beruf)——大学。在这条道路以及通道(“哲学”)上的科学的领导。值得追问的东西。就自己民族本质的清晰性的争执。追问。(参见下面的B,使命)

c)我们问这两者,即使只是摇摆不定地。追问但没有“疑问”——我们的使命;也许是到达(2)c的路[遥远的命令]。

我们的使命是补上和清偿遥远的命令??通过追问,我们接过
274 使命。什么以及如何?历史、πόλις、元政治学的、“基础”。不是维护文化等,而是世界、此在。

A.在开端(预备):不是从哲学到基本问题,而是从追问进入基础中去;哲学中的一个基础-问题。

关于B

追问着响应使命;思考不寻常的东西!不是躲避,而是坚持。不是将之作为纯粹的“思想”排挤它。

(1)开裂。(法则——等级;领导——追随;民族整体;伟大——坚强——困境;可能性——现实性——必然性;历史[?])

(2)暴露进存在中(“区分”)。

终结——开端!——命令。

9.终止

“哲学”多么经常又多么徒劳地竭尽全力于“开端问题”,而这哲学尚未开端。滑稽地忧虑不要出现循环,要有有序的顺序和结

构。这一切为了谁?

既非在本己进步的方向上无拘无束地自我构造的哲学,也非针对今天的表面的现实性急于取得廉价效果的嗜好。这一切都割裂于不可避免的终止的困境。

这意味着什么?难道这不是开端的矛盾以相反的顺序报告出自己?终止只是作为非终止和向前。但也不是这样,不是向前,而是回到和直达开端。真实地把握终结,并负载其进入开端中!这样就赢获了开端。

这都是对终止的尝试——这是朝向源始性、源始的奠基,朝向质朴化的意志,朝向解-构(Ab-bau)。

终-止(Auf-hören);听(Hören)而非说;但绝对不是终结那本 275
质性的东西,而是翻转和朝向(那本质性的东西)。

与哲学共同终止——让哲学倾听其本质。解-构和终止。

10. 我们的历史性沉思

只有在跟历史的本质性的对峙中,我们才从历史中接受各种冲撞和推动力。

这样的一种攻击的实施应该指向黑格尔。这与对其他风格的反驳无关。此外,在哲学中正确的东西太多了,而真的东西却很稀少。

用简略的线条勾勒的传记性的东西——来自整体的德国运动。迄今这个名称大多被看作人文主义或者爱国主义,但是既非真正的哲学的,也非政治的。

黑格尔在其主要阵地,即“形而上学”这个基本学科中。“形而上学”这个词语和概念的历史。

这似乎会产生这样的印象，这里所展示出的是历史学的好奇心，并负载着我们的记忆。但另外的东西立刻展示出来——我们被嵌入其中的西方精神命运的基本片段。这一点对这门课的所有内容在根本上都适用：不是一个空洞的、没有基础的纲要，不是对诸多名称、标题、数量的列举，而是历史，它如何从我们背后赶上来，并聚集自身于本质性的步骤中；历史，它如何超越我们并侵入我们的未来，从那里逼迫我们。

我们的历史性的沉思不是对文化、时代和“人格”以及附属于此的“文学”进行详尽描述，而是敢于进入我们的精神命运的本质性的东西的坚硬而赤裸的简朴中——唯独为了由此亲眼目睹我们
276 自己的同样坚硬而赤裸的简朴使命。注意：这属于那最基本的工作，一般的概论无济于事，这一点无需再详细确认。

11. 康德真正的工作［关于第 26 页］

《纯粹理性批判》(1781)：形而上学——它的情况是怎样的：a) 它意愿什么，b) 它能够做什么；——a) 它有什么权利，b) 什么拒绝它——区分，根据其内在的可能性进行划分(κρίνειν)，并且在进程中——ratio——非经验、纯粹理性。

但是这是在真正彻底的考察和研究中进行(不是一个计划)。对此的主线——什么问题？认识是综合的、延展的、超感性的、非经验的、先天的。康德的问题——贯穿他的批判：综合的认识如何可能是先天的？

解决(工作的划分)：1. 在什么意义上是可能的，在什么意义上不可能。2. 在什么基础上——人。3. 在什么范围内——规则性的：

实践理性。

形而上学的形而上学—不是“认识论”，而是人自身在世界中的位置；由此而来康德的概念“自然形而上学”。

a）人 —— 朝向超感性事物的一个特征，anima naturaliter christiana ［灵魂天然地是基督教的］。

b）同时总是出错；自然的假象，将所想的看作存在者自身。

康德和路德！——既是也否！——总是基督教的世界。

参见上述。虽然今天“自然的世界观”已经在个别内容上多方面地去基督教化了，并且是无基础的，但是其基本形式遗留了下来，277
然后以某种方式用替换的形式来填充。

12.［对我们的意愿的回忆］

对我们的意愿的回忆。——追问：要求着的-争吵着的-崇敬着的知识。——哲学的基本问题。——历史性的对峙。——黑格尔。——“形而上学”，词语和概念。——事情。——卓越的舞台：康德。

对峙所指向的是何种特定的力量？（宗教的-基督教的思维方式）

我们寻找基本问题——不是在这里——它是被遮盖的、被压抑的。从黑暗中拉出来。

我们的此在——进攻所朝向的东西！

13. 跟黑格尔形而上学的对峙

什么是哲学的对-峙（从哲学的真理的本质而言）。

不是形式上的反驳和争论，不是单纯对不正确的证明。而是彼此-对置（*Aus-einander-setzung*）——分离；这对我们而言是反对或同意（*gegen und für*）的决断。

不是跟个别的学术观点、体系对峙，也不是跟不确定的普遍关于万有和无的总体观念的对峙，而是跟整个历史在其内在的发生中的对峙——在历史内部超出我们进行指引。

反对什么？反对两个特定的力量。

1. 基督教信仰的世界思考——

2. 数学性的东西作为知识理想（Wissenideal）。

不是反对它们自身，而是反对这一事实：它们是形而上学中的规定性的力量。

278 为什么反对？为什么它们不应该存在？因为它们不是产生自哲学的源始的基本问题并在其中扎根，而是相反。

a）基督教的世界之思必定丧失，并否认基本问题。

b）数学性的东西跟它不匹配——被遮蔽的、被放弃了的、遗忘了的。

14. 跟黑格尔的对峙（克尔凯郭尔和尼采）

作为对-峙：分离、拒绝、新的决断——并且跟那些决定性的力量相关：基督教和数学性的-逻辑的（不是反对逻格斯！）

反对什么？反对这两个力量对“形而上学”是完全规定性的？为什么不应该是这样？因为这两者没有在哲学的基本问题中扎根。

Ⅰ. 而是：

a）[基督教]否认了它，并必定否认。

b)［数学性的东西］跟它不匹配，将它表面化，损毁、回避了它，从而根本上背离了它。

Ⅱ. 因为，哲学通过它们完全不再考虑根据和基础，不再阻止规定它的那些世界力量：而是（相反——被紧紧把握在假象中）跟“世界观”或者“科学”扭结在一起。

但是这两者都对此在的严肃性和最后状态没有约束力；两者都不孕育本源。

所有这些——因为基本问题不再是问题，并且最后完全不再知道这个问题了。

基本问题不是什么，它是什么，唯有怎样它才能发生？第一课。*

15.［黑格尔那里的基督教的东西和数学性的东西］

基督教世界思想——规定存在者整体（⟷存在）。

数学性的东西——确定性先于真理 / 存在。

二者怎样是规定性的？数学性的东西如何改变了存在概念：bonum 作为 perfectum［善作为完善］——“逻格斯”。

现在如何——经过康德——整体轮廓。黑格尔的形而上学，作为逻辑学：大全——但是忽略了基本问题。对哲学的剥夺，因为这个基本问题当然不是随意地追踪一个被忽略的问题，后续性地排除某个理论上的不清晰状态，而是此在的根据和基础改变了。参见，矛盾律，它的原理。参见，第一课。**

对峙——首先既非基督教的，也非数学性的，而是两者使得自

* 参课程主文本，第 1—2 节，尤其第 5—6 页。——编者

** 参课程主文本，“导言”，第 1—4 节。——编者

身能够如此有效的**根据**。a) 因为在它这方面，哲学还完全没有扎根；b) 也因为，哲学不再提供充分的基础和必要性，而是对私人的世界观或者“科学”的思考［？］。

二者都是没有约束力的，都不是**本源实施**（*Ursprungsleistung*）。这是因为，它们不出自基本问题，也就是说，因为它们自身不再是问题，不是有问题的。在这里对-峙的东西——本质性的、决定性的。

16. 克尔凯郭尔和黑格尔——尼采和黑格尔

克尔凯郭尔恰恰要基督教——源始的新约的和新教徒的基督教（跟文化基督教相反）——，恰恰以这种方式：他保留了黑格尔的体系，并完全用他的手段工作。

280 尼采虽然［寻找］跟基督教的根本对峙，但是他陷于**生物学的思维方法**以及对流行的“逻辑学”及其必然性的简单接受；没有达到存在问题自身。

同时根本的对-峙——分离——跟克尔凯郭尔和尼采。

* * *

1. 作为值得追问的东西的不确定性（跟数学性的东西相反）。

2. “上帝死了”（跟神学的东西相反）。

1 和 2 一起。

命运的暴露——**开裂和德国人**。

17.［开端和假象］

开端越是伟大，假象就越是逼迫人。**存在的假象**以及古代哲学的主导问题。参见《思索Ⅱ》,第 95 页。

存在的假象以及基督教的世界立场。

在可能性原则帮助之下从主导问题回到基本问题。(《思索Ⅱ》第 107,113,133 页)

从轨道被抛出!“存在-论”(*Onto-logie*)。更源始的[?]开端和轨道。

* * *

黑格尔

被贬低为假象的开端的完成!

一般而言——什么此在,历史?

就讲演而言的主导难题[①];“逻辑学”——存在-神-学(*Onto-theo-logie*)(1930/1931 冬季学期)[②]。

---

① Martin Heidegger, *Hegel und das Problem der Metaphysik*. Vortrag in der wissenschaftlichen Vereinigung zu Amsterdam, 22. März 1930(《黑格尔与形而上学问题》。1930 年 3 月 22 日在阿姆斯特丹科学协会的演讲)。[计划在全集第 80 卷中出版。]

② Martin Heidegger, *Hegels Phänomenologie des Geistes*. Freiburger Vorlesung Wintersemester 1930/1931, Gesamtausgabe Bd. 32(《黑格尔的精神现象学》,弗莱堡 1930/1931 冬季课程,《全集》第 32 卷), hrsg. von Ingrid Görland. Frankfurt a. M.: Klostermann 1980, 3. Aufl. 1997.

"差异[笔记]"[①](1929 年夏季学期)[②]——"现象学"——"逻辑学"——"百科全书"。

① G. W. F. Hegel, *Differenz des Fichte'schen und Schelling'schen Systems der Philosophie, in Beziehung auf Reinhold's Beyträge zur leichteren Übersicht des Zustands der Philosophie bey dem Anfange des neunzehnten Jahrhunderts.* Erste Heft(《费希特哲学体系和谢林哲学体系的差异:关于莱因霍尔德对 19 世纪初哲学状态之轻松概述的贡献》,第一部分), Jena 1801. Vgl. in: *Sämtliche Werke, Jubiläumsausgabe in 20 Bänden*, hrsg. v. Hermann Glockner, 1927 ff. Bd. I, S. 33-168.

② Martin Heidegger, *Der Deutsche Idealismus* (*Fichte, Schelling, Hegel*) *und die philosophische Problematik der Gegenwart.* Freiburger Vorlesung Sommersemester 1929, Gesamtausgabe Bd. 28(《德国唯心主义(费希特、谢林、黑格尔)与当代哲学问题》,弗莱堡 1929 年夏季学期课程。《全集》第 28 卷), hrsg. von Claudius Strube. Frankfurt a.M.: Klostermann 1997.[参见第 195 页及以下,特别是第 196 页及以下。]

附录Ⅱ　1933/1934年冬季学期大课的记录和计划 283

1. 托马斯：veritas［真理］；intellectus［理智］（Quaestiones de veritate［关于真理的辩难］，qu. I, art. 1—12）① 285

……ubi invenitur *perfecta ratio* veritatis［在我们发现对真理的完美解释之处］（参见，quaest. I, art. 2）。……per posterius invenitur verum in rebus, per prius autem in intellectu［真的东西次要地在事物中被发现，而首要地是在理智中］（参见，同上）。跟亚里士多德《形而上学》E4的关系！同时，in intellectu divino (creans) *mensurante, non mensurato*［在神圣的（创造的）理智中进行衡量，而非被衡量］。先行-形成；intellectus humanus speculativus［人的沉思的理智］是模仿的，intellectus humanus practicus［人的实践的理智］以某种方式是先行形成的。

① *Sancti Thomae Aquinatis doctoris angelici ordinis praedicatorum Opera Omnia: Tomus IX: Quaestiones disputatae, Volumen secundum, completens De veritate et Quaestiones quodlibeticas* (Parmae: Typis Petri Fiaccadori, 1859).

为什么(per prius autem in intellectu［首先在理智中］)？因为，veritas=adaequatio［真理等于符合］，并且 Veri enim ratio consistit in adaequatione rei et intellectus［真的定义在于事物和理智的符合］(art. 3)；［verum］aequalitas diversorum est［(真理)是不同事物的相等］(同上)，“相等”(相–适)。

因此，真理出现在这样的地方：在理智(vel enuntiatio, quae intellectum significat［或者表示理智的表达］，art. 5. c.）开始具有它自己的东西，那是 res［事物］所不具有的，但是却是 correspondens［相符合的］。Intellectus dividens et componens［理智进行划分和结合］，所以必然 reflectio supra se(reditus)［反思自身(翻转)］(art. 9)。Intellectus……adaequatur rebus, quarum cognitionem habet［理智跟它具有知识的东西相符］(art. 8. c)。这意味着什么？这里形式上从 *adaequatio* 的观念推论而来(参见，art.5.c.: commensuratio, verum = commensuratum; “aequalitas”, convenientia［共同的尺度，真的 = 相同尺度的；“相等”，一致］)，没有现象地看 ἀ-λήθεια 之中的内在前提；参见《存在与时间》。

Intellectus……formans quidditates, non habet nisi similitudinem rei existentis extra animam, sicut et sensus inquantum accipit speciem rei sensibilis［理智……形成本质(或什么)，它不仅跟外在于灵魂存在的事物相似，就像感觉把握一个可感事物的形式］(art.3)。

* * *

有–什么(Was-habe)只有自我同一性，所以不是 diversitas［不同]——这里没有 adaequatio、veritas[符合、真理]的可能性。

一切都建立在“差异”“相同”“类似”上，虽然所关涉的是事 286
物之间的关系。

但是为什么 intellectus formans quidditates[理智形成本质（或什么）]，但却是 posterius——verum[第二位的——真]？（definitio, 即 per ordinem ad compositionem[定义，即从秩序到构成]）。参见 art. 3. c. finis[最终]：一切都根据 adaequari[符合一致]！

Intellectus (intus legere) proprie = apprehensio quidditatem[恰当的理智（从词源学上来说）= 理解本质（或什么）]，这样就没有 est *falsitas in intellectu*[理智的错误]。Quidditas: proprie objectum intellectus[什么（或本质）：理智恰当的对象]（参见 art. 12.）。Intellectus “in cognoscendo quod quid est” ——semper verum?[理智“在认识是什么”中——总是真的？]这意味着什么？参见上面 art. 3。怎样将二者结合起来？ Adaequatio 直接被作为现成在手的东西：有某物，即它是一个 ens creatum[受造物]。由此而有一切存在者的貌似的客观性，我只是在里面操作。而人就只是**职能人员**、**雇工**。

2.[作为正确性的真理的主导概念]

关于真理的本质的统治性概念：正确性——衡量的事情。

命题和事情之间的符合。自古有之并且存在于**不同世界中**：康德、托马斯、亚里士多德。虽然他[康德]的认识定义——认识不是以对象为准，而是对象以认识为准。一个同主体主义完全没有关系的命题。一般的康德解释。这个概念[命题和事情的符合]具有一种特别的**缠绕和固执**的特征。对它进行**决断**——毫无希望！

更切近地看：

(1) 如此自明——如此不自明和值得追问；例子。

(2) 真理的位置：命题、有效性；理性。命题的为-真(Wahrsein)——存在！头脚倒置！真理和存在的本质关系！

287 非常古老——希腊人；但是在早期仍然是不同的。什么样的概念是源始的和靠得住的？

3. 关系

真理的本质问题——首先是关于本质的本质。赫拉克利特的箴言——这个箴言的真理？真理的先行概念：ἀλήθεια——“正确性”。词语和语言的先行理解，以及人的“生存”。

4. [真理问题作为一个历史决断的问题]

我们对真理的本质问题的回答必须通过一个决断。不是随随便便构想出来的。这个决断跟我们早就处身其中的传统处于对峙之中：我们的此在的历史。

真理的本质的两个基本概念：无蔽状态——正确性。后者自身的优势——或者第一个的软弱无力？为什么？

两者的斗争——没有被解决！在哪里？柏拉图哲学。洞穴的历史。μῦθος——λόγος。对这个故事的处理已经进入了真理的本质问题的中心。对它的解释中有一个决定性的步骤。

5. 对 1934 年 1 月 9 日课程的回顾

真理的本质问题：不是追问一个抽象的、分离的自在概念——

越是普遍就越是空洞，越是没有约束力。

本质——什么本现——，我们的此在——作为我们这个历史性的此在——必须进行规定和统治。但是不是现在随意地编造，而是 288
在跟支撑我们和预先规定我们的传统的对峙中。

本质概念的两个基本方向：1. 真理作为无蔽状态，2. 真理作为正确性。两者都在希腊人那里有第一个创造性的发端。第一个已经变得无能力了——被遗忘了——通过第二个自明的统治和传播。

两者都在那最后的分解和为后面的两千年准备好特定的精神世界形式之处。

柏拉图的理念学说。理念：

(1) 自我表象，理想，规则和价值，标准。

(2) 表象——纯粹的意识，意识一般，人类、自在之人的理性。

我们所必须与之作斗争和克服的一切——在这里有其根源。存在的本质——人的本质。我们——基本经验和基本态度：有限性、时间性、历史性、被抛性、使命、个体化。

哲学从根本上是不同的。

为此，从开端开始！要跟那些基本力量匹配。

柏拉图：不是新的柏拉图解释——无关紧要；把握我们未来的此在自身是决定性的。

6.［柏拉图的洞穴之喻］

柏拉图——洞穴之喻。这个神话——不是定义的努力。人的历史——不同的阶段，不同阶段的 ἀλήθεια 都不同。

Ⅲ. 阶段：澄清事实

(1)理念和光;

(2)光和自由;

(3)自由和存在者。

289 这四个事实的关联——ἀλήθεια 的本质。

7.[关于我们追问的内在顺序]

需要完全重新确认我们的追问的内在顺序的简单线索。我们问:什么是真理?

两个回答:1. 无蔽状态，ἀλήθεια;2. 正确性，adaequatio。第一个是开端性的,第二个是后来的,并且现在占统治地位的。

两者的关联:第一个是仅仅在时间历史性[意义上]是开端性的,还是从本质出发根据本源来说是开端性的。如果是根据本源而言的,并由此是突出的和规定性的——为什么变得无能力了?

回答:不简单地是对不同内容的不同定义,而是对不同的经验方向的解释;而经验方向来自此在的基本状态。变迁在人的历史中,并恰恰首先是在本质基础而不是不同的文化时期中!

很早就是彼此并列和对立的了,最清楚的是在柏拉图哲学中。柏拉图的回答:在其中并且通过人从洞穴中解放的历史。四个阶段;在第三阶段中是高潮,但是在第四阶段才是完成。在第三阶段决定性的东西被忽略,而被推到解释的结束,似乎是为了从最高点俯瞰整个过程。

最高的理念:善;对它的解释是通过对两个主要问题的回答:

Ⅰ. 柏拉图将最高的理念善理解为什么?

Ⅱ. 这个最高的理念关于我们所追问的整体告诉了我们什么:

关于真理的本质?

关于Ⅰ 290

1. 最高的理念作为从一般理念的本质的提升：源始的使……可能，ὄντως ὄν［存在的存在］，ὂν ἀληθινόν［真的存在］；善的希腊语词：ἀγαθός。只是源始的词语，从直接的此在产生出来的词语——不是内容性的，不是价值以及和价值领域并列的领域！

2. 柏拉图自己怎样展示这个最高的理念。

1)感性图像的方式——通过太阳以及通过眼睛的感性知觉。相应的关系。基本事实——轭。ἀγαθόν 的运作和本质。

2)明确的规定性：

a)ἐπέκεινα τῆς οὐσίας，ὑπερέχων πρεσβείᾳ καὶ δυνάμει，在年龄、来源、统治地位和权能上超出、突出、超过。

b)Κυρία——παρασχομένη ἀλήθειαν καὶ νοῦν。统治——提供-连接(*gewährend-bindend*)。

突出者、统治者、提供者-连接者：赋能者(源始的使可能者)；参见(1)→遮盖！

关于Ⅱ

从对最高的理念——善的理念——的本质的洞察中，应为真理的本质提取出什么。

1. "真理"、ἀλήθεια 自身还不是最终的，而是处于一个更高的赋能之下；"什么"以及"如何"。

2. 这不仅对"真理"有效，而且也对"存在"有效。

3. 二者不仅完全处于一个更高者之下，而且是处于一个作为**轭**的更高者之下；那**约束者**恰恰是将**二者**赋能到其本质关联中者。

291 4. 那将 ἀλήθεια 赋能到其本质者，跟人的生存有一种源始的关联——作为**将他联结到解放上的东西**。

5. 这个解放是人的一个历史，在这个历史中，人的本质从根本上改变了。所以 521c5 说：这不像看起来的那样，仅仅是翻转手里的一个贝壳，而是将人的本质从某个幻觉中向前引领出来；这是向着存在者（自身）的提升，对这个发生我们说，这就是**哲学活动**。

6. 简短并概括地说：**真理的本质问题是人的本质历史问题**。沉思着追随［？］——通过并进入哲学活动。《斐德罗》243b5。《理想国》514a——第七卷开头对整个故事的引言被有意放在后面了。现在要理解："在此之后，你自己想象一幅关于我们的本质的图画，根据其被约束状态或者无约束状态。"（514a1—2）

（1）ἡ ἡμετέρα φύσις［我们的自然］；

（2）παιδεία τε καὶ ἀπαιδευσία；

（3）παιδεία 既非"教养"也非"教育"和"培训"，而是此在坚持经受住历史和命运的赋能而来的被约束状态。注意：仍然以某种方式是权利，**因为在柏拉图那里**开始了另外的东西。

7. 这个历史的基本发生：**哲学**。但是远离错误概念和非概念——同时：拟定出源始的概念。

* * *

哲学不是什么，参第 28 节 c，第 206 页及以下，尤其 208 页。

哲学是什么？**人的此在的基本发生**，**只要后者被看作是精神**

的-历史性的。这个基本发生在哪里?⟶什么是人?对这个问题的 292
回答来自何处?生物学、心理学、人类学、类型学。这些科学给出了多重信息——但是没有给出回答?没有回答,因为它们根本没有问;它们没有问,因为它们已经是从一个回答出发的。人是某个被给定的、现成在手的东西,由身体、灵魂、精神组成。这些科学只是分别展开和阐述这些组成部分。

这些科学所说的是正确的——但是在其深处是不真的。对事实的描述是建立在一个已经预先设定的回答基础上,它完全没有被提问。这个回答已经是对人的本质的先行意见和先行决断。

但是在这种先行意见的基础上的,是一种完全确定地去经验那种我们称为人的东西的方式:他由不同的部分、事实构成,哪些部分属于他,全部都在他身上出现。那[……]。* 在每个问题中,回答之前就有一个决断,由此可能的回答的范围就已经标划出来了。并且这种基础性的决断来自基本经验,并且问题的形式也是如此。

在上述这种经验的基础上产生了这样的问题:人是什么?但是并没有更多的东西对这个问题暴露出来;那么,如果我们追问人,还有什么方式?然而——还有另外一种追问人的可能性和必然性的方式;不是:人是什么?而是:人是谁?

但是根据刚刚所说的,这里也有基本的决断吗?当然!那么是哪个?那就是,人是一个自我(*Selbst*)**。

但是这个规定不是对某个现成在手东西的确认,而是要求和使 293

* 一个词不可辨识(边缘被剪掉)。——编者

** 参见[本书]第22节(第173页及以下),第24和25节(第181页及以下),以及第28节(第201页及以下)。——编者

命。自我：那种在他的存在中被托付给自身的存在者；“意识”只是结果。因为这种是一个自我的存在者，所知道的不仅仅是关于自己的某些东西，而是它自己特别地信赖和听任自己做决定，确切地说，在它的如何是中，也就是说，它如何选取自己的存在，对它而言它跟它自己的存在有何关系。

对一个存在者而言总是涉及其存在，这一点属于它的存在的源始建构。我由此将这个自我的存在称为操心。这跟精神病患者的兴奋躁动和焦虑无关。

操心是决心（*Entschlossenheit*）、准备、实施、工作、统治、英勇气概的可能性的条件；有这个的地方，那里必然有：无害、忙碌、胆怯、唯利是图、奴役和懦弱；并且不仅仅是令人惋惜的附加物，而是作为本质的必然性。

操心和历史性。操心是人的政治本质的可能性的条件。

操心作为生存：什么和谁——范畴和生存上的。参见《存在与时间》《论根据的本质》。

操心作为自我：“我”和“我们”；斗争和优先地位以及总是二者的统治。

人是谁？这个问题决定并规定了这个问题：哲学是什么？根本上决定哲学自身，它是否能够和必须存在。

但是在这个问题之前和之后还有完全另外的问题！人究竟能够从自身出发认识和发现他的本质吗？向前走直到边界！我们从哪里知道，我们知道并能够知道，我们是谁？关于人的真理来自哪里？这种真理是什么种类的？真理是什么？这个问题：关于人的本质历史——这就是做哲学：坚持对存在和真理的追问。

转回来！循环！当然——但是恰恰要穿越它。

需要坚持追问，恰恰在我们由之出发的关联中，我们已经概括 294
说：最高的顶点，*ἀγαθόν*。这里并非顺利地解决了问题，而恰恰是真正的值得追问状态的开始。

Ⅰ. 值得追问的状态。什么问题保留着并增强了？

ἀγαθόν：那自我贯彻者，坚持者！但：如何和哪里？为了 ὁρᾶν［看］的 ζυγόν［轭］（存在理解）和 ὁρώμενον［可见］（敞开状态，无蔽状态）。在哪里发生？在人"里面"，"里面"？？但是另外一个（ἀλήθεια）在事物上，随着存在者发生，并且恰恰是不可动摇的［？］。在人里面—在事物上；两者的关系，各自从一个方面。

又，人是什么，人是谁？关于轭（ἀγαθόν）的问题还完全没有决定，也许还没有充分地追问。

Ego，res cogitans——res extensa［我，思想之物——广延之物］；主体——客体；"联系"！为什么问题不充分？因为 οὐσία= 现成在手之物！希腊的存在概念！获得了什么，如何获得，subjectum，substantia，accidens。

对轭自身的问题恰恰被排挤走了。取而代之的，与此同时的，是各个部分自立出来，问题的着手点也是这样。

Ⅱ. 对轭的问题的这种忽视的原因是什么？"理念论"，因为 οὐσία 作为 ἰδέα！由此被增强了。理念作为对存在的解释。模棱两可：1. 让通过，2. 自我存在着的、对象、现成之物，更高的——较低的——诸领域，层次；χωρισμός、鸿沟！

Ⅲ. 理念论同时也是对 ἀλήθεια 的排挤。

(1) 被看到者——但是它自身是存在者自身，那个什么东西(das Was)。但是不是在看中被看到。那个什么自身(das *Was* selbst)作为自在的存在者；偶然的关系。相应的 ἀλήθεια——不是作为无蔽状态。

(2) 被看到者作为原型、影像、模仿、表象；一致，ὁμοίωσις。各领域的分层!

295 (3) ἀλήθεια 之被排挤，作为 adaequatio[符合]的优先。

Ⅳ. 值得注意的事：柏拉图重新启程，但是恰恰排挤了 ἀλήθεια。毫无作用，ἀλήθεια 不再规定那个追问。虽然展望进开端中。ἀλήθεια 针对 ὁμοίωσις 挫败的斗争。Adaequatio[符合]自此以后统治。

Ⅴ. 但是为什么不让它保留在那里呢?

(1)"一致自身"的疑难。不可能性:

a) 什么一致，完全不同的种类。

b) 用什么、怎样衡量? 但是事先已经有公开的标准。

(2) 没有表达出本质性的诸真理，参见:

a) 人的本质规定性的真理;

b) 一个任务和使命的真理;

c) 一个立场和决断的真理;

d) 一个艺术品的真理。

简言之：在本质性的地方，都不充分，就算不是完全肤浅的。

因此，要把问题引导回开端——这同时是没有希望的和没有意义的，但仍然没有掐断。从我们历史性的此在的基本经验出发的重新开端。重新追问！当然。

赢获的洞见：1.问题不充分，2.主要的困难恰恰就在这里：赢获充分地源始的和宽广的问题进路。

失误在哪里？无-蔽状态、存在没有如其自身地、本己地、源始地被询问。

无-蔽状态——追问它：这意味着什么。参见前述第29节d(第222页及以下)和第30节(第224页及以下)。

8.[真理——非真理；过渡到《泰阿泰德》] 296

(1)ἀλήθεια的词语概念和本质，参见1931/1932年冬季学期课程[1]。另外还有ψεῦδος的词语概念和本质。

(2)在我们熟悉的命题中——在真实的句子中——ἀλήθεια何以是基础。(真理-讲座的第一步[2])然而veritas作为principaliter in intellectu[真理原则上是在理智中的]。——中世纪(神)——笛卡尔，

① Martin Heidegger, *Vom Wesen der Wahrheit. Zu Platons Höhlengleichnis und Theätet.* Freiburger Vorlesung Wintersemester 1931/1932. Gesamtausgabe Band 34(《论真理的本质：论柏拉图的洞穴之喻和〈泰阿泰德〉》，弗莱堡1931/1932年冬季学期课程，《全集》第34卷)，hrsg. von Hermann Mörchen. Frankfurt a.M.: Klostermann 1988, 2. durchges. Aufl. 1997.

② Martin Heidegger, *Vom Wesen der Wahrheit. Vortrag*, gehalten u. a. im Herbst und Winter 1930 in Bremen, Marburg a.d.L., Karlsruhe, Freiburg i. Br. und Sommer 1932 in Dresden(《真理的本质：演讲》，包括1930年秋季和冬季在不来梅、马尔堡、卡尔斯鲁厄、弗莱堡，以及1932年夏季在德累斯顿的演讲).这个演讲经过多次校对，其文本首次于法兰克福：维托里奥·克洛斯特曼出版社，1943年，第8次增订版1997年(包括海德格尔在其个人藏书中的边注)。该演讲还被收录在文集《路标》(*Wegmarken*)中。

近代——certum、确定性，持以为真（尼采，参见《善恶的彼岸》）。

9. 对柏拉图《泰阿泰德》184—187 的翻译和解释

这一段是本质性的，并且是支撑一切的。这里也是尤其清楚的转折点，是希腊思想针对其开端所做的转折，转向了“形而上学”，即将“形而上学”奠基在作为 ἰδέα 的存在和作为 ὁμοίωσις 的真理学说基础上。现在 *ψυχή* 和 *ἔρως*——*ἰδέα*——*ἀγαωόν*。现在“哲学”才开始。

10.《泰阿泰德》184b 及以下

这个思考表明，**关系**不是由身体器官构成，也不在身体器官中。

297 **关系**（συντείνειν）是 ἰδέα——对被看到的东西的看；
对可见的东西的看到；
看得见（Sichtsamkeit）。
νοεῖν　外观（Aussehen）；
在场化（Anwesung）。

关系是“灵魂”自身——并非首先有自为的灵魂，然后仿佛有一条连到事物上的绳索，勾连在它上面并勾连进和事物的关系中。

灵魂是什么？现在得出什么——那自我展示者是在其存在中的存在者；那么这个——也就是 οὐσία（πρῶτον——μάλιστα）［实体（首要的—大多数）］，在一切之前（“a priori”）。

现在在多大程度上“灵魂”自我展示，以及对话的意图在多大程度上被揭示出来并得到满足，就不需要进一步解释了。

11.《泰阿泰德》184d
[关于第33节c第245页及以下]

“灵魂”作为跟存在(外观的在场化)的关系的名称以及由此跟无蔽状态的关系。

ψυχή——作为 ἰδέα τις μία εἰς ἣν πάντα τὰ ὄντα ᾗ ὄντα συντείνει[灵魂——作为某个唯一的理念，所有的作为存在者的存在者都汇集入它](参见184d3及以下)* 一切存在者都聚集自身——伸展自身到这个唯一的看(**含混地**)，即这个看在感知中首先看到，诸如此类这样的显示外观者，如此如此在场显现。

灵魂：**对存在的关系**的名称。

(身体和生物被允许进入这个关系——如果希腊人是人。不是灵魂被吹进身体，而是身体被准许进入灵魂。但是 ψυχή 指示向后来的 animus 和 anima[ζωή]。)

存在——存在状态(Seiendheit)：πρῶτον——τοῦτο γὰρ μάλιστα 298
ἐπὶ πάντων παρέπεται(186a2及以下)；那最早地预先已经安置自身者，自我展示者，**转向**我们这里，以前的东西。μάλιστα πρῶτον[首要的]，所以是 πρότερον[首先的]，prius[优先的]，a priori[先天的]。

---

* 根据184d3及以下：εἰς μίαν ἰδέαν, εἴτε ψυχὴν…πάντα ταῦτα συντείνει[进入唯一的理念，就是灵魂吧……一切这样的事物都汇集进去]，自由引用。——编者

299

编者后记

现在这两个在书目编纂中题名为《存在与真理》的部分，出自海德格尔的校长年的两门大课。1933 年夏季学期的《哲学的基本问题》这门课是每周两个课时的大课，1933/1934 年冬季学期的《论真理的本质》也是这样。根据参加课程者现存的笔记，后者于 1933 年 11 月 7 日开始，1934 年 2 月 27 日结束。而 1933 年夏季学期的这门课，各种笔记并没有提供任何相应的日期。然而课程文稿之简短让人猜测，这是由于 1933 年夏季学期海德格尔任职校长，公务繁重超乎寻常，因而一些课时被取消了。

作为对 1933 年夏季课程进行编辑的基础，供编辑采用的有：

1. 德国文献档案馆制作的手稿影印件，有 22 个页码连续的印张，宽边打印，还有大量插入的和后来附加的不同版式的印张——但大部分是 DIN A5 版式。

2. 编者在 1978 年用打字机打制的手稿誊写本(带附页总约 100 页，DIN A4 版式)。

3. 威廉·哈尔瓦克斯(Wilhelm Hallwachs)的一个手写的听课笔记，DIN A5 版式 117 页，大多双面大手写体。大概是一个原始速记笔录的誊写本。

4. 阿道夫·科尔平(Adolph Kolping)的一个机打的听课笔记，DIN A4 版式 35 页，是一个严重压缩的手写笔录的誊写本。

对 1933/1934 年冬季学期大课，编辑可支配的材料是： 300

1. 手稿影印本：这门课重复 1931/1932 年冬季学期第一次讲的内容，带着新的导言，有 24 页，横向书写，还有 14 个插入的纸条，大多为 DIN A5 版式，部分有连续的编号。

2. 编者在 1980 年春季用打字机打制的导言的手稿誊写本。

3. 威廉·哈尔瓦克斯手写的课堂笔记原本，包括 199 页 DIN A5 纸张，大部分双面大字体，大概又是一份原始速记的誊写本。

4. 一份由编者在 1985 年所做的以上第三个手稿的打字机打制誊写本，包括 DIN A4 版式 199 页。

5. 由阿诺尔德·贝格施特雷瑟(Arnold Bergsträsser)所做的一份打字机打制的课堂笔记，细密书写的 DIN A4 版式 44 页；这是一份手写记录的誊写本，只是缩略地再现了课程文本。

6. 1931/1932 年冬季学期同名课程的手稿的影印件。

关于编辑材料，1933/1934 年冬季学期的《论真理的本质》课程展示出一种特别的情况。它虽然重复了 1931/1932 年冬季同名课程(GA34)，但是在形式上做了许多改变。新写的关于赫拉克利特的 πόλεμος 箴言的导言，通过更详细的重演而大为扩展了的对柏拉图洞穴之喻的解释，缩短了对《泰阿泰德》对话的解释，以及大量广义上的“政治”暗示，都赋予了这门课程总体上以另外一种形式。 301
由于海德格尔没有为主体部分拟定新的课程手稿，出于对历史诚实的义务，这种形式的改变以及在主体部分大量“政治”内容的插入，都通过复制哈尔瓦克斯详尽的课堂笔记而得以再现。

在1934年1月30日的课上，哈尔瓦克斯笔记的复述被海德格尔一个手写段落打断了。这个段落再现了海德格尔在国家社会主义夺权周年纪念日上的一个讲话。在这里海德格尔以极端批判的方式探讨了诗人科尔本海伊尔前一天的讲座，以及其中所表现的（国家社会主义的）人的图像和世界图像。这个原始的文本段落（第209及以下）以斜体的形式跟哈尔瓦克斯的笔记区别开来。相应地，强调的部分反过来以正体突出。*

* * *

为了本卷的编辑，编者将20世纪70年代末以及80年代就已经准备好的记录跟手写原本（即影印本）进行了仔细的校对，改正了当时的错误，解决了大量遗留的缺陷和一些有问题的解读。拼写和标点符号都根据新的（但不是最新的）规则校订，只要所涉及的不是海德格尔（一再出现的）特别的书写方式。

小节标题和次级标题大部分出自编者，紧密地根据文本的表述进行选择。一个例外是在1933年夏季学期的课程中的笛卡尔研究，海德格尔在文本主体边空白处配上了简短的、标题样式的注，于是编者就采用为了标题。更高一级的部分和章的标题大都出自海德
302 格尔，或者从文本相应的段落中取得。少数几个地方用文本中的表述进行了补充。

* 为方便读者阅读，该部分中译改为用仿宋体，其强调部分仍用字下加点。——译者

文本中的强调部分用斜体。[*] 海德格尔在手稿中一般使用下划线。但是没有保留手稿中纯粹为了阅读和重音而加的下划线。有几个地方的核心句子和表达由编者通过斜体进行强调。引用中的方括号表述海德格尔的补充和说明 [**]，引用之外的方括号表示编者猜测内容。编者注通过相应的简短提示标出。对没有辨识出的词语，分别用星号在脚注中说明。[***] 有问题的解读方式用方括号里加问号标出。

* * *

1933 年夏季大课《哲学的基本问题》阐释了存在问题，在突出地区别于基督教规定和 18 世纪形而上学体系中的数学-逻辑学思想基础（沃尔夫、鲍姆加通）上走出了第一步。这个发展在作为神学-逻辑学的黑格尔形而上学中达到了"终结"，在黑格尔形而上学中，纯粹本质性的逻辑学将理性的真理（自我知识）把握为绝对精神。本真的形而上学作为更高的逻辑学显现为神的绝对自我意识的体系。

作为神学-逻辑学的形而上学的终结，其值得追问之处表现在，在西方哲学开端处统治性的、最深刻的、值得追问的迫切性，在跟真理的未被控制的力量以及跟取消所有对立的最高快乐之迷误的斗争中退却。在纯粹概念的对立的无能中，一切真正的问题都在空 303
洞、无决断的永恒性中失去作用和死去。

---

* 中译为字下加点。——译者

** 为表区分，中译改为尖括号 <>。——译者

*** 中译用数字表示海德格尔自注。星号表示编者及译者注，用落款区分。——译者

1933/1934 年冬季学期的大课《论真理的本质》重复了 1931/1932 年冬季学期同名大课(参见 GA34),内容有多方面改变。这个课程追问了希腊真理的本质从无蔽状态(ἀ-λήθεια)向正确性(命题)转变的早期的、更深的根据。虽然在柏拉图那里最高的理念、善的理念,被设立为看和可见物的光的轭,由此是存在和无蔽状态的赋能,但是作为更高的赋能者,就其本己的存在而言它仍然是未加追问的。由于无蔽状态的本质问题的缺位,无蔽者可能因此被夺走,最终导致了关于作为人的历史的真理和非真理的历史性本质的转变。

* * *

虽然两门大课都展示出和同一时期的政治用语的接近,但是在海德格尔思想基本立场和纳粹意识形态之间的鸿沟是不可逾越的。两门大课就其纯粹的哲学基本陈述而言完全可以被放在另外一个情境之下。海德格尔对暴动和变革的激情抱有同情,这毫无疑问跟那种深刻的警告对立:这种暴动和变革是以一种错误的人和世界的图景为基础实施的,跟柏拉图比喻中的洞穴居民的阴影领域相应。国家社会主义世界观——海德格尔在对科尔本海伊尔讲演的批判(第 209 页及以下)中已经表示得很清楚——对海德格尔而言是一种近代形而上学以及作为其结果出现的诸科学的聚在一起的
304 残渣余孽。对海德格尔而言两难的是,在他看来在形而上学的终结(End)处(即在值得追问的“完成”[Vollendung]中),为了克服它并获得另外一个开端,精神-政治的暴力变革是必要的,为此需要提升、深化那种暴动和变革的情绪;但是他不再能公开表述对国家

社会主义那种无法言表的关于人和世界的图像的批判——如果他不想完全被剥夺(通过学院的学说)起作用的可能性，那么就无论如何也不能表述那些批判。革命的情绪从国家社会主义意识形态的世界观-政治内容脱离变得困难，这不仅由于必须使用一种隐晦的说话方式，而且也因为海德格尔的思想自身也处于变革之中，已经不能通过强调一种更原始的、更根本的(对存在及其真理的)追问的绝对必要性和必然性，来从根本上消除国家社会主义意识形态这个简单答案，因为后者有庞大的宣传开支来支持和传播。

在其校长年的后半年，海德格尔重复了 1931/1932 年冬季学期的同名课程，给了对柏拉图洞穴神话的核心解释一个朝向世界观-政治事务的方向。哲学家知道洞穴中的阴影图像的魅力，以及洞穴居民对被他们解放的抵制。作为解放者回到洞穴的哲学家完全知道他的危险：由于他奇怪的看待事物的方式，他会被嘲笑，被误解，被忽视，甚或被敌对，被“洞穴中强大的、权威性的洞穴居民”以死亡相威胁(第 182 页)。“他出于孤独在决定性的时刻说话。他说的话带着这样的危险：他所说的话突然变成了相反的东西。”(第 183 页)。

但是哲学家没有放弃。即使他不能成功将所有囚徒从洞穴中带出，他也试图“将这个或那个他相信已经认识的 < 作为可以攀谈和易受影响的 > 人抓住并带上那条陡峭的路，不是通过一次性的行动，而是通过历史自身的发生”。(同上)

因此对作为解放者返回洞穴的哲学家及其意图和危险的解释，反映了海德格尔对他的校长年以及随后在国家社会主义时期的学术活动的“政治”参与的自我理解。在 20 世纪 30 年代的后半部分的尼采解释中，海德格尔成功将国家社会主义意识形态本质性地揭露为纯粹的掌握权力、把握权力和增加权力的工具。

* * *

首先对尤塔·海德格尔（Jutta Heidegger）、海尔曼·海德格尔（Hermann Heidegger）博士以及皮特·冯·鲁克特舍尔（Peter von Ruckteschell）致以隆重的谢意，他们对付排稿跟原手稿进行了细致校对。对帮助解读缺失处以及解决存疑解读的F.-W.冯·海尔曼（von Hermman）博士、教授和海尔曼·海德格尔博士表示感谢。我还要感谢弗莱堡大学胡塞尔档案馆的罗宾·罗林杰（Robin Rollinger）博士和托马斯·冯盖尔（Thomas Vongehr）。对细心校对打印文本的皮特·冯·鲁克特舍尔博士、伊诺·奥古斯堡（Ino Augusberg）博士，尤其是海尔曼·海德格尔博士致以感谢。

哈特姆特·蒂特延（Hartmut Tietjen）

弗莱堡

译后记

《存在与真理》是海德格尔就任弗莱堡大学校长期间的讲课稿。1933 年夏季学期课程是海德格尔新开的课程，而 1933/1934 冬季学期课程则有重点地采用了 1931/1932 冬季学期的内容（GA34）。在这两个学期的课程中，海德格尔探讨了民族的命运和本质历史、真理和非真理的本质等问题。

两个学期的内容通过存在和真理问题贯穿起来。在第一个学期中，海德格尔对传统形而上学自近代以来以数学性方法为自身奠基作了历史性批判，认为数学的确定性原则已经预先规定了存在和真理，而其实质性后果会造成“人的本真自我和哲学的基本问题的错失”。第二个学期的课程并非完全重复之前课程的内容，海德格尔对柏拉图文本进行重新解读，赋予了“洞穴比喻”更深的含义。

* * *

翻译工作十分繁杂，尤其是对像海德格尔这样的哲学家，其作品的翻译更有难度。一个关于翻译本身的问题是：在人工智能可胜任大部分语言传译工作的时代，翻译还有多大意义？

海德格尔在他的《巴门尼德》中谈到了翻译问题。在海德格尔看来，翻译是摆渡（Übersetzen）。它不仅限于用翻译的语言改写被翻译的语言，而且还包括了同一个语言中的转换，如将一个德国哲学家的话语翻译为德语（GA 54：18）。词语摆渡我们，用语言之筏将我们摆渡到一个敞开域中。翻译并非将意义从一门语言传递到另外一门语言的纯粹外在的、技术的过程，而是文本作品通过理解而被敞开。

感谢陈小文老师对译稿提出的意见。感谢跟我在课上课下一起研读《存在与真理》的那些学生们。感谢汪永丰同学对最初的译稿做了认真的校对工作，感谢王歌等师友为本书译稿提供了宝贵意见，龚李萱老师等几位编辑为译稿的出版付出了辛勤的劳动，也一并再次感谢。

朱清华

2024年8月于基加利

《现象学原典译丛》已出版书目

胡塞尔系列

现象学的观念
现象学的心理学
内时间意识现象学
被动综合分析
逻辑研究（全两卷）
逻辑学与认识论导论
文章与书评（1890—1910）
哲学作为严格的科学
关于时间意识的贝尔瑙手稿

扎哈维系列

胡塞尔现象学
现象学入门
现象学的心灵
自身觉知与他异性

海德格尔系列

存在与时间
荷尔德林诗的阐释
同一与差异
时间概念史导论
现象学之基本问题
康德《纯粹理性批判》的现象学阐释
论人的自由之本质
形而上学导论
基础概念
时间概念
哲学论稿（从本有而来）
《思索》二至六（黑皮本1931—1938）
亚里士多德哲学的基本概念
存在与真理

* *

来自德国的大师	〔德〕吕迪格尔·萨弗兰斯基 著
现象学运动	〔美〕赫伯特·施皮格伯格 著
道德意识现象学	〔德〕爱德华·封·哈特曼 著
心的现象	〔瑞士〕耿宁 著
人生第一等事（上、下册）	〔瑞士〕耿宁 著
回忆埃德蒙德·胡塞尔	倪梁康 编
现象学与家园学	〔德〕汉斯·莱纳·塞普 著
活的当下	〔德〕克劳斯·黑尔德 著
胡塞尔现象学导论	〔德〕维尔海姆·斯泽莱锡 著
性格学的基本问题	〔德〕亚历山大·普凡德尔 著
人在宇宙中的地位	〔德〕马克斯·舍勒 著
人的可疑问性	〔德〕沃尔夫哈特·亨克曼 著
舍勒的心灵	〔美〕曼弗雷德·弗林斯 著

图书在版编目（CIP）数据

存在与真理 /（德）海德格尔著;（德）哈特穆特·蒂特延编；朱清华译 . -- 北京：商务印书馆，2025（2025.11 重印）. --（中国现象学文库）. -- ISBN 978-7-100-25232-4

Ⅰ. B086；B516.54

中国国家版本馆 CIP 数据核字第 2025RF4211 号

中国现象学文库

现象学原典译丛·海德格尔系列

存在与真理

〔德〕海德格尔　著

〔德〕哈特穆特·蒂特延　编

朱清华　译

商　务　印　书　馆　出　版

（北京王府井大街 36 号　邮政编码 100710）

商　务　印　书　馆　发　行

北京市艺辉印刷有限公司印刷

ISBN 978 - 7 - 100 - 25232 - 4

2025 年 8 月第 1 版　　开本 880 × 1230　1/32

2025 年 11 月北京第 2 次印刷　　印张 10⅜

定价：78.00 元